喜楽研のDVDつき授業シリーズ

新版

全授業の板書例と展開がわかる DVDからすぐ使える 映像で見せられる 4年

※パソコン専用
DVD付
DVD

まるごと授業 社会

著者：羽田 純一・中楯 洋・安野 雄一・松森 靖行・田中 稔也　企画・編集：原田 善造

わかる喜び学ぶ楽しさを創造する教育研究所　略称 喜楽研

はじめに

４年生になった児童は，自分たちのことだけでなく下の学年のことも見たり考えたりするような，学校全体を見つめていく小学校生活後半の学年に入り，急速に社会を見つめる目が広がってきます。そのような学年で大切なことは，人々の生活の営みに関する事実や資料を調べ，読み取ったことをもとにして，考えたり話し合 ったりしながら，社会的な認識を身につけていくことだと思います。

このような社会科の授業をするためのポイントの一つは，児童の関心を引きつけ，学習目標に向かって自ら学習していけるような教材（地域の事象）と，その教材を観察・調査していく記録を作成したり，そのための資料（見聞きした記録，地図，絵や画像，具体物など）を準備することです。もう一つのポイントは，記録や資料を考えたり話し合ったりして表現していく児童の活動を十分に取り入れることです。「教材」と「授業方法」は，社会科学習を進める車の両輪です。二つがかみ合った時，「楽しく＆わかり」「主体的・対話的で深い学び」ができる授業になるのです。

本書は，先生にとっても児童にとっても「楽しくみんなで進んで学習できる授業」，誰でも実践できる「分かりやすい授業」－そんな授業づくりに少しでも役立てば，という思いで編集しました。

４年生の社会科は，入門期の社会科としてまず子どもたちの住んでいる地域と人々の生活を教材にします。生活科で培ってきた生活を見つめる目を大事にして，身近な校区から市町村・都道府県と視点を広げていくとき，教科書や地域副教材をベースにして，どのように学習活動を展開させていくのか提示したいと思います。

また本書では，いろいろな資料や補充資料，ワークシート，画像などをＤＶＤに収録して活用していただけるようにしています。教科書によって，とりあげている教材や資料に違いがありますが，どの教科書を使っていても，本書が活用できるような展開や，資料・画像などを補足した教材も収録しています。補充教材（ひろげる）も，いくつか挿入しています。時間に余裕があるときに取り上げたり，他の教材と入れ替えて興味のある教材を扱っていただくのもよいでしょう。

先生方が「社会科を教えるのが楽しくなってきた」，児童が「社会科が好きになってきた」と思えるような授業づくりに，本書が少しでも役立つことを願っています。

本書で楽しく・わかる授業を！

全ての単元・全ての授業の指導の流れを掲載！

学習する全単元・全授業の進め方が掲載されています。学級での日々の授業や参観日の授業，研究授業や指導計画作成等の参考にして頂ければと思います。

本書の各単元の授業案の時数は，ほぼ教科書の配当時数にしてあります。

ＤＶＤで見せる授業ができる

授業１時間ごとの写真・動画・資料・解説・イラスト・ワークシートを付属 DVD に収録しました。写真や動画はカラーでよくわかり，児童が喜ぶので是非ご活用下さい。

１時間の展開例を見開き２ページで説明

どのような発問や指示をすればよいか具体例が掲載されています。先生方の発問や指示の参考にして下さい。

板書例だけでは，細かい指導の流れがわかりにくいので，詳しく展開例を掲載しておきました。是非本書を参考に，クラスの実態にあわせて展開の仕方を工夫して下さい。

板書例をわかりやすく掲載

教室の黒板は，「たて」と「横」の比が，１：３～１：４です。本書も実際の黒板のように横長にして，見やすい工夫をしました。

各時間のねらいと授業のポイント

本書では，各時間のはじめに，その時間で特に大切にしたいことや，児童に身につけさせたい学習の力等々を，「本時の学習のめあて」と「主体的・対話的で深い学び」にまとめてあります。

目　次

4. きょう土の伝統・文化と先人たち

残したいもの　伝えたいもの

きょう土の発展につくす

5. 特色ある地いきと人々のくらし

丹後ちりめんのまち・京都府与謝野町

国際交流に取り組むまち・神戸市

美しい景観を生かすまち・松島町（選択）

古いまちなみを生かすまち・倉敷市美観地区（選択）

本書の特徴と使い方

◆板書例について

見やすく，1時間の授業内容がひと目でわかるのがよい板書です。板書例を参考にしながら，文字が多くなりすぎないように，拡大表示された図表，絵，写真，記号なども配した板書を工夫してください。特に目立たせたいところや大事なところは，赤字や赤のアンダーライン・囲みで表しています。DVDには，板書用の写真や図表なども収録していますので，活用してください。

◆教材研究のポイントについて

授業を進めるのにポイントとなる具体的な教材や留意すべき点，児童にわかりやすい視点などを取り上げています。

◆本時の学習のめあてについて

授業での到達目標を示しています。到達目標の達成が，社会生活の具体的な事象の観察力とそれに伴う思考力・判断力・表現力を育てていきます。1時間1時間の到達目標を正しく把握することで，授業がより確かなものになります。

◆準備物について

1時間の授業で使用する準備物が書いてあります。

準備物の中で，DVDに収録されているものも多くありますので，授業準備の時間が短くできます。

教師用に，参考資料・参考文献なども書いています。

授業研究のポイント　地図資料を中心に読み取り，大阪府の地理的条件について外観を
第1時
日本の中の大阪府
本時の学習のめあて
地図帳や写真資料を読み取り，大阪府の位置や周囲の様子を確認し，生活経験や既習事項をもとに対話を通して大阪府について関心をもつことができる。
準備物
・地図帳
・掲示資料
板書例
日本の中の大阪府
西側に大阪湾
山にかこまれている
学習したいこと
●他の市町村●どんな地いき？
●交通は？　●産業は？
1 つかむ 3年生の時の学習を思い出そう。
3年生の時に自分が住んでいる市町村の学習をしましたね。どんなことを学習したか思い出して話し合いましょう。
大阪市に残る古い文化についても学んだよ。
大阪市のまちの特徴について調べて考えたよ。
大阪市のことについて学習したよ。
「0m地帯」もあるんだった？
・まち探検をして自分の住む町のひみつをいっぱい探したね。
既習事項や生活経験をもとに，グループで話し合い，広く意見を聴くようにするとよい。
2 読み取る 大阪府を地図帳で探そう。
「君たちが住んでいる大阪府は，どこにあるのでしょうか。地図帳を使って調べましょう。」
前に白地図に書いたから分かるよ。見つけた！
日本の真ん中より少し西の方がわになるのかな。
大阪府
大阪府は近畿地方にあるんだ。近畿地方の中心のあたりだね。
地図帳を調べて，グループで気づいたことを対話できるように設定をするとよい。
22

◆主体的・対話的で深い学びについて

今回の指導要領の総則で示されている「主体的・対話的で深い学び」の実現という課題を実践していくために，問題解決的な学習をさらに充実させ，様々な人たちとの対話的な活動を重視し，学習過程に振り返る場面と活動を設定することが必要です。そのために参考になる視点やポイント，留意しておくべきことを取り上げています。

◆本時付録DVDについて

（DVDの取り扱いについては，P10，P11に掲載しています。）

授業１時間ごとの写真・動画・イラスト，地図，資料，ワークシートを収録しています。写真や動画はカラーでよくわかり，児童も喜ぶでしょう。

資料やワークシートは，そのままプリントアウトして使ったり，加工修正することもできます。

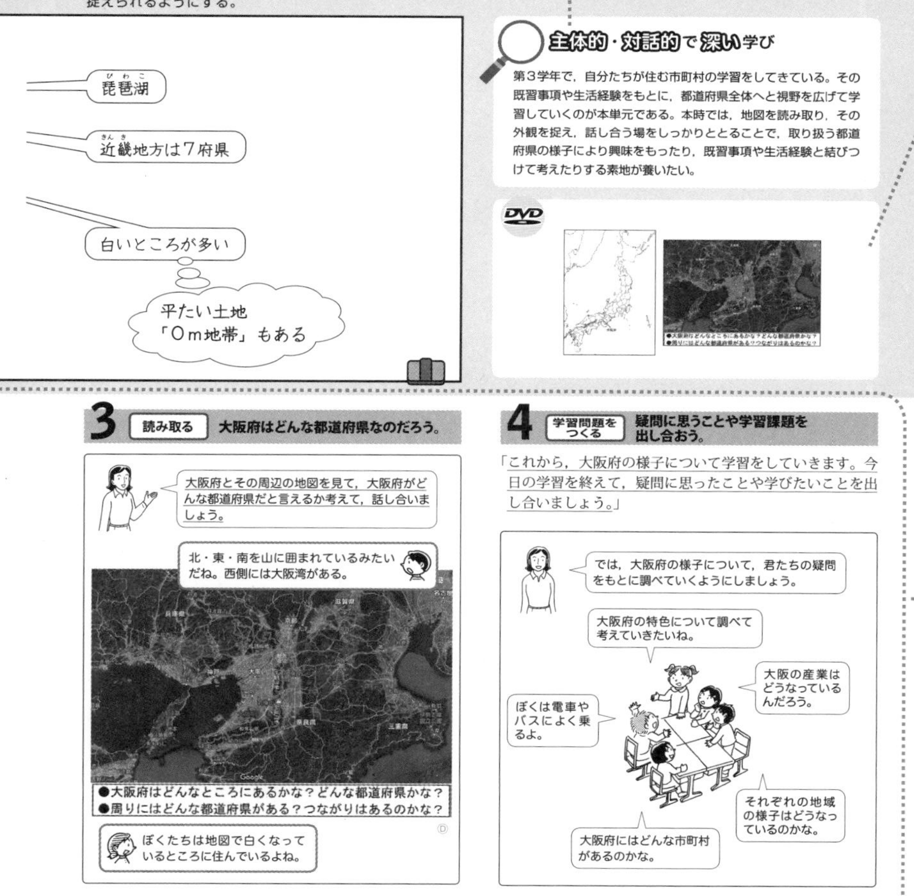

捉えられるようにする。
琵琶湖
近畿地方は７府県
白いところが多い
平たい土地「０m地帯」もある
主体的・対話的で深い学び
第３学年で，自分たちが住む市町村の学習をしてきている。その既習事項や生活経験をもとに，都道府県全体へと視野を広げて学習していくのが本単元である。本時では，地図を読み取り，その外観を捉え，話し合う場をしっかりととることで，取り扱う都道府県の様子により興味をもったり，既習事項や生活経験と結びつけて考えたりする素地が養いたい。
DVD
3 読み取る 大阪府はどんな都道府県なのだろう。
大阪府とその周辺の地図を見て，大阪府がどんな都道府県だと言えるか考えて，話し合いましょう。
北・東・南を山に囲まれているみたいだね。西側には大阪湾がある。
●大阪府はどんなところにあるかな？どんな都道府県かな？
●周りにはどんな都道府県がある？つながりはあるのかな？
ぼくたちは地図で白くなっているところに住んでいるよね。
・私たちって，琵琶湖の水を飲んでいるんだよね。
・兵庫県・京都府・奈良県・和歌山県が隣にあるよ。
地図に目を向けながら，広く意見を聴いていくようにすることで，地域の様子に興味をもつようになる。
4 学習問題をつくる 疑問に思うことや学習課題を出し合おう。
「これから，大阪府の様子について学習をしていきます。今日の学習を終えて，疑問に思ったことや学びたいことを出し合いましょう。」
では，大阪府の様子について，君たちの疑問をもとに調べていくようにしましょう。
大阪府の特色について調べて考えていきたいね。
大阪の産業はどうなっているんだろう。
ぼくは電車やバスによく乗るよ。
それぞれの地域の様子はどうなっているのかな。
大阪府にはどんな市町村があるのかな。
子どもたちから出てきた疑問や学習したいことをできる限り活かして，以後の単元展開を柔軟に取り扱うようにするとよい。
都道府県の広がり・大阪府 23

◆授業過程（授業の展開）について

①1時間の授業の内容を4コマの場面に切り分け，およその授業内容をイラストで表現しています。イラストを見ると，授業の流れがよくわかります。

②本文中の教師の吹き出し表示は教師の発問で，児童の吹き出しは教師の発問に対する児童の発言や反応，予想される動きなどです。

③本文中の・表示も，教師の発問に対する児童の発言や反応，予想される動きなどです。

④「　」や・のない文は，教師や児童の活動への指示，教師が留意しておきたいことなどです。

⑤赤字は大切な言葉，キーワードになる言葉です。また赤ラインは，展開の中で特に大切な発問や児童の意見・活動，留意点を示しています。

⑥Ⓓマークのついているイラストや画像・資料は，DVDに収録されています。

4学年の授業のポイント

（1） 4年の学習目標と内容について

4年生の社会科は，新指導要領の全面実施で学習内容が確定されたことにより，県内市町村を教材として，学習指導要領の目標にあるように，「社会生活についての理解を図り」ながら，「地域社会の一員としての自覚をもつようにする」ことを追求していきます。

■ 人々の健康な生活や良好な生活環境および安全を守るための諸活動について
「住みよいくらしをつくる（上下水道，ごみの処理とリサイクル）」，「自然災害からくらしを守る（地震・風水害など）」の学習を通して理解できるようにし，地域社会の一員としての自覚を持てるようにする。

■ 地域の地理的環境，地域の産業や生活のようす，人々の生活の変化や地域の発展に尽くした先人の働きについて
「県（都，道，府）のようすとひろがり（地形，土地利用，交通，産業など）」，「郷土の伝統・歴史と先人たち（年中行事，建物，芸能，お祭り）（地域の用水・排水路）」，「特色ある地域と人々のくらし（伝統産業，国際交流，景観や古い町並みをいかしたくらし）」の学習を通して理解できるようにし，地域社会に対する誇りや愛情を持てるようにする。

□ 以上の学習内容を通して
地域における社会的事象を観察・調査したり，地図や各種の具体的資料を効果的に活用して調べたことをまとめ，地域社会の社会的事象の特色や相互の関連などを考えたり，適切に表現したりする能力をはぐくむ。

（2） 授業の準備と教材

1　地域教材と副読本

4年生の社会科は地域を教材とした学習です。ですから，まず教員が教材となる地域をよく知ることが大切になります。副読本と共に，折に触れて地域に出かけることがいいでしょう。単元の流れと参考になる地域教材と見学先をあげておきます。

県のようす…県庁，公共施設，交通機関，寺社，県内の特色ある市町村（遠足などで）など地域のランドマーク
住みよいくらし… 浄水場，下水処理場，ごみ収集ステーション，クリーンセンター，リサイクルセンター，発電所
安全なくらし… 地域防災センター，防災公園，備蓄倉庫，地域防災訓練
郷土の伝統・歴史と先人たち… 歴史民俗資料館，博物館，県内寺社などの文化財，用水排水路，地域の芸能やお祭りなどの有形無形の文化財
地域の発展につくした人々… 歴史民俗資料館，博物館，石碑，産業記念館，県内の特色ある市町村（遠足などで）

2　選択学習について

４年生の社会科教科書では，地域の状況に応じて選択する学習があります。

○ 特色ある地域のくらし→「古い町並みをいかした町」または
「美しい景観をいかした町」を選択します。

本書では，すべての選択学習を網羅して，指導計画を提示しました。具体的な内容は各単元の指導計画をご覧ください。

授業の進め方　―主体的・対話的で深い学びを目指して

1　導入でワクワク－児童をひきつける

導入で，どんな授業展開が始まるのかワクワクさせ，児童の眼をその日の授業に引き付けましょう。見学時の画像や動画を見せる，見学時にお借りしてきた具体物を持ち込む，クイズ問題を出す，意外な資料を提示するなど，方法はいろいろとあります。本書でも，いくつかこうした導入も取り入れています。

2　観察・調査・まとめの活動を大切に

小学校中学年は，社会生活の広がりと共に地理的歴史的な能力が目立って発達する時期ですので，どの単元でも地域の具体的な事象の観察・調査を中心にしています。そのおり，自分にわかる言葉だけでなく，「縮尺で測ると」「地図記号」「何年前」というような，空間や時間の広がりを表す地理的歴史的な基本的な概念を共有しながら活動を進めることがステップアップにつながっていきます。

たとえば，観察・調査活動を生活科の見学学習から一歩進めて，全体で学習問題を共有し「何を見るのか」「何を聞くのか」などを自分たちで考え計画し，いろいろな観察・調査方法（インタビュー，アンケート，カメラ撮影，録音など）を例示して活動の幅を広げ，振り返りやまとめを多角的に進められるように授業を計画することが大切になります。

またまとめるための一つの方法として，本書では，地域で観察調査活動をしてきたことを付箋などのメモ用紙に書き込んで，グループで整理集約する活動を紹介しています。見聞きしたことを何度も検証することによって，グループ活動の中で基本的な概念やキーワードを再認識していくことができます。またグループでのまとめを報告するときにも意識して使うようにさせたいと思います。

3　さまざまな発表，表現活動を行なう

学習指導要領には，「地図や各種の具体的資料を効果的に活用し，地域社会の社会的事象の特色や相互の関連などについて考える力，調べたことや考えたことを表現する力を育てるようにする。」と，表現に関する目標が設定されています。表現活動は諸活動や体験を振り返り，気づいたことを意識化する役割を持っています。また表現活動を通して，相手に伝えるための力を向上させることも求められています。そこで，中学年では「調べたことを記録する」「考えたことをまとめる」といった言語を使った活動を大事にしたいと思います。

そのためにさまざまな発表・表現方法を取り入れたいと思います。まず自分の記録をカードなどでまとめると共に，グループの中でまとめの一部として発表します。さらに個々のまとめから，紙芝居や，ポスターなど時間の流れや順序性のあるものにして表現したり，クイズ，なぞなぞなどを作って発表することもできます。

表現活動は，他学年や保護者，地域の人たちに発表する場を設けることでさらに生きてきます。相手に自分の思いを伝える経験を積み重ねることによって，児童は人と関わる喜びを得ることができるでしょう。また見学時にお世話になった地域の人たちへの見学学習の成果の報告やお礼の手紙なども，児童の地域社会への関わりの活動になると思います。

付録 DVD － ROM について

◆使用上の注意

<u>この DVD-ROM はパソコン専用となっております。DVD プレイヤーでの再生はできません。</u>
<u>DVD プレイヤーで再生した場合，DVD プレイヤーおよび，DVD-ROM が破損するおそれがあります。</u>

◆ DVD-ROM の内容について

① DVD-ROM を開くと，単元ごとのフォルダがあります。
【OS：Windows】

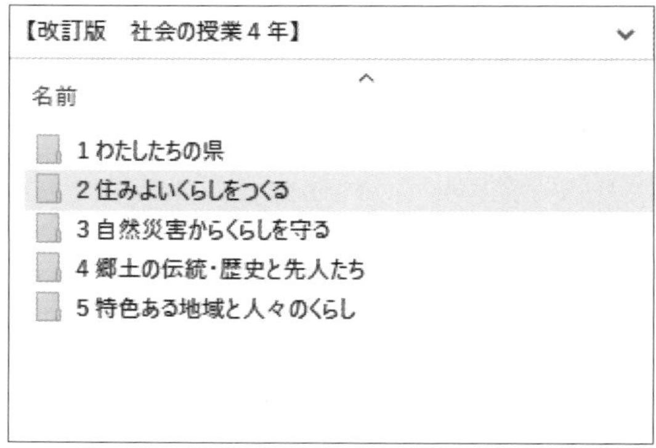
【改訂版　社会の授業４年】
名前
１わたしたちの県
２住みよいくらしをつくる
３自然災害からくらしを守る
４郷土の伝統・歴史と先人たち
５特色ある地域と人々のくらし

② 各単元のフォルダの中に，各時のフォルダがあり，その中に各時のフォルダがあります。

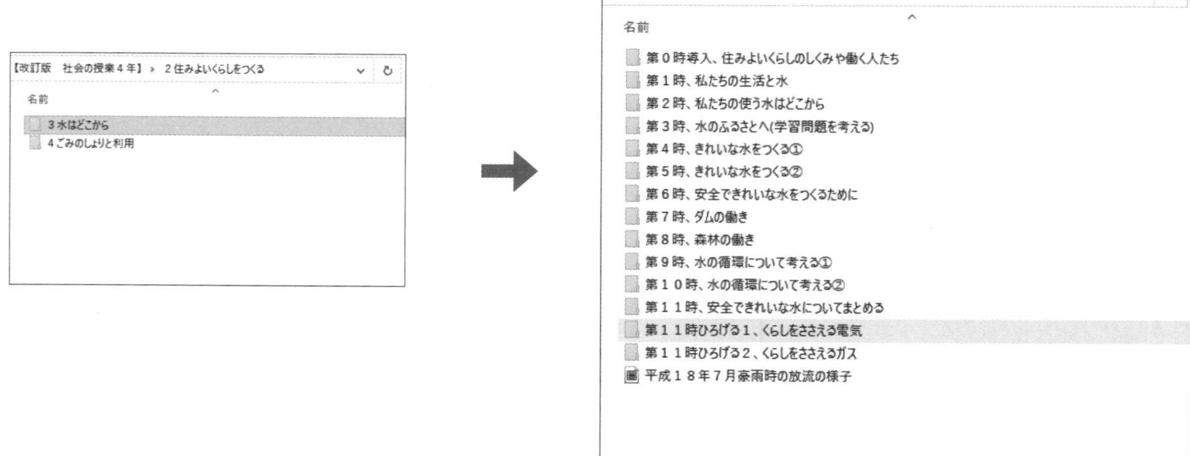
【改訂版　社会の授業４年】 › ２住みよいくらしをつくる
名前
３水はどこから
４ごみのしょりと利用
【改訂版　社会の授業４年】 › ２住みよいくらしをつくる › ３水はどこから
名前
第０時導入、住みよいくらしのしくみや働く人たち
第１時、私たちの生活と水
第２時、私たちの使う水はどこから
第３時、水のふるさとへ(学習問題を考える)
第４時、きれいな水をつくる①
第５時、きれいな水をつくる②
第６時、安全できれいな水をつくるために
第７時、ダムの働き
第８時、森林の働き
第９時、水の循環について考える①
第１０時、水の循環について考える②
第１１時、安全できれいな水についてまとめる
第１１時ひろげる１、くらしをささえる電気
第１１時ひろげる２、くらしをささえるガス
平成１８年７月豪雨時の放流の様子

③　各時のフォルダの中にファイルがある場合は，

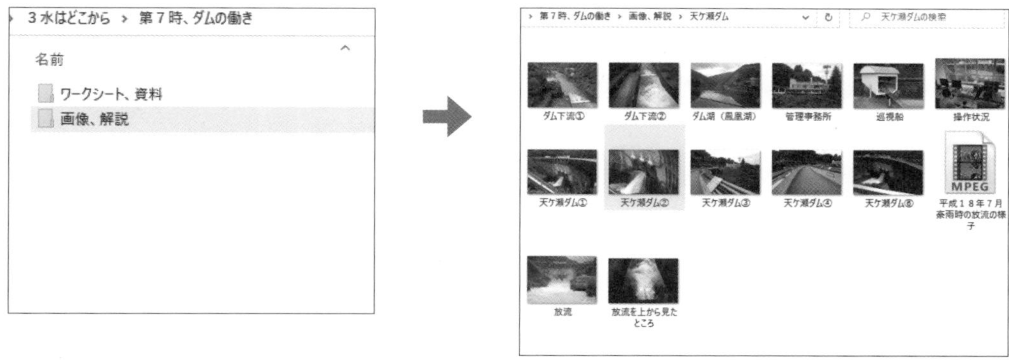

3 水はどこから > 第 7 時、ダムの働き
名前
ワークシート、資料
画像、解説
第 7 時、ダムの働き > 画像、解説 > 天ケ瀬ダム
ダム下流①
ダム下流②
管理事務所
巡視船
操作状況
天ケ瀬ダム①
天ケ瀬ダム②
天ケ瀬ダム③
天ケ瀬ダム④
天ケ瀬ダム⑤
MPEG
平成１８年７月豪雨時の放流の様子
放流
放流を上から見たところ

ファイルが入っています。ファイルがない場合もあります。
ファイルには次の形式があります。
・PDF　・.jpeg　・.wmv　・.xls　・.png　・.word　・.mpg
※上記ファイルを再生できるアプリケーションが必要となります。
　また参考画像，参考動画，ワークシートは，各時で揃っていないものもあります。
※ wmv 等の動画ファイルは Windows Media Video 等のフリーソフトをご使用ください。

【その他】
この DVD-ROM に収録されている動画には，一部音声が含まれておりません。
プロジェクターや TV モニターで投影する場合は，各機器および使用しているパソコンの説明書を参照して下さい。

◆動作環境　Windows

【CPU】	Intel®Celeron®M プロセッサ 360J1.40GHz 以上推奨
【空メモリ】	256MB 以上（512MB 以上推奨）
【ディスプレイ】	解像度 640 × 480，256 色以上の表示が可能なこと
【OS】	Microsoft windows XP 以上
【ドライブ】	DVD-ROM ドライブ

※ファイルや画像を開く際に時間がかかる原因の多くは，コンピュータのメモリ不足が考えられます。
　詳しくは , お使いのコンピュータの取扱説明書をご覧下さい。
※動画は一度コンピュータ本体に保存後，再生するとスムースに動きやすくなります。

◆複製、転載、再販売について

◆お問い合わせについて

　本書付録 DVD-ROM 内のプログラムについてのお問い合わせは，メール，FAX でのみ受け付けております。

メール：kirakuken@yahoo.co.jp
ＦＡＸ：075-213-7706

　電話でのサポートは行っておりませんので何卒ご了承下さい。
　アプリケーションソフトの操作方法については各ソフトウェアの販売元にお問い合せ下さい。小社ではお応えいたしかねます。

【発行元】
株式会社喜楽研
（わかる喜び学ぶ楽しさを創造する教育研究所：略称）
〒 604-0827 京都市中京区高倉通二条下ル瓦町 543-1
TEL：075-213-7701　FAX：075-213-7706

日本地図を広げて

全授業時間２時間＋導入１時間

◉ 学習にあたって ◉

◇何を教えるのか　－この単元の特徴－

４年生になって，初めて都道府県に範囲を広げた学習が始まります。ここは，その総論に当たる小単元です。位置，名称，地形，特産品などから都道府県を概観し，それぞれに特色があることを理解させ，次の学習につなげます。都道府県の名称や位置を無理に暗記させるのではなく，特色を調べる活動の中で自然に覚えていかせるようにします。これからも学習は続いていきます。４年生を終わった段階で４７都道府県の位置や名称が理解できていればよいと考えるのでよいでしょう。

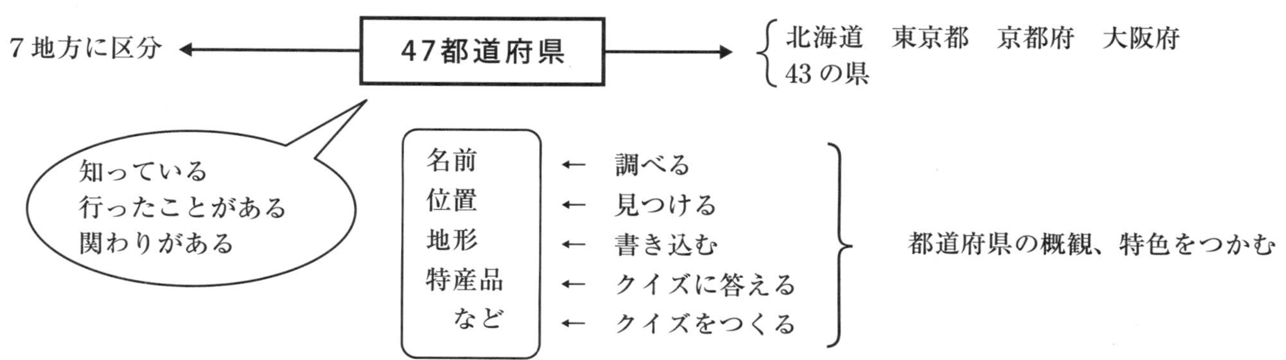
７地方に区分
47都道府県
北海道　東京都　京都府　大阪府
43 の県
知っている
行ったことがある
関わりがある
名前
位置
地形
特産品
など
← 調べる
← 見つける
← 書き込む
← クイズに答える
← クイズをつくる
都道府県の概観、特色をつかむ

◇どのように教えるのか　－主体的・対話的で深い学びのために－

児童一人一人がとらえた都道府県の姿・特色について，対話をすることで理解を広げ深めていくことを目指します。また，地図に書き込む作業やクイズ的な手法と組み合わせることで，児童の興味関心を引きつけ，主体的に学習していこうとする意欲を引き出していきます。この小単元は，「県の広がり」や「特色ある地域と人びとのくらし」の学習の出発点として，疑問，もっと知りたいことなどを膨らませ，次の学習へとつなげていきたいものです。

◉ 評　価 ◉

知識および技能	・日本の都道府県と地方区分について，位置や名前を理解している。 ・地図帳，教科書，その他の資料から，都道府県の名称，位置，地形，特産物などを調べている。
思考力，判断力，表現力等	・都道府県の特色を位置，地形，特産物などから考え，都道府県によって特色に違いがあることや特産物と地形の関係などに考えを広げている。 ・都道府県の特色について調べたことを発表し，クイズ問題などで表現している。
主体的に学習に取り組む態度	・都道府県の名称，位置，地形，特産物などに関心を持ち，意欲的に調べたり話し合ったりしている。

◉ 指導計画　　2時間＋導入１時間 ◉

時数	授業名	学習のめあて	学習活動
導入	知っている都道府県をたしかめよう (「わたしたちの県」単元の導入)	・知っている都道府県を地図で確かめ，都道府県の位置や特色，人びとのくらしに関心を持ち，学習課題を持つことができる。	・知っている都道府県名を出し合う。 ・都道府県クイズに答える。 ・知った都道府県を白地図に書き込む。 ・都道府県について調べたいことを話し合う。
日本地図を広げて			
1	都道府県と地方 ー位置，名前， 特ちょうー	・47 都道府県の位置と名前，７地方区分がわかり，都道府県の特徴に気づくことができる。	・都道府県の数を調べ，名前を白地図に書き込む。 ・都道府県を７つの地方に分ける。 ・都道府県パズルをしながら，気づいたことを話し合う。
2	地形と特産品や名物を調べよう	・都道府県の地形の特色や特産品と名物を調べることができ，学習のまとめとしてクイズ問題を作ることができる。	・都道府県の地形の特色を見つける。 ・都道府県の名産品や名物を調べ，発表する。 ・都道府県クイズを作る。

導入

知っている都道府県をたしかめよう

単元の学習のめあて

日本の都道府県や地方区分を知り，その中で自分たちが住む都道府県の位置や特色，各地の人びとのくらしがわかる。

準備物

・画像　・ワークシート
・地図帳　・日本白地図
・クイズの県の特産物（1～2）

本時の学習のめあて　知っている都道府県を地図で確かめ，都道府県の位置や特色，人びとの

板書例

知っている都道府県をたしかめよう

↓
水ぞく館
↓
鳥羽水ぞく館
↓
三重県

知っている

青森県・・・旅行
岡山県・・・おじさんの家
福島県・・・原発じこ

クイズから

鹿児島県　千葉県・・・
北海道　京都府・・・

日本白地図

1 交流する　知っている都道府県の名前を出し合おう。

教師が行ったことのある都道府県をひとつ紹介する。（写真や具体物などを見せるとよい）

<例>「ここは，都道府県で言うとどこでしょう？」
・水族館みたいだね。
・鳥羽水族館！
「当たり！何県かな？」
・え～っと，三重県！

みんなも，知っている都道府県の名前を発表しましょう。知っている理由も言ってください。

岡山県におじいさんが住んでいるので知っています。

旅行で青森県に行ったことがあります。

福島県。原子力発電所の事故があったところです。

熊本県。くまモンが好きだから，知っている。

2 考える　都道府県クイズに答えよう。

ワークシート「都道府県クイズ」Ⓓを配り答えさせる。

<都道府県クイズ>
（1）どこの都道府県か　①桜島がある
②東京ディズニーランドがある　③大きな砂丘がある
④お米が一番たくさんとれる　⑤スカイツリーがある
（2）写真に関係がある都道府県

隣同士で相談してもよいので，答えを書きましょう。

狸の置物は，信楽焼だから…滋賀県だね。

そうだよ。近所の家にもあるよ。

東京ディズニーランドは東京都だね。

違うわ。千葉県にあるよ。

「答えをみんなで確認していきましょう。」

くらしに関心を持ち，学習課題を持つことができる。

＜　もっと調べたいこと　＞

日本中の
都道府県ぜんぶ

特産物、名所
行事など

いろいろな
一番

主体的・対話的で深い学び

知っている都道府県やクイズの答えを交流することで，都道府県の学習に興味をもたせる。みんなで学習課題を確認するが，自分独自の学習課題も持つことができれば，より意欲を持って学習に取り組むことができるだろう。

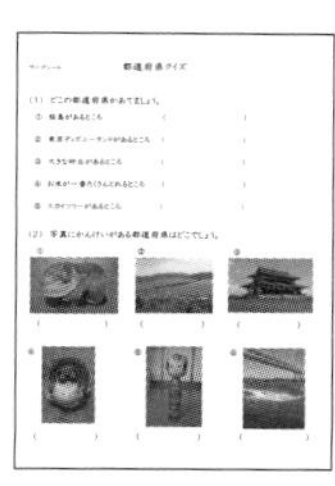

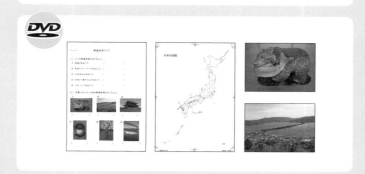

3 確かめる　今日知った都道府県を地図で見つけよう。

「今日の勉強で出てきた都道府県がどこにあるか地図帳で探してみましょう。」

・三重県を見つけた。
・北海道は簡単だよ。すぐに分かる。
・鳥取県って，もっと大きいかと思っていた。

白地図Ⓓの見つけた都道府県に色をぬって，気づいたことを話し合いましょう
日本白地図
Ⓓ
北海道って，すごく広いんだね。
わたしたちの県はどこにあるのかな。
200 km
くまモンのいるところがわかった！

関係する特産物を1～2持ち込んで見せる。

・リンゴは青森県でたくさん作られている。
・ジャガイモは北海道だね。

4 まとめ　都道府県について調べたいことを話し合おう。

今日の学習をふり返って，都道府県について，もっと調べてみたいことはありますか。
日本中の都道府県全部について知りたいです。
特産物や名所や有名な行事などを，もっと調べてみたい。
面積や人口など，いろいろな一番を調べたら面白いと思う。餃子を一番多く食べる県とか…。

「日本全国の都道府県の名前や位置，特色などを調べて行きましょう。みんなも，いろいろ調べてごらん。家にも特産物や名所の写真があるかもしれないから，あったらみんなに紹介しましょう。」

・仙台のたなばた祭りに行ったことがあるから，写真を持ってくるよ。
・家にあるお椀は輪島塗だとお母さんが言っていた。持ってくるね。

第 1 時
都道府県と地方

単元の学習のめあて

47 都道府県の位置と名前，７地方区分がわかり，都道府県の特徴に気づくことができる。

準備物

・都道府県白地図（都道府県別）
・日本地図パーツ１・２

教材研究のポイント 参考資料「ものしり都道府県・地方区分」で，説明を加え，児童の

板書例

都道府県と地方
－位置、名前、特ちょう－

＜都道府県の数＞
東京都（１）
北海道（１）
京都府
大阪府（２）
県　（43）

・北海道地方だけ１つの道
・中部地方は日本の真ん中？
・名前や分け方はどうして？

＜いろいろな県＞
山がつく→山形県、富山県・・・
川がつく→石川県、香川県・・・

日本白地図
北海道地方
東北地方
中部地方
関東地方
中国・四国地方
近畿地方
九州地方

1 見つける 都道府県の数を調べ，都・道・府をみつけよう。

地図帳で都道府県が一覧できるページをあける。
「都・道・府・県で多いのはどれですか。」
・県です。

県以外の都，道，府の名前と数を調べましょう。
都と道は東京都と北海道だけで，それぞれ1つです。
府も，大阪府と京都府だけだから２つです。県が圧倒的に多いね。
どうして呼び方が４種類もあるのかな？都道府はなぜ少ないのかな？

「地図帳で数えてもいいですが，調べ方を工夫して県の数を調べましょう。」
・①北海道～㊼沖縄まで番号が打ってあった。
47 から都道府の 4 を引いて 43 県だ！
Ａ３版の都道府県別日本白地図を配る。
「では，都・道・府の名前を白地図に書きましょう。」

2 読む・書きこむ 県名を読み，白地図に書き込もう。

「県の名前を北から順に全部読んで見ましょう。初めて読めたという県名はいくつあるかな？」
・あおもりけん，あきたけん，いわてけん…。
・仮名がうってあるけど，難しい漢字もあるね。

自分の住んでいる都道府県と周りで接している県を探して書き入れましょう。
岐阜県以外は，全部漢字で書けたよ。
愛知県はここにあった。周りには三重県，岐阜県，長野県，静岡県がある。

「次は，山か川がつく県を見つけて書きましょう。」
・山は，山形県，富山県…全部で６つある。
・川は，石川県，香川県，神奈川県の３つ。
「次は，島がつく県を探して書きましょう。」
・福島県，島根県，徳島県，鹿児島県。
ゲーム感覚で順次書かせ，残りを最後に書かせる。

知的好奇心を引き出すのもよい。

＜都道府県パズル＞

↓

気づいたこと

- まわりに海がある県とない県
- 島がいっぱいの県
- 高知県＝ブーメラン型
- ⋮

主体的・対話的で深い学び

都道府県や地方の名前を覚えるだけでは退屈な「暗記」の授業になってしまう。子どもたちの主体的な活動と意欲を引き出す仕掛けが必要になってくる。都道府県名は，自分の住んでいる都道府県とその周り，「山」のつく県，「川」のつく県などゲームやクイズ感覚で少しずつ見つけて書き込ませていく。また，作業と気づいたことの発表を分けずに，作業をしながら気づいたことの交流もさせていく。

DVD

3 分ける 都道府県を7つの地方に分けよう。

「日本は，いくつの地方に分けられますか。」

・北海道地方，東北地方，関東地方，中部地方，近畿地方，中国・四国地方，九州地方の７地方です。

「８地方に分ける場合もあります。」

・地図帳は，中国地方と四国地方に分けてある！

白地図に地方の境を赤線で書きこませる。

地図を見て，気づいたことを出し合いましょう。
日本白地図
北海道地方
東北地方
中部地方
関東地方
近畿地方
北海道地方だけは1つで，あとはいくつかの都府県が集まっている。
日本のちょうど真ん中あたりだから，中部地方なのかな？
地方の分け方や名前はどうして決めたのかな？東北地方は何となくわかるけど…。

北陸地方（富山，石川，福井，新潟）や東海地方（愛知，三重，岐阜，静岡）についても簡単に説明しておく。

4 作業をする・話し合う 都道府県パズルをしながら，気づいたことを話し合おう。

「都道府県パズルをします。１人ずつ順番に都道府県パーツから一つ選んで当てはめていきます。途中で気がついたことがあれば伝え合いましょう。」

班ごとに白地図と都道府県パーツを一組ずつ配る。パーツをていねいに切り分けてから始めさせる。

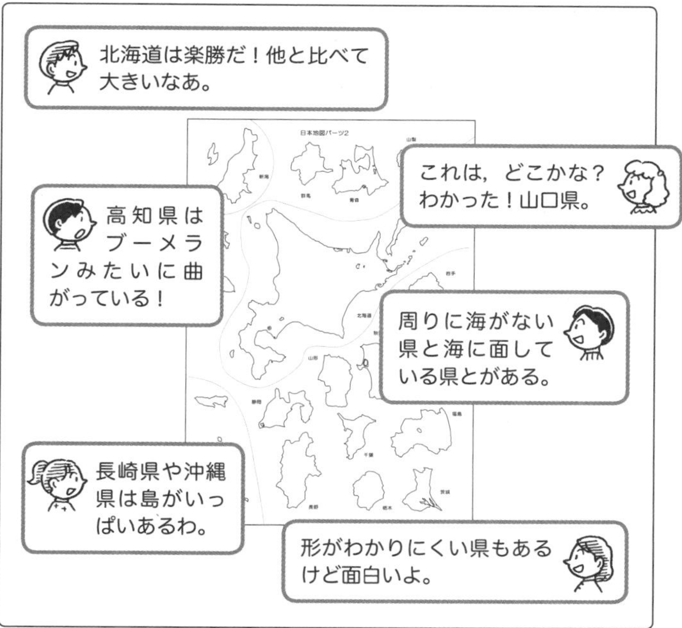
北海道は楽勝だ！他と比べて大きいなあ。
これは，どこかな？わかった！山口県。
高知県はブーメランみたいに曲がっている！
周りに海がない県と海に面している県とがある。
長崎県や沖縄県は島がいっぱいあるわ。
形がわかりにくい県もあるけど面白いよ。

教室に何セットか置いておき，いつでも自由に遊べるようにしておくとよい。

第2時 地形と特産品や名物を調べよう

教材研究のポイント　様々な面から都道府県をとらえ，それぞれに特色があり，違いがあること

本時の学習のめあて

都道府県の地形の特色や特産品と名物を調べることができ，学習のまとめとしてクイズ問題を作ることができる。

準備物

・地図帳
・特産品の具体物例

板書例

地形と特産品や名物を調べよう

< 空から日本を見ると >

・緑の多いところと
　茶色のこいところ
・瀬戸内、九州ー島が多い
・長野県は山が多い
・千葉県は山が少ない
・滋賀県の真ん中にびわ湖
↓
県ごとにちがう特色

都道府県の特産品や名物

・佐賀県…ムツゴロウ、のり←有明海
・長崎県…カステラ←外国からつたわる
・熊本県…馬さし←あそ山で放ぼく
↓
発表

よい漁場、広い畑やぼく草地
→　特産品ができるわけがある

1 見つける　空から日本を見て，都道府県の地形の特色を見つけよう。

地図帳で日本全体の地形図を見る。

「日本全体を見て気づいたことはありますか。」
・北海道は，緑のところが多いけど，中部地方は茶色の濃いところが多い。」
・日本の周り部分の海に面したところ緑が多い。
・瀬戸内海や九州に島が多いね。

次は，地図から分かる都道府県の特色を見つけましょう。

千葉県は反対に緑のところが多くて，山が少ない。

長野県は茶色が多くて，ほとんど山ばっかりと言った感じだね。

東京都って，他の県と比べたら狭いね。

滋賀県は真ん中に大きな湖がある。琵琶湖だね。

「班で気づいたことを，全体に発表しましょう。」
・青森県などは大きな湾と半島があります。
・細長い県や海岸が入り組んだ県があります
・県ごとに特色の違いがいろいろあります。

2 調べる　都道府県の特産品や名物を調べよう。

「地形が違うととれるものも違ってきます。都道府県の特産品や名物を調べてみましょう。」

班ごとに地方を分担して調べる。教科書，地図帳，資料集，インターネットなどを利用する。
・ぼくたちの班は九州地方を調べよう。
・わたしたちは東北地方を調べよう。

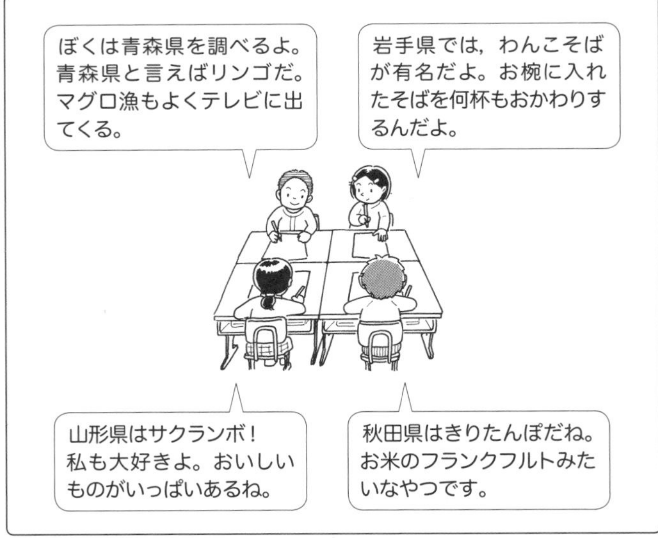
ぼくは青森県を調べるよ。青森県と言えばリンゴだ。マグロ漁もよくテレビに出てくる。
岩手県では，わんこそばが有名だよ。お椀に入れたそばを何杯もおかわりするんだよ。
山形県はサクランボ！私も大好きよ。おいしいものがいっぱいあるね。
秋田県はきりたんぽだね。お米のフランクフルトみたいなやつです。

食べ物に絞ることで，子どもたちの関心も高まるだろう。いくつか具体物を持ち込むのもよい。

に気づかせる。

都道府県クイズ

鹿と大仏で
有名な県は？

20世紀なしの産地で
日本一の砂丘

日本海と瀬戸内海に
面している近畿地方の県

主体的・対話的で深い学び

展開１の場面では，各自が気づいたことを出し合って話し合うことで都道府県の地形的な特色をとらえ，都道府県ごとに違いがあることを理解させる。展開２と３の場面では，特産品を探すだけでなく，特産品が生まれるにはそれぞれの土地の条件などの理由があることに眼を向けさせる。最後は，小単元の学習のまとめとして，クイズ問題をつくらせ，都道府県の特色の理解を確かなものにする。

DVD

3 発表する それぞれ調べてきたことを発表して交流しよう。

それぞれの地方の都道府県の特産物や名物を班ごとに発表しましょう。
ぼくたちの班は，九州地方の県を調べました。
佐賀県はのりやムツゴロウです。有明海があるから，そこでとれるのです。
長崎はカステラです。昔外国の船が来てつたえられました。
熊本県は馬刺しです。阿蘇山で馬の放牧がされているので，馬肉の生産が盛んです。

「発表を聞いた感想も伝えましょう。」

- なぜそれが特産品や名物になっているのか，理由も調べているのがよかった。
- 近くによい漁場があったり，広い牧草地や畑があると，そこから特産品が作られるんだね。

4 ひろげる 都道府県クイズをつくろう。

「これまで，都道府県の特色を名前，位置，土地の形やようす，名所，名物，特産品などで調べてきました。それを生かして，都道府県クイズを作りましょう。」

教師が例を１～２示すとイメージがわきやすい。

【例】「北海道に次いで日本で２番目に広い県はどこでしょう。」

これまでの学習をふり返って，どこを選ぶか決めよう。
地図帳や資料集も見直してみよう。
二十世紀なしの産地で，日本一の砂丘があります。
鹿と大仏様で有名な県はどこでしょう。これにしよう。

できたクイズは，この時間だけでなく，朝学習やこれからの社会科の時間の始めなどに少しずつ発表してゆくのもよい。

都道府県の広がり・大阪府

全授業時間８時間

◉ 学習にあたって ◉

◇何を教えるのか　－この単元の特徴－

本単元は，児童自身が住む都道府県の特色について，位置，地形，土地利用，市町村，交通，産業といった視点から迫っていく単元です。第３学年の社会科学習では，身近な市町村単位での学習を主にしていましたが，第４学年ではより範囲を広げて，都道府県単位での学習を進めていくこととなります。扱う対象が，児童自身が住む地域（都道府県・市町村）となるため，対象に興味を持ちながら，地域のことについて学びを進めていくことが可能な単元です。

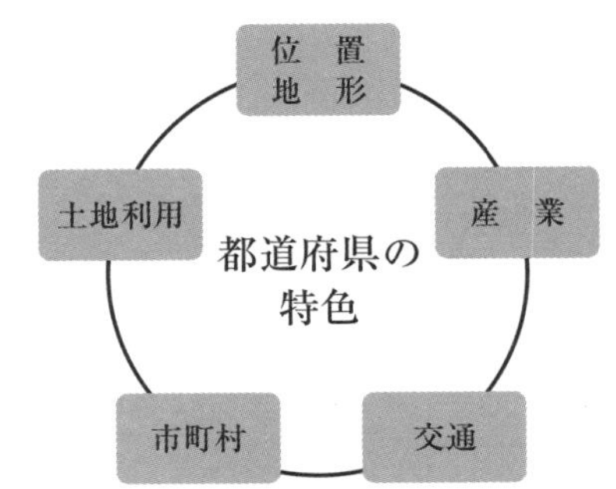
位置
地形
産業
交通
市町村
土地利用
都道府県の特色

◇どのように教えるのか　－主体的・対話的で深い学びのために－

本単元の学びは，身近な地域の様子を取り扱う単元であるため，児童自身の生活と結びつけながら，写真資料に加えて，地図や統計資料などを中心として，都道府県・市町村の特色について読み取り，調べて考えたことが土台となります。児童自身が住む都道府県の特色について取り上げるため，実際に足を運び，地域の様子を見たことがある児童の経験も生かされるでしょう。また，身近に地域を支える人もいるので，そのような人との対話も手がかりとしたいところです。これらの学習活動は，児童の主体的な学びにつながっていきます。

身近な地域の特色について学び，また，学年の始めに取り扱う単元であるため，資料を丁寧に読み取って考える素地もつくっておきたいものです。よって，生活経験と資料を結びつけながら，対話を軸に学びを進めていくことを大切にします。さらに，身近な「人」という財産を有効に活用します。実際にまちづくりに携わっている人との直接的な対話を通して，その実際に触れることができれば，より深い学びとなるでしょう。

◉ 評　価 ◉

知識および技能	・地図帳や写真資料，統計資料などの資料で調べ，自分の住む都道府県の特色を捉えることができる。 ・都道府県の特色について捉えたことを，レポートなどにまとめている。
思考力，判断力，表現力等	・自分の住む都道府県の位置，地形，土地利用，市町村，交通，産業などを含む地域の様子を捉え，それらの特色を考えることができる。 ・都道府県の特色について調べて考えてきたことを生かして，レポートなどに表現している。
主体的に学習に取り組む態度	・疑問や見通しをもって，主体的に対象について調べたり，考えたりし続けている。 ・地域社会について考え，学んだことを，これからの生活に生かそうしている。

◉ 指導計画　8時間 ◉

時数	授業名	学習のめあて	学習活動
1	日本の中の大阪府	・資料を読み取り，大阪府の位置や周囲の様子を確認し，対話を通して大阪府に関心をもつことができる。	・日本地図や大阪府周辺の地図を読み取り，大阪府やその周辺の都道府県の様子，位置関係などについて話し合って考える。
2	学習の進め方	・社会科の学び方について確認し，本単元の学習計画について話し合い，考えることができる。	・社会科学習の学び方について確認し，本単元の大まかな学習計画を立てる。
3	大阪府の地形	・大阪府の地形について地図や地形図を使って調べ，対話を通して，大阪府の地形の特徴を理解できる。	・地形図や航空写真を読み取り，大阪府の地形の様子について調べ，対話を通して，地域による地形のちがいについて考える。
4	大阪府の土地利用の様子	・資料を読み取り，生活経験や既習事項をいかして対話することで，大阪府の土地利用の様子について捉えることができる。	・土地利用図や航空写真を読み取り，生活経験や紀州事項をいかして対話をし，大阪府の土地利用の様子について考える。
5	大阪府の市や町，村	・大阪府の市町村について調べ，各市町村の特色について対話することで，大阪府の市町村について捉え，関心をもつことができる。	・地図や写真，グラフを読み取り，対話を通して，大阪府の市町村の位置関係や特色について考え，捉える。
6	大阪府の交通の広がり	・主な交通機関について地図帳や写真を使って調べ，交通網の広がりや日本各地及び海外との繋がりについて考えることができる。	・路線図や地図，写真を読み取り，生活経験をいかして対話することで，交通の広がりについて捉え，どのように日本各地や海外と繋がっているのか考える。
7	大阪府の主な産業	・主な産業について，資料を使って調べ，大阪府の産業の特色について考えることができる。	・地図や写真，グラフを読み取り，大阪府の主な産業の特色について，対話を通して考える。
8	都道府県の特色をまとめる	・大阪府の学習をふり返り，その特色についてまとめ，交流することで，大阪府の様子について考えを深めることができる。	・大阪府の特色について学んできたことをいかして，「大阪案内マップ」にまとめて表現し，他者との交流を通して，大阪府の特色についてより認識を高める。

第1時 日本の中の大阪府

授業研究のポイント 地図資料を中心に読み取り，大阪府の地理的条件について外観を

本時の学習のめあて

地図帳や写真資料を読み取り，大阪府の位置や周囲の様子を確認し，生活経験や既習事項をもとに対話を通して大阪府について関心をもつことができる。

準備物

・地図帳
・掲示資料

板書例

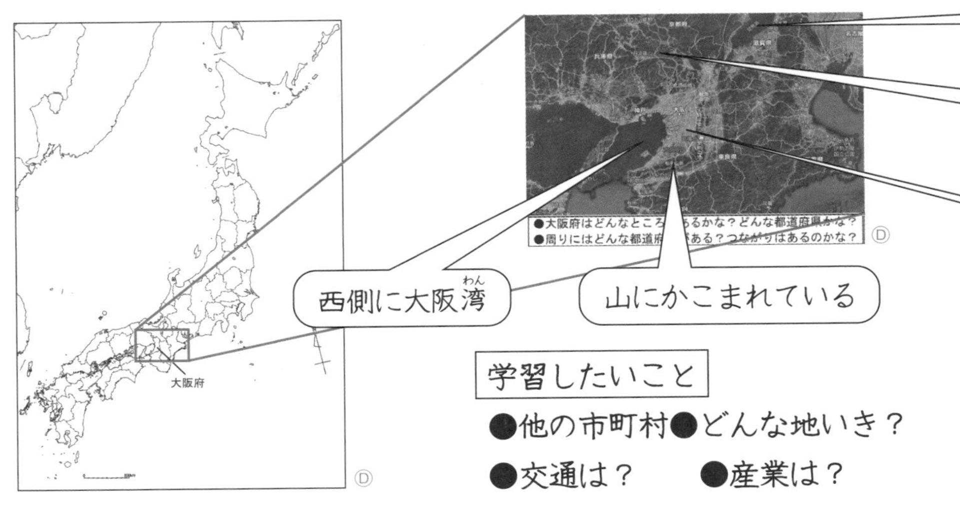
日本の中の大阪府
大阪府
西側に大阪湾
山にかこまれている
学習したいこと
●他の市町村●どんな地いき？
●交通は？　●産業は？

1 つかむ 3年生の時の学習を思い出そう。

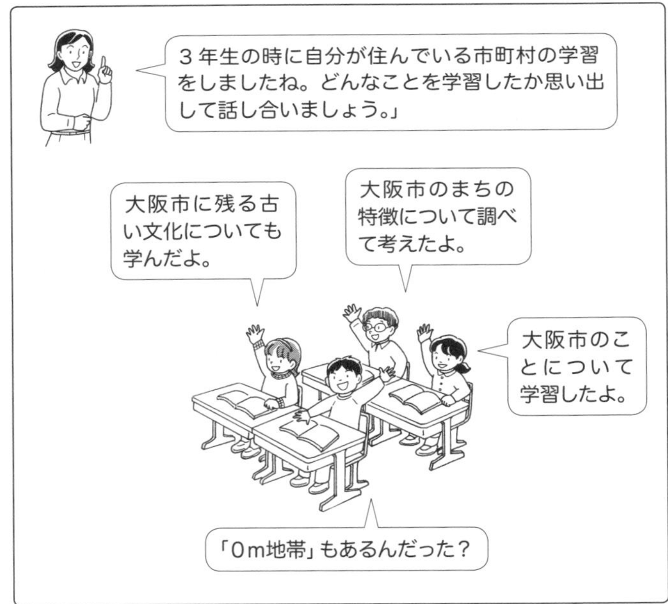
3年生の時に自分が住んでいる市町村の学習をしましたね。どんなことを学習したか思い出して話し合いましょう。」
大阪市に残る古い文化についても学んだよ。
大阪市のまちの特徴について調べて考えたよ。
大阪市のことについて学習したよ。
「0m地帯」もあるんだった？

・まち探検をして自分の住む町のひみつをいっぱい探したね。

既習事項や生活経験をもとに，グループで話し合い，広く意見を聴くようにするとよい。

2 読み取る 大阪府を地図帳で探そう。

「君たちが住んでいる大阪府は，どこにあるのでしょうか。地図帳を使って調べましょう。」

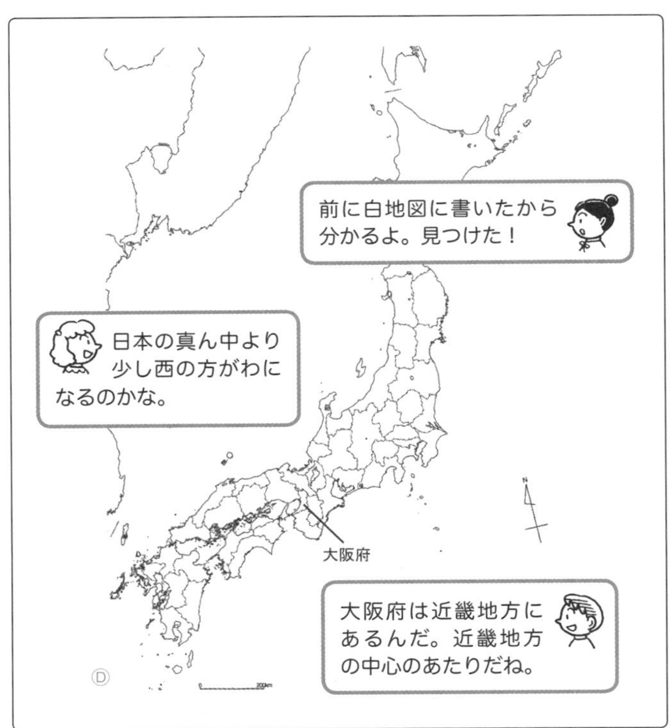
前に白地図に書いたから分かるよ。見つけた！
日本の真ん中より少し西の方がわになるのかな。
大阪府
大阪府は近畿地方にあるんだ。近畿地方の中心のあたりだね。

地図帳を調べて，グループで気づいたことを対話できるように設定をするとよい。

捉えられるようにする。

琵琶湖

近畿地方は7府県

白いところが多い

平たい土地
「0m地帯」もある

主体的・対話的で深い学び

第3学年で，自分たちが住む市町村の学習をしてきている。その既習事項や生活経験をもとに，都道府県全体へと視野を広げて学習していくのが本単元である。本時では，地図を読み取り，その外観を捉え，話し合う場をしっかりととることで，取り扱う都道府県の様子により興味をもったり，既習事項や生活経験と結びつけて考えたりする素地が養いたい。

DVD

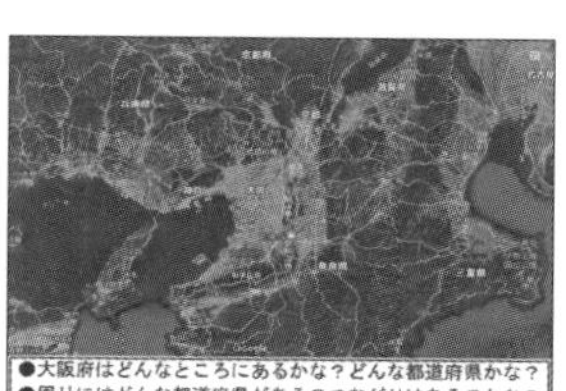
●大阪府はどんなところにあるかな？どんな都道府県かな？
●周りにはどんな都道府県がある？つながりはあるのかな？

3 読み取る 大阪府はどんな都道府県なのだろう。

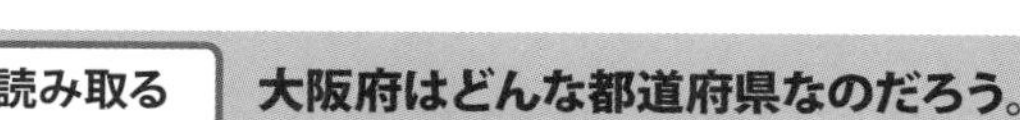

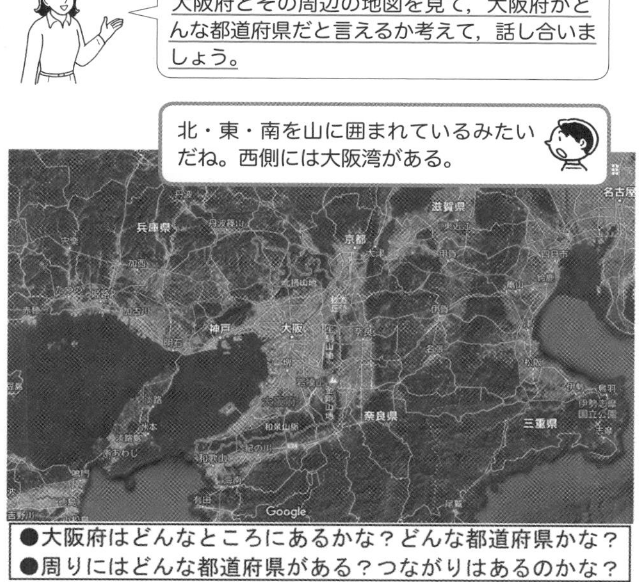
大阪府とその周辺の地図を見て，大阪府がどんな都道府県だと言えるか考えて，話し合いましょう。
北・東・南を山に囲まれているみたいだね。西側には大阪湾がある。
兵庫県
滋賀県
京都
神戸
大阪
奈良県
三重県
Google
●大阪府はどんなところにあるかな？どんな都道府県かな？
●周りにはどんな都道府県がある？つながりはあるのかな？
ぼくたちは地図で白くなっているところに住んでいるよね。

・私たちって，琵琶湖の水を飲んでいるんだよね。
・兵庫県・京都府・奈良県・和歌山県が隣にあるよ。

地図に目を向けながら，広く意見を聴いていくようにすることで，地域の様子に興味をもつようになる。

4 学習問題をつくる 疑問に思うことや学習課題を出し合おう。

「これから，大阪府の様子について学習をしていきます。今日の学習を終えて，疑問に思ったことや学びたいことを出し合いましょう。」

では，大阪府の様子について，君たちの疑問をもとに調べていくようにしましょう。
大阪府の特色について調べて考えていきたいね。
大阪の産業はどうなっているんだろう。
ぼくは電車やバスによく乗るよ。
それぞれの地域の様子はどうなっているのかな。
大阪府にはどんな市町村があるのかな。

子どもたちから出てきた疑問や学習したいことをできる限り活かして，以後の単元展開を柔軟に取り扱うようにするとよい。

第2時　学習の進め方

本時の学習のめあて

社会科の学び方について確認し，本単元の学習計画について話し合い，考えることができる。

準備物

・地図帳
・掲示資料

板書例

学習の進め方

学習課題をつかむ

① 気づき・ぎ問→話し合い

他の市町村？どんな地いき？
どんな交通？どんな産業？
都道府県の特色？

② 様々な方法で調べて考える

地図・し料
図書館（本）
ICT 活用・体験
インタビュー

グラフや表を見て話し合う
駅などの人にきく
実さいに行ってみる

1 つかむ　学習問題をどうつくるか考えよう。

「社会科の学習では，どんなことをどのように調べて考え，どのように学んだことをいかしていくかが大切です。」

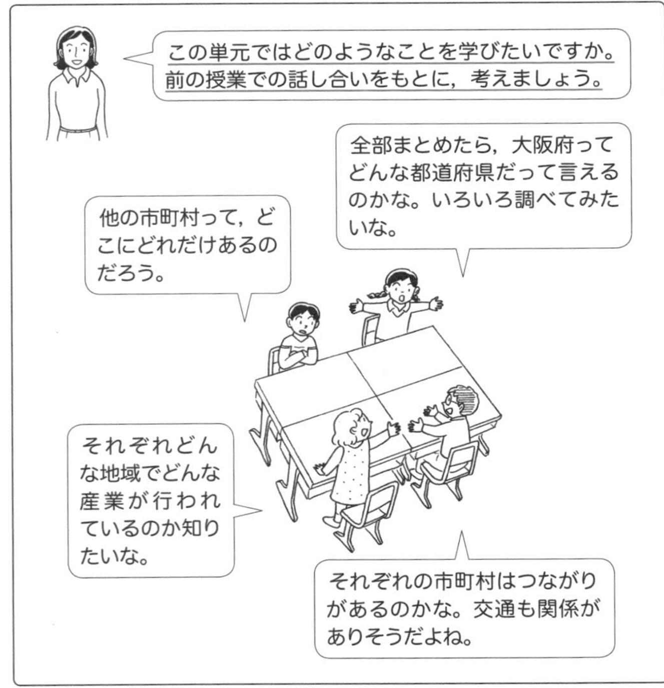
この単元ではどのようなことを学びたいですか。前の授業での話し合いをもとに，考えましょう。
全部まとめたら，大阪府ってどんな都道府県だって言えるのかな。いろいろ調べてみたいな。
他の市町村って，どこにどれだけあるのだろう。
それぞれどんな地域でどんな産業が行われているのか知りたいな。
それぞれの市町村はつながりがあるのかな。交通も関係がありそうだよね。

都道府県の様子について知りたいことを，広く聴くようにし，以降の単元計画を修正しながら進めていくようにするとよい。

2 対話する　どのように調べて考えていくか話し合おう。

「次に学習問題 について解決していくために様々な方法を使って調べて考えていくようにします。」

この単元では，どのような方法を使って，どんなことを調べて考えていきたいですか。話し合って考えましょう。

教科書や地図帳にのっている地図や資料だけではなくて，図書館でも調べられないかな。

実際に府庁や市役所に行って，インタビューしてみるのもいいよね。

校外学習で大阪のまちを歩いてみるのはどうかな。実際に見るのが一番だよ。

それはいいね。あと，インターネットも使えるよね。情報が正しいか判断しないと…。

取り扱う内容について精通している方をゲストティーチャーとして招いたり，遠隔授業の形態でインタビューしたりすることも想定に入れておくようにするとよい。その際，できる限り早く打ち合わせをしておく必要がある。

③ 整理してまとめる

産業マップ・ガイドマップ
レポート　など

④ 地いきや学校でいかす

家族に…
駅で…
役所で…
しせつで…

主体的・対話的で深い学び

１年間の社会科学習の学び方について確認する時間である。以降の学びのベースとなるので，この時間で，対象を多面的・多角的に見て考えていくことの重要性について伝わるようにしたい。また，調べ方について，様々な方法があることにも触れ，学び方も児童自身が考える素地をつくっておきたい。その上で，本単元の展開について考え，話し合い，計画を立てられるようにするとよい。

DVD

3 考える　どのように学んだことをまとめるか考えよう。

「調べて考えてきたことをもとに，大阪府について整理してまとめていきます。」

この単元では，どのような形で単元のまとめをしていきたいですか。

大阪の農業や工業，商業のことについて，主なものを地図にまとめるのはどうかな。
まとめたものをどのようにいかしていくかも考えていきたいよね。いろんな可能性があるよね。
大阪のガイドマップとしてまとめるのもいいよね。地域でいかせそうだよ。
産業って，交通とすごく関係がありそうだから，両方の面からまとめてみたいな。

どのように地域や生活にいかしていくかも視野に入れ，それにあった方法でまとめるように意識して考えていくとよい。後に修正しながら進めていくことも可能である。

4 深める　まとめたことをどのようにいかすか考えよう。

「学んだことをまとめたら，地域やこれからの生活にいかしていきたいですね。では，どのようにして地域や生活にいかしていくとよいか考えましょう。」

社会科の学習では，学んだことや考えたことを，地域や生活にどのようにいかしていくかが大切ですね。これから大阪のことについて，君たちの疑問をもとに調べて考えていくようにしましょう。

まとめたことを家族や地域の人に伝えたいな。
様々なことを調べて，大阪のことを考えていきたいね。
市役所や駅などに掲示したら，もっといろんな人に知ってもらえるかも。
駅などに貼るのなら，ガイドマップにしたら大阪の見所が伝わりそうだね。

第3時 大阪府の地形

教材研究のポイント 地形図や航空写真など，地形の様子が浮き彫りになるような資料を提示

本時の学習のめあて

大阪府の地形について地図や地形図を使って調べ，対話を通して大阪府の地形の特徴を理解することができる。

準備物

・地図帳
・掲示資料

板書例

大阪府の地形

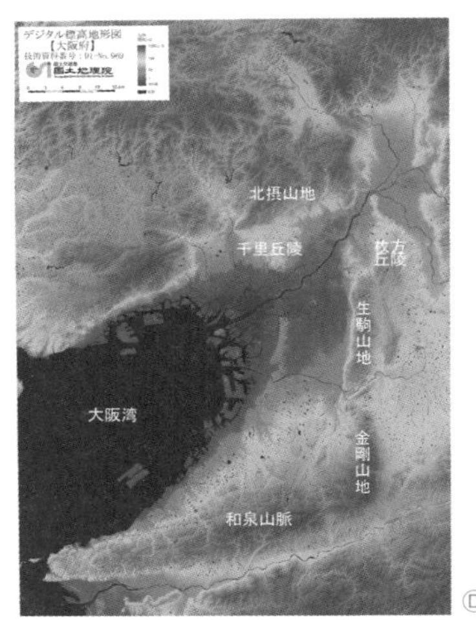

デジタル標高地形図
【大阪府】
国土地理院
北摂山地
千里丘陵
枚方丘陵
生駒山地
大阪湾
金剛山地
和泉山脈

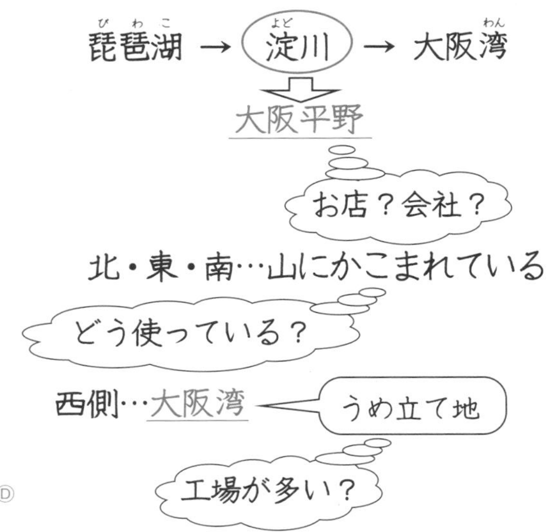

琵琶湖（びわこ） → 淀川（よど） → 大阪湾（わん）
大阪平野
お店？会社？
北・東・南…山にかこまれている
どう使っている？
西側…大阪湾
うめ立て地
工場が多い？

1 読み取る 地形図から大阪府の地形の様子を読み取ろう。

「地形図とは，高低やかたむきなど，その地域の土地の形を表したものです。この地形図がどの都道府県のあたりを表しているか分かりますか。」

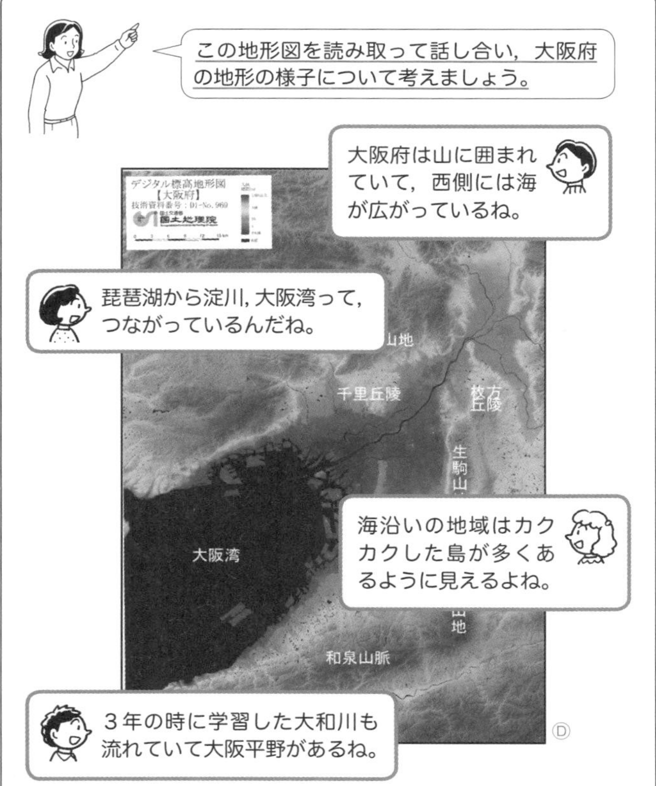

この地形図を読み取って話し合い，大阪府の地形の様子について考えましょう。
大阪府は山に囲まれていて，西側には海が広がっているね。
琵琶湖から淀川，大阪湾って，つながっているんだね。
海沿いの地域はカクカクした島が多くあるように見えるよね。
3年の時に学習した大和川も流れていて大阪平野があるね。
千里丘陵
枚方丘陵
大阪湾
和泉山脈

2 考える 写真から，淀川周辺の地形について考えよう。

「さっきの地形図とあわせて，この写真を見て話し合い，大阪府の様子について，さらに考えてみましょう。」

淀川の辺りを中心に大阪平野が広がっているように感じるね。
川と平野って関係がありそう。淀川の水を飲み水にしてるよね。
大阪湾
大阪平野
淀川
海沿いの地域には「0m地帯」もあると3年の時に聴いたよ。
Google Map より
●淀川はどこから流れてきて，どこに流れていくのかな？
●淀川の周辺は，どのような土地になっているのだろう？
梅田や難波など，会社やお店が集まっているイメージがある。

「0m地帯」について授業で触れた場合，地震・津波や洪水といった自然災害にも目を向けて考えようとする児童も出てくることが想定される。

できるようにするとよい。

●淀川はどこから流れてきて、どこに流れていくのかな？
●淀川の周辺は、どのような土地になっているのだろう？

大阪湾

●大阪府の西側には、どのような土地が広がっている？
●この地域には、どんなものがあるのだろう？

主体的・対話的で深い学び

地図や地形図から大阪府全体の地形の様子について読み取り，対話を通して理解を深めていくことが重要である。その際，それぞれの土地がどのように利用されているのか予想しながら，大阪府の地形の様子に迫っていくことで，児童の社会認識に深みが出てくる。地図帳の活用を進めつつ，Google Mapなどを使って臨場感ある地域の姿を見て，生活と結びつけて考えられれば，より興味も高まる。

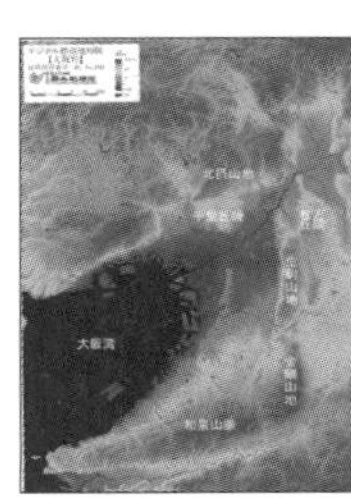

3 考える 写真から，大阪府の西側の様子について考えよう。

「さっきまでの資料とあわせて，この写真も見ながら話し合い，大阪府の西側にも目を向けて地形の様子についてさらに考えましょう。」

大阪湾沿いは埋め立て地が多いんだね。形を見たら分かるよ。
建物は工場や倉庫が多そうだよね。タンクも見えるね。
大阪は農業のイメージがありないけれど，実際はどうかな。
Google Mapより

●大阪府の西側には、どのような土地が広がっている？
●この地域には、どんなものがあるのだろう？

西側は工業が盛んそうだけれど，東側の山沿いはどうなのかな。

1～3をすべて提示して，まとめて資料を読み取って考えることも可能である。

4 まとめる 今日の学習についてまとめ，話し合おう。

今日の学習をふりかえり，新たに出てきた疑問も含めて話し合いましょう。

大阪府の地形の様子が分かってきたよ。でも東側の土地はどのように使われているかな。

大阪府の中央部の大阪平野では商業や工業が盛んに行われていそう。

工場や倉庫が多いのは大阪湾沿いだけかな。他に工業が盛んな地域はあるのかな。

大阪市以外にはどんな市町村があるのかな。それぞれ特色があるのかな。

本時のふりかえりをしていく中で出てきた疑問についても，以降の学習で解決していけるとよい。以降の学習を柔軟に修正していきたい。

第4時
大阪府の土地利用の様子

本時の学習のめあて

土地利用図や航空写真などの資料を読み取り，生活経験や既習事項をいかして対話することで，大阪府の土地利用の様子について捉えることができる。

準備物

・地図帳
・掲示資料

教材研究のポイント 地図と実際のまちの様子を写した写真を組み合わせて提示することで，

板書例

大阪府の土地利用の様子

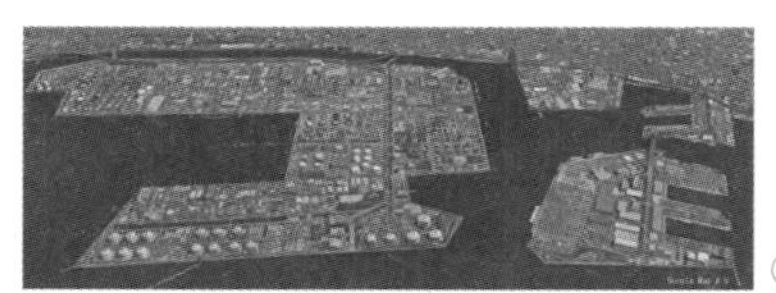
大阪湾ぞいの地域の様子（堺市・高石市・泉大津市）

●大阪府の西側に広がる大阪湾ぞいの地域は、どのように土地利用されているかな？

●大阪府では、どこでどのような土地利用をしているのかな？
●わたしたちのくらしと関係はあるかな？

■ 商業地域
■ 工業地域
■ 住居地域

工場や倉庫、タンク
工業がさかん

マンション、一けん家
たくさんの人々が
住んでいる
働いている

1 対話する 大阪湾沿いはどのように使われているのだろう。

「この写真は，どこを写したものかわかりますか。」

大阪府の西側は，どのように土地利用されているのか，この写真を見て話し合って考えましょう。

工場や倉庫のような建物がいっぱい見えるね。

タンクのようなものもたくさん見えて，工業が盛んそう。

大阪湾ぞいの地域の様子（堺市・高石市・泉大津市）

●大阪府の西側に広がる大阪湾ぞいの地域は、どのように土地利用されているかな？

・船で原料を運び入れたり，製品を運び出したりするのかな。
・コンテナも見えているね。ここから何か運んだりするのかな。

2 考える 大阪府の中央部はどのように使われているのだろう。

「この写真がどこだか分かりますか。行ったことがあるかも知れませんね。」

大阪府の中央部は，どのように土地利用されているのか，この写真を見て話し合って考えましょう。

あっ。スカイビルが写っているから梅田だね。よく家族で行くよ。

ビルがいっぱいだよね。確かお店もいっぱいあるよね。

大阪平野・梅田の様子（大阪市）

●大阪府の中央部は、どのように土地利用されているかな？

・人がいっぱい働いているんだね。買い物を楽しむ人もいっぱい。
・会社もいっぱいあって，通勤の時はいつも大変そうだよ。

社会事象を捉えて考えることができる。

大阪平野・梅田の様子（大阪市）

●大阪府の中央部は，どのように土地利用されているかな？

ビル、お店、会社
商業がさかん

主体的・対話的で深い学び

実際に児童自身が住んでいる都道府県の土地利用の様子について学ぶ授業であるため，生活経験や３年生の時の既習事項をいかしながら資料と結びつけて考えていく。また，土地利用図や航空写真と生活経験や既習事項を結びつけながら，大阪府の土地利用の様子に迫っていく中で，資料や友だちと「対話」する時間を十分とることで，より深い学びに向かっていく。

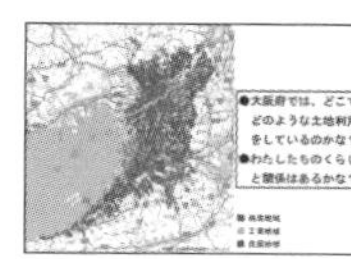

3 読み取る 大阪府全体の土地利用の様子について考えよう。

「この資料は土地利用図と言って，大阪府全体の土地利用の様子について書かれたものです。」

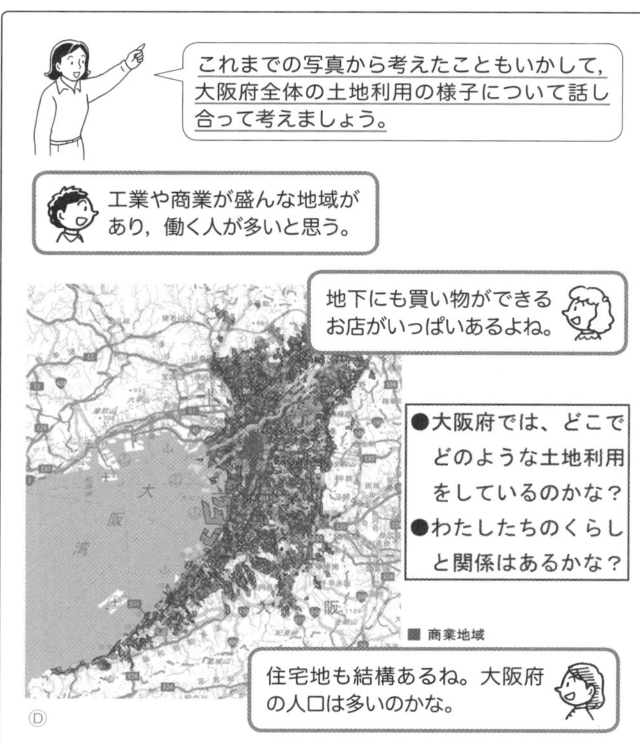
これまでの写真から考えたこともいかして，大阪府全体の土地利用の様子について話し合って考えましょう。
工業や商業が盛んな地域があり，働く人が多いと思う。
地下にも買い物ができるお店がいっぱいあるよね。
●大阪府では、どこでどのような土地利用をしているのかな？
●わたしたちのくらしと関係はあるかな？
大
阪
湾
■ 商業地域
住宅地も結構あるね。大阪府の人口は多いのかな。

・働く人，住む人，買い物に来る人など，たくさんの人がいそうだね。

4 まとめる 今日の学習についてまとめ，話し合おう。

「今日の学習をふりかえり，新たに出てきた疑問も含めて話し合いましょう。」

今日は土地利用の視点から，大阪府の様子について考えることができましたね。次はまた違った視点から，大阪府のことを見つめていくようにしましょう。
大阪府は他の地域とどのようにつながっているのかな。
工業も商業も盛んだと思ったよ。
それぞれの市町村で様子はちがうのかな。
農業はされていないのかな。

・船を使ってものを運ぶなどしているね。
・また梅田に行って，今日の学習を調べ直したいな。

第 5 時

大阪府の市や町，村

教材研究のポイント 地図やグラフ資料，写真資料を使い，地理的条件も合わせて考えると

本時の学習のめあて

地図帳を使って大阪府の市町村について調べ，それぞれの市町村の特色について対話することで，大阪府の市町村について捉え，関心をもつことができる。

準備物

- 地図帳
- 掲示資料

板書例

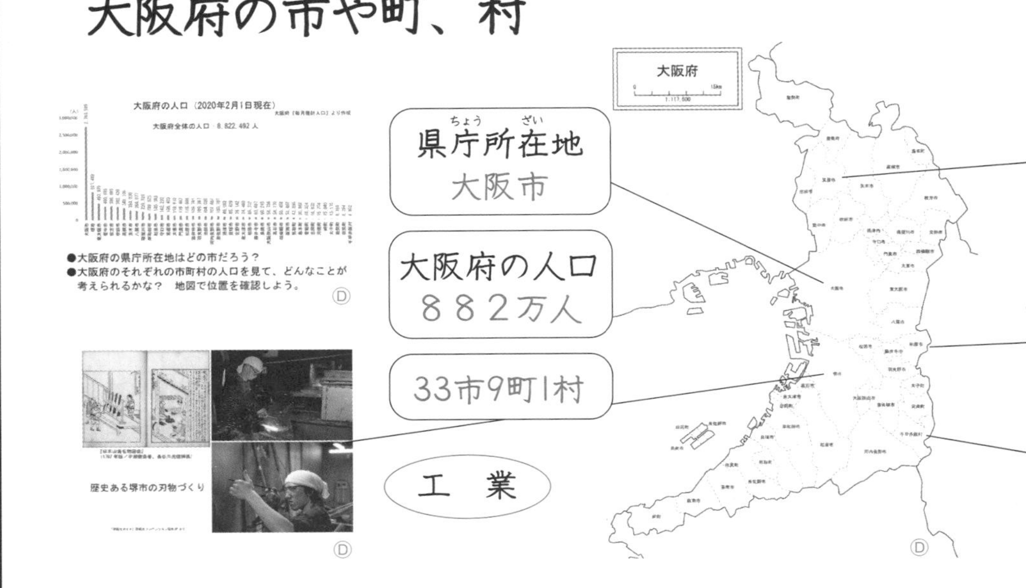

大阪府の市や町、村
大阪府の人口（2020年2月1日現在）
大阪府全体の人口 8,822,492人
●大阪府の県庁所在地はどの市だろう？
●大阪府のそれぞれの市町村の人口を見て、どんなことが考えられるかな？ 地図で位置を確認しよう。
歴史ある堺市の刃物づくり
県庁所在地
大阪市
大阪府の人口
882万人
33市9町1村
工 業
大阪府

1 読み取る 大阪府にはどんな市町村があるか調べよう。

「これがどの都道府県の地図かわかりますか。」

大阪府にはどんな市町村があるのか，グループで協力して，地図帳を使って調べてみましょう。どれだけの市町村があるのでしょうか。

43 も市町村があるんだね。こんなにあるとは思わなかった。

33 市 9 町 1 村だね。大阪府に村があるなんて意外だよ。

大阪市と堺市が大阪府の中央部にあるね。面積も大きいね。

それぞれの市町村で，特色はちがうのかな。調べてみたい。

2 読み取る グラフを読み取り，大阪府の人口を調べよう。

「このグラフを見たら，どんなことが分かるでしょうか。」

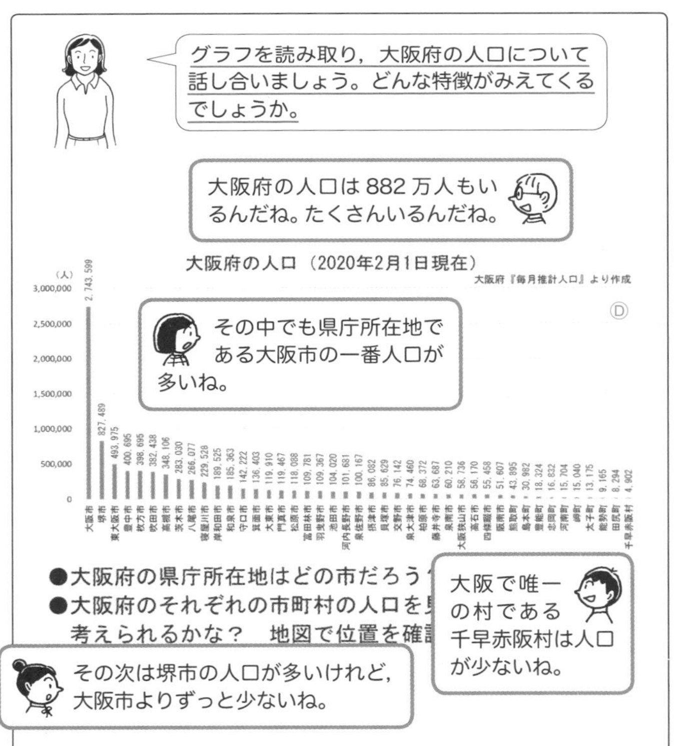

グラフを読み取り，大阪府の人口について話し合いましょう。どんな特徴がみえてくるでしょうか。
大阪府の人口は 882 万人もいるんだね。たくさんいるんだね。
大阪府の人口（2020年2月1日現在）
大阪府『毎月推計人口』より作成
その中でも県庁所在地である大阪市の一番人口が多いね。
●大阪府の県庁所在地はどの市だろう
●大阪府のそれぞれの市町村の人口を
考えられるかな？ 地図で位置を確
大阪で唯一の村である千早赤阪村は人口が少ないね。
その次は堺市の人口が多いけれど，大阪市よりずっと少ないね。

「それぞれどんなまちの様子なのでしょうか。地域によって様子が違ってきそうですね。では，これらの写真を見てみましょう。」

大阪府の全体像が見えてくる。

自然をいかす
柏原市のぶどうづくり
農　業
大阪府で唯一の村…千早赤阪村

主体的・対話的で深い学び

地図帳をもとに大阪府にある市町村について調べ，それぞれの市町村の位置関係を確認することから学習を始める。市町村の数を数えるなど，楽しみながら学習に入っていきたい。その後，その市町村の位置関係と地形などを含む地理的条件と合わせて，大阪府の様子について，対話を通して考えていく。単に市町村の名称や位置の確認をするだけで終わらないようにしたい。

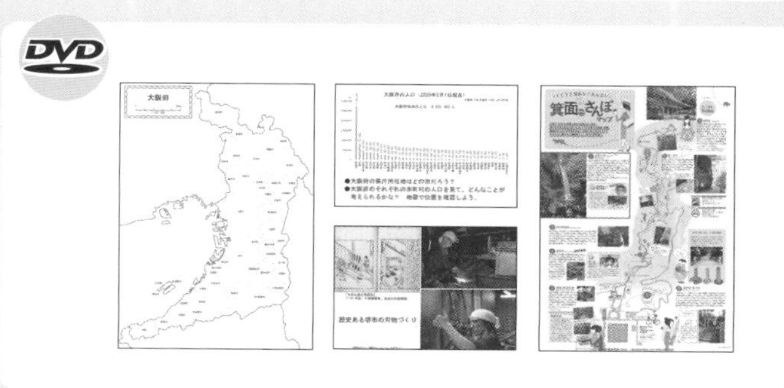
DVD
大阪府

3 考える　写真の市町村と地形の様子について考えよう。

「これらの写真は，どの市町村の様子を写したものでしょうか。地図を見て確認しましょう。」

今までの学習をいかして，これらの写真の様子と大阪府の地形などと合わせて，大阪府の特徴について話し合いましょう。
柏原市や千早赤阪村は大阪府の東側で山沿いの地域だったね。
海沿いの地域では工業が盛んそう。堺市の刃物が有名だよね。
箕面市の方も山地になっていたね。自然がいっぱいなんだね。
地域の特徴をいかして農業もされているということかな。
柏原市のぶどうづくり

市町村の位置関係と地理的条件を結びつけてそれぞれの地域の特徴について考えていくことで，大阪府全体の様子が見えてくる。

4 まとめる　今日の学習についてまとめ，話し合おう。

「今日の学習をふりかえり，新たに出てきた疑問も含めて話し合いましょう。」

工業や農業，観光など，地域の特徴に合わせて，それぞれの市町村で特色がちがってきているのですね。
市町村によって，だいぶ特色がちがってきそうだね。
市町村の場所が分かったよ。
箕面市は自然をいかして，観光に力を入れているみたいだね。
工業にもいろいろな種類がありそうだね。
地形に合った形で農業をしている地域があったね。

第 6 時
大阪府の交通の広がり

本時の学習のめあて

大阪府の主な交通機関について地図帳や写真を使って調べ，大阪市を中心とした交通網の広がりや他の都道府県や国とのつながりについて考えることができる

準備物

・地図帳
・掲示資料

教材研究のポイント 路線図など，子どもたちにとって身近な交通に関する資料から，各市町村

板書例

大阪府の交通の広がり
新幹線
フェリー
空港
新大阪駅（新幹線）の様子
●この新幹線は新大阪駅からどこに向かっているのかな？
●新幹線で大阪はどことつながり，何を運んでいるのかな？
大阪国際空港の様子
●どことつながり，何を運ぶのだろう？
関西国際空港の国際線出発ロビー
大阪の交通＜鉄道＞
●大阪の鉄道は，どことどのようにつながっている？
●大阪の交通は，鉄道だけかな？
●大阪にはどんな交通機関があるかな？
●どことつながっているかな？
●何を運んでいるのかな？

1 対話する どんな乗り物に乗ったことがあるか出し合おう。

今までにどんな乗り物乗って移動をしたことがありますか。どんなところに行ったことがありますか。
ぼくは，よく大阪メトロで梅田まで，お買い物をしに行くよ。
市バスで梅田まで行ってから，JR で USJ に行くよ。梅田は人が多いよね。
大阪だと，どこかに行こうと思ったら，いろんな方法があるよね。
私は週末に家族で車に乗って，近くのスーパーまでお買い物に行きます。

生活経験をふり返ることで，「交通」に対する興味を高めながら，ヒトやモノの移動手段について考えるベースをつくるようにしたい。

2 考える 交通によってどのように繋がっているか考えよう。

これらの路線図や地図，写真を見て，大阪はどのような地域とどのように繋がっているか話し合い，考えましょう。
大阪市内が一番いろんな鉄道が通っているように感じるね。
鉄道だけでも近畿や全国各地と繋がっているよね。

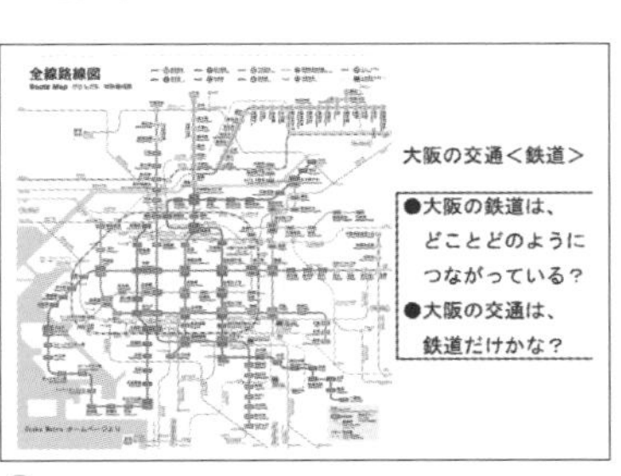
大阪の交通＜鉄道＞
●大阪の鉄道は，どことどのようにつながっている？
●大阪の交通は，鉄道だけかな？
●大阪にはどんな交通機関があるかな？
●どことつながっているかな？
●何を運んでいるのかな？
日本全国にとどまらず，世界にも飛び出せるね。すごいね。
空港や港に行けば飛行機やフェリーでどこでも行ける。

どの都道府県でも，インターネットを利用すれば，鉄道会社やバス会社の路線図などのデータを調べることができる。児童が直接調べてもよい。

や日本各地，海外とのつながりが見えてくるようにする。

鉄 道　バ ス

様々な交通機関で、
日本各地や国とつながり、
ヒトやモノを運んでいる。

高速道路

主体的・対話的で深い学び

大阪府の交通機関を表している資料と写真を結びつけながら読み取り，対話する中で，大阪府内の市町村にとどまらず，他の都道府県や世界と様々な交通機関で繋がっていることにまで思考を深めていくことができる。また，バスや電車に乗ったことがある児童がほとんどである。その生活経験も合わせて対話する時間を十分に確保したい。それにより，これからの生活に本時の学びが還っていくことにつながるだろう。

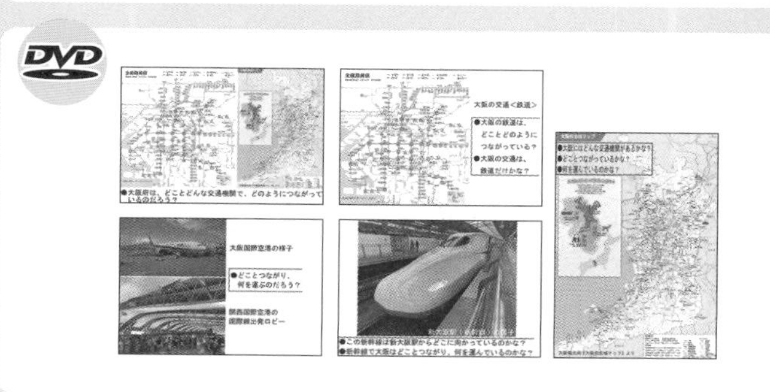

DVD
大阪の交通＜鉄道＞
大阪国際空港の様子
●どことつながり、何を運ぶのだろう？

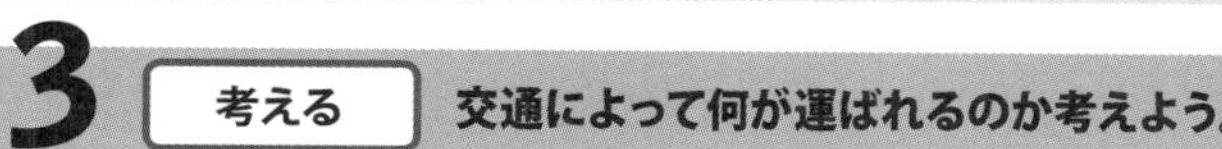

3 考える 交通によって何が運ばれるのか考えよう。

「他にも様々な交通機関があるかも知れませんね。これらの交通機関によって，どんなものが運ばれているのでしょうか。話し合いながら，考えましょう。」

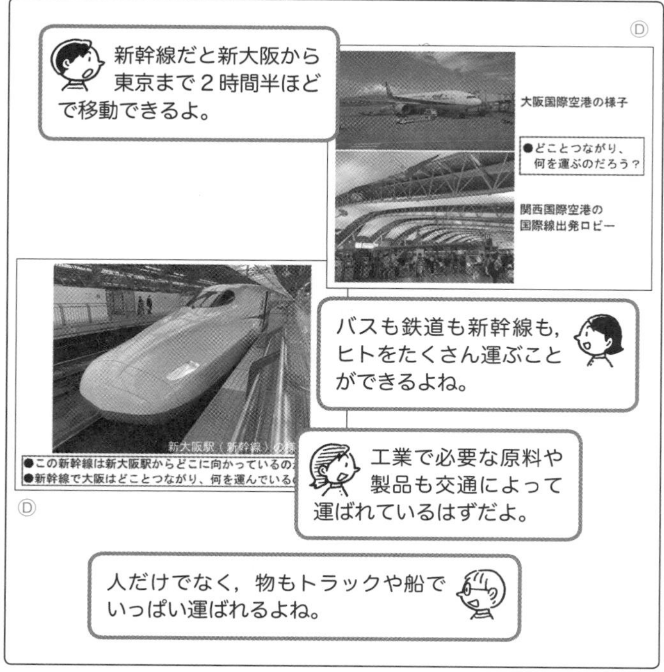

新幹線だと新大阪から東京まで２時間半ほどで移動できるよ。
大阪国際空港の様子
●どことつながり、何を運ぶのだろう？
関西国際空港の国際線出発ロビー
バスも鉄道も新幹線も，ヒトをたくさん運ぶことができるよね。
工業で必要な原料や製品も交通によって運ばれているはずだよ。
人だけでなく，物もトラックや船でいっぱい運ばれるよね。

「ヒト」だけでなく，「モノ」も交通によって運ばれることに目を向けたい。産業学習において大切な視点となる。

4 対話する 今日の学習についてまとめ，話し合おう。

「今日の学習をふりかえり，新たに出てきた疑問も含めて話し合いましょう。」

交通によって，大阪のまちは様々な地域や国と繋がっているのですね。これは大阪の産業や人々の生活に，大きな影響を与えていそうですね。
大阪の交通網はすごく発達していると感じたよ。どこにでも行けるね。
大阪の工業や商業にもいい影響がありそう。
だから私たちの生活にとって便利だよね。
ヒトだけでなくモノも運んでいるということを初めて意識したよ。

第 7 時 大阪府の主な産業

教材研究のポイント　地図と資料をベースに既習事項である地形の様子などと結びつけて大阪府

本時の学習のめあて

大阪府で主に行われている産業（工業・農業・水産業・観光業など）について，資料を使って調べ，大阪府の産業の特色について考えることができる。

準備物

・地図帳
・掲示資料

板書例

大阪府の主な産業

観光

堺(さかい)市の刃物づくり
伝統(とう)的工芸品

Safety is power!
HARDLOCK
大阪府の産業

泉州タオル

大阪府内の市町村別漁獲量（2017年）
15,766
1,027
764
427
341
254
152

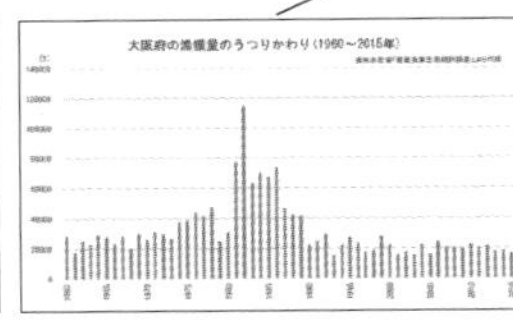

大阪府の漁獲量のうつりかわり（1960～2015年）

岸和田(きしわだ)市・泉佐野(いずみさの)市
年間約20000t(トン)の漁獲(かく)量

地形などの特ちょうをいかして
いろいろな産業

1　つかむ　大阪府ではどのような産業が行われているのだおう。

大阪府ではどのような産業が行われているのでしょうか。資料を見て話し合いましょう。

堺の刃物づくりは昔からの伝統的工芸品として有名だよね。

大阪府で農業のイメージがあまりなかったけれど…

大阪府の産業

・大阪でも水産業が行われているね。商業・工業は盛んだよね。
・地形等の地域の特徴に合わせて産業が行われているのかな。

様々な産業を想起できるよう，広く考えたことを聴くようにする。

2　考える　東大阪市ではどのような産業が盛んなのか考えよう。

東大阪市ではある産業が盛んに行われています。グラフを見てみましょう。産業の様子について話し合って，考えましょう。

東京スカイツリーや新幹線の部品を作っている会社があるね。

金属や部品の工場がたくさんあるって聞いたことがあるよ。

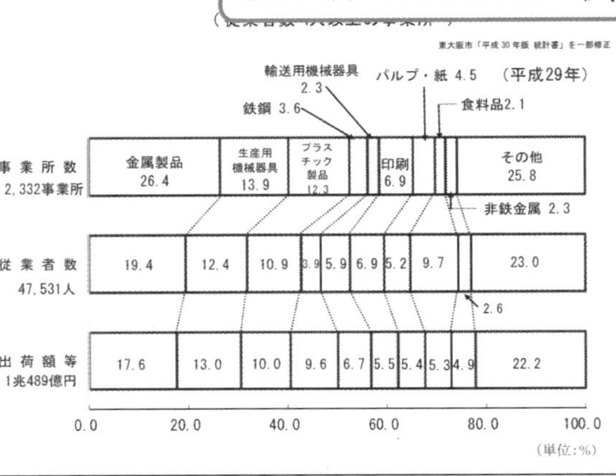

事業所数、従業者数
東大阪市「平成30年版 統計書」を一部修正
（平成29年）
輸送用機械器具 2.3
パルプ・紙 4.5
鉄鋼 3.6
食料品2.1
事業所数 2,332事業所
金属製品 26.4
生産用機械器具 13.9
プラスチック製品 12.3
印刷 6.9
その他 25.8
非鉄金属 2.3
従業者数 47,531人
19.4
12.4
10.9
3.9
5.9
6.9
5.2
9.7
23.0
2.6
出荷額等 1兆489億円
17.6
13.0
10.0
9.6
6.7
5.5
5.4
5.3
4.9
22.2
0.0
20.0
40.0
60.0
80.0
100.0
(単位:%)

・出荷額が1年間で約1兆円って，すごい額だよね。
・すごい技術力をもった職人さんがたくさんいるんだろうな。

の産業について考えられるようにする。

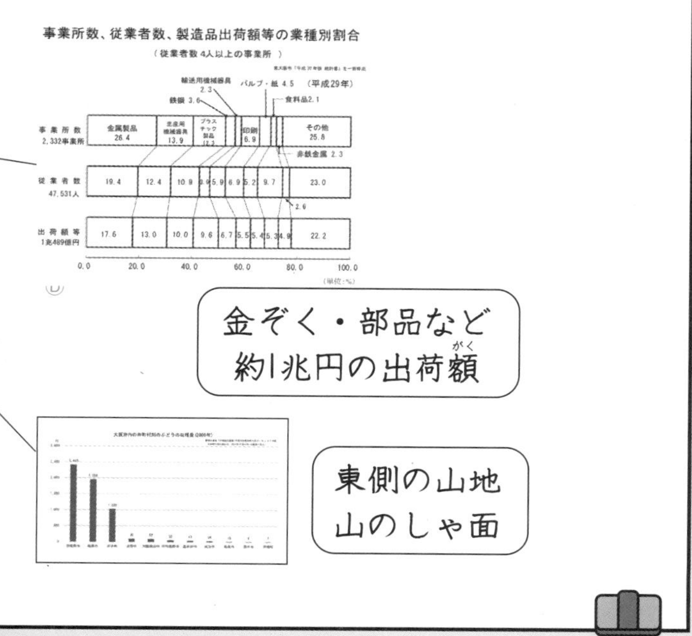
事業所数、従業者数、製造品出荷額等の業種別割合
（従業者数4人以上の事業所）
金ぞく・部品など
約1兆円の出荷額
東側の山地
山のしゃ面

主体的・対話的で深い学び

大阪府の市町村と産業について，地形などの地理的条件と結びつけて考えることができるよう，「なぜその地域でぶどうの生産が盛んに行われているのか」など，発問を工夫することが求められる。グラフ資料の読み取りだけにとどまらず，対話を通して，以上のような深い学びに向かっていくようにしたい。また大阪府の産業は多岐にわたる。よって，この学びで終わるのではなく，個人テーマを設定した調べ学習も有効である。

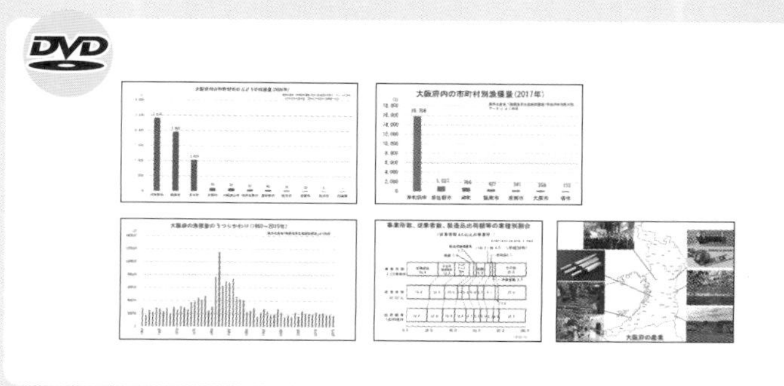
DVD

3 読み取る・考える　なぜぶどうの生産が盛んなのか考えよう。

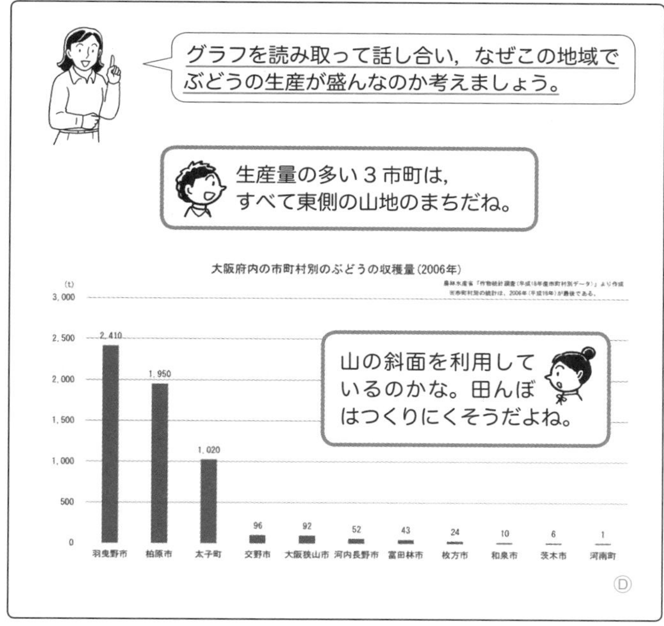
グラフを読み取って話し合い，なぜこの地域でぶどうの生産が盛んなのか考えましょう。
生産量の多い３市町は，すべて東側の山地のまちだね。
大阪府内の市町村別のぶどうの収穫量(2006年)
山の斜面を利用しているのかな。田んぼはつくりにくそうだよね。
羽曳野市 2,410
柏原市 1,950
太子町 1,020
交野市 96
大阪狭山市 92
河内長野市 52
富田林市 43
枚方市 24
和泉市 10
茨木市 6
河南町 1

・家族でぶどう狩りに行ったことがあるよ。山沿いだったよ。
・ぶどうづくりに合った地形だということかな。理由があるんだね。

大阪府では他にも，特別な栽培方法を用いた，21品目の「なにわ特産品」の生産などが行われている。

4 読み取る・考える・まとめる　水産業が盛んなのはどんな地域なのか考えよう。

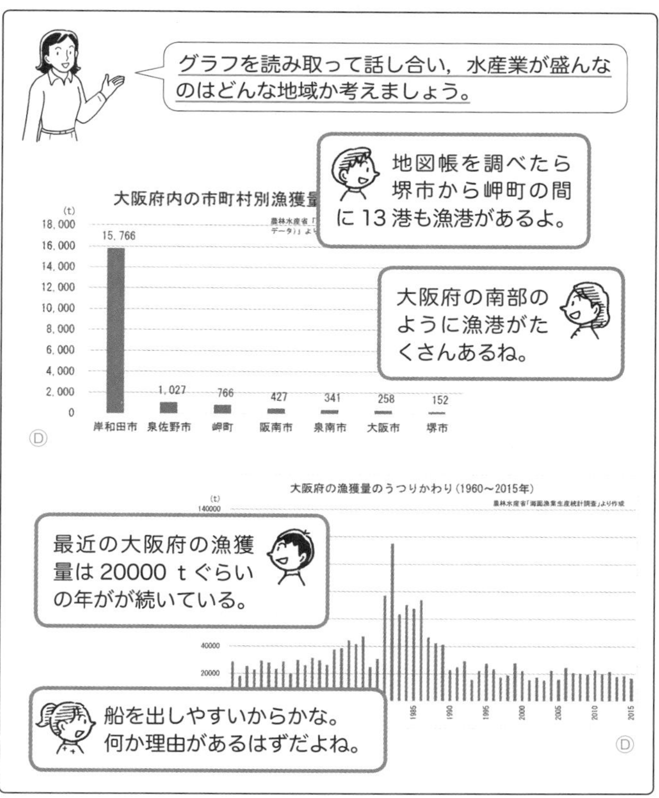
グラフを読み取って話し合い，水産業が盛んなのはどんな地域か考えましょう。
地図帳を調べたら堺市から岬町の間に13港も漁港があるよ。
大阪府内の市町村別漁獲量
大阪府の南部のように漁港がたくさんあるね。
岸和田市 15,766
泉佐野市 1,027
岬町 766
阪南市 427
泉南市 341
大阪市 258
堺市 152
大阪府の漁獲量のうつりかわり（1960～2015年）
最近の大阪府の漁獲量は20000ｔぐらいの年がが続いている。
船を出しやすいからかな。何か理由があるはずだよね。

「今日の学習をふりかえり，新たに出てきた疑問も含めて話し合いましょう。」

第 8 時 府の特色をまとめる

教材研究のポイント 地域図書館との連携やICTの活用など，児童が自由に幅広く調べなおせる

本時の学習のめあて

大阪府の学習をふり返り，大阪府の特色について「大阪案内マップ」にまとめ，交流することで，大阪府の様子について考えを深めることができる。

準備物

・地図帳
・掲示資料
・これまでに使用した資料

板書例

府の特色をまとめる

「大阪案内マップ」をつくろう

●大阪府の特色を伝えるマップ
●様子…位置・形・地形
　　　市町村
●産業…農業・水産業・工業
　　　商業・観光業など
●伝統(とう)的工芸品
●これまでのし料や本を使って
　調べ直して整理
●最後は「未来に向けて」

大阪府

大阪府

●タイトル…インパクト
●見出し、小見出し
●レイアウト
●伝え方…文章、図や絵
グラフや表
●文字の大きさの工夫
●色の工夫

1 対話する・ふり返る　大阪府について学んだことをふり返ろう。

ここまでに大阪府の特色について学習してきましたね。どんな特色があることを学んできましたか。

大阪府の市町村や地形，交通について学んだね。

堺市の刃物づくりは伝統的工芸品となっているね。泉州タオルも有名だね。

大阪府の産業についても学んだよ。商業や工業が盛んみたいだね。

地域の特徴をいかして，特色ある産業が行われていたよね。

単元全体の学習を簡単に振り返り，自由に発言させ，これまでに学んできたことを想起させる。

2 対話する・学習問題をつくる　レポートのまとめ方を確認しよう。

レポートの書き方で大切なことはどんなことでしょうか。

これからのあり方について，自分の考えを示したいね。

タイトルはみんなが読みたくなるようなものがいいな。

文字の大きさや色を工夫して，読みやすくしたいな。

文章だけでなく，図や絵，グラフ，表，クイズなど，工夫してまとめたいよね。

レイアウトを工夫して，見出しや小見出しをつけて，見やすくしたいね。

「自分の考えを支えてくれる資料を選んで取り上げたいですね。多面的に調べて考え直し，読み手のことを意識して，レポートにまとめたいですね。レポートにまとめたら，その後はどうしたいですか。」

子どもたち同士でレポートを共有したり，関係諸機関に送付し，ご意見をいただいたりする。

環境を整えておくとよい。

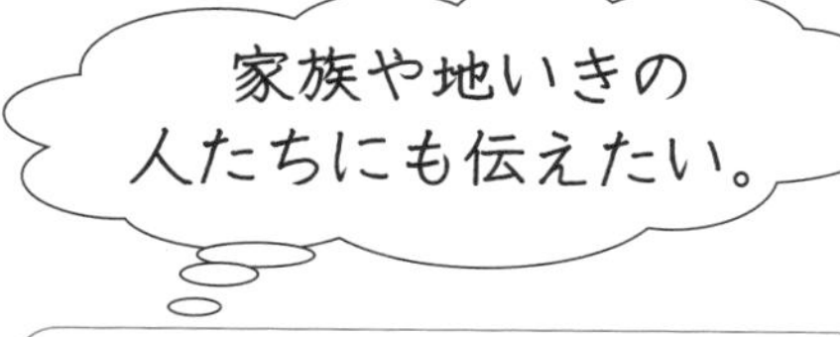
家族や地いきの
人たちにも伝えたい。

⇒ できあがったレポートを共有しよう！

主体的・対話的で深い学び

これまでに学んできた大阪府の様子について，その特色を「大阪案内マップ」にまとめる。これまでの学びを整理して表現し，自分なりの見方・考え方を表現できるようにする。また他者との交流を通して，互いの見方・考え方に触れることで，より高次の思考にも繋がっていくことだろう。駅や役所などに掲示してもらうなど，地域と連携するのもよい。

DVD

3 まとめる　大阪府の特色についてマップにまとめよう。

では，もう一度調べて考え直しながら，レポートにまとめてみましょう。
困ったとことがあったら，相談しあってレポートを完成させよう。
どんな資料を選んだらいいかな。いい資料ないかな。
図書館の本を見てみたら，いい資料が見つかるかもね。
インターネットを使ってもいいかもね。資料の出どころには注意したいね。信頼できる資料かな。

「情報リテラシーには注意したいですね。誰が出した，どんなことを目的にした資料なのか，信頼できる資料なのか…どこを調べたらいいのか判断するのも大切ですね。」

4 対話する・ひろげる　「大阪案内マップ」を交流して考えを共有しよう。

みんながまとめたレポートを紹介し合いましょう。レポートの良かったところを付箋に書いて，相手に渡すようにしましょう。
僕は堺市の刃物づくりについて調べました。伝統的工芸品です。未来に残していくべきだと思います。
後を継ぐ人はいるのかな。これからも残り続けるためには「ヒト」が大切だと思います。
大阪の観光スポットをまとめました。これまでインバウンドが増えてきていたけれど…。
大阪府の東側の農業について調べなおしました。地域の人たちにもぶどう狩りに行って欲しいな。

「作った「大阪案内マップ」をJAや駅，市役所，関係する地域や施設などに送って読んでもらいましょう。感想や質問をもらって，もう一度考え直せるといいですね。」

水はどこから

全授業時間　導入１時間＋11時間＋ひろげる２時間

◉ 学習にあたって ◉

◇何を教えるのか　－この単元の特徴－

この小単元は，地域の人々の“くらしをつくる”ことにとって必要な「飲料水，電気，ガス」の確保や，廃棄したものの処理について学習する単元です。私たちの生活の根幹であるライフラインが，資源と産業とのかかわりの中で，対策や事業として計画的・組織的に進められ確保されていることを，実際に見学したり資料を活用して調べていきます。これらが人々の健康な生活や，安全で安心な生活環境の維持と向上に役立っていることについて考え表現しながら学習します。

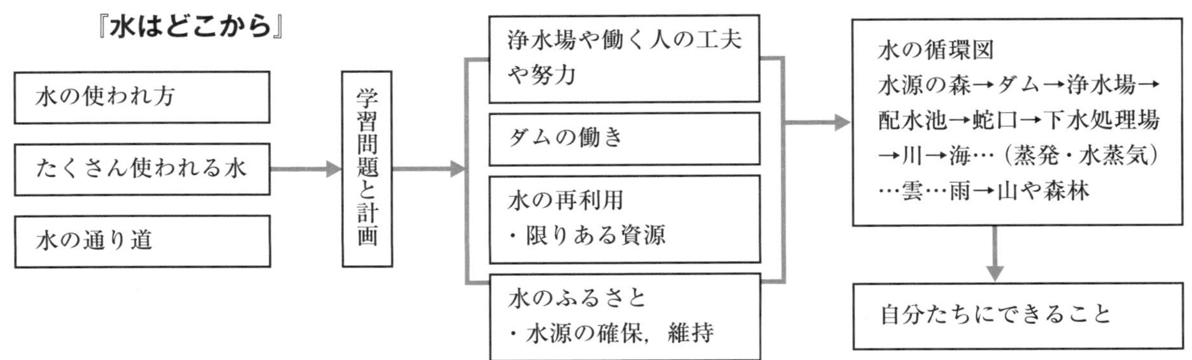

『水はどこから』
水の使われ方
たくさん使われる水
水の通り道
学習問題と計画
浄水場や働く人の工夫や努力
ダムの働き
水の再利用
・限りある資源
水のふるさと
・水源の確保，維持
水の循環図
水源の森→ダム→浄水場→配水池→蛇口→下水処理場→川→海…（蒸発・水蒸気）…雲…雨→山や森林
自分たちにできること

◇どのように教えるのか　－学習する手がかりとして－

飲料水という生活の根幹にかかわる問題の性質上，基幹河川水系全体（県単位から隣接都道府県）に学習範囲が広がっていきます。本来なら河川の上流の水源地，ダム，中下流域の上水道（浄水場）から下水道（下水処理場）への展開などを見学したいですが，実際には浄水場の見学ぐらいになるので，それを補う教材が必要になってきます。そのための教材として，本書では，主教材として淀川水系を水源とする大阪府北部の飲料水と，下水道の取り組みを取り上げ，身近な「生活の中での水の使われ方」から始め，水源である近畿地方全体に及び，水の循環に行き着くように構成しています。それぞれの地域で入れ替えて展開できるように，グラフや画像，資料，ワークシートなどを再利用できるようにし，入手方法なども添付しているので，県や市の副読本の活用と共に，参考にしてください。

◉ 評　価 ◉

知識および技能

・飲料水にかかわる事業や対策は，地域の人々の健康な生活とよりよい生活環境の維持や向上を支えていることや，水が地球規模で循環してよりよい生活環境を生んでいることの大切さを理解している。

・市の飲料水にかかわる事業や対策を見学・調査し，具体的な資料を活用して，必要な情報を集めて読み取り，分析したり自分なりの資料にまとめたりしている。

思考力，判断力，表現力等

・市の飲料水を確保する事業や対策について，学習問題を考え学習計画を設定して表現している。

・市の飲料水にかかわる事業や対策を見学・調査したり，具体的な資料を活用して，必要な情報を集めて分析し，これらの事業や対策が地域の人々の健康な生活とよりよい生活環境の維持や向上を支えていることについて，思考・判断したことを適切に表現している。

主体的に学習に取り組む態度

・「市の飲料水」や「水の循環」について必要な情報を集め，読み取ったことをもとに自分の意見や疑問をもち，進んで話し合いに参加しようとしている。

◉ 指導計画　導入１時間＋11時間＋ひろげる２時間 ◉

時数	授業名	学習のめあて	学習活動
導入	住みよいくらしのしくみや働く人たち	・わたしたちのまちの健康で住みよいくらしを支えているしくみや人々の働きに気づき，理解する。	・教科書などの写真やイラストから，まちの中で住みよいくらしをつくるためのしくみや働く人々に気づき，それらの事業や仕事について話し合う。
水はどこから			
1	わたしたちの生活と水	・水は毎日の生活や産業に欠かすことのできない資源であり，たくさんの水が使われていることを理解する。	・自分たちの身の回りから市域の水の使い方にまで目を広げ，水の使い方と人口と給水量の増え方について考え，水が大切な資源であることをつかむ。
2	わたしたちが使う水はどこから	・学校で水がどこで使われ，どのような道筋でくるのかを見学して調べ，１本につながって送られてくることを理解する。	・学校の水道水が様々なところで使われていることを知り，その水は高いところから下の階に送られている水道管のしくみに気づき，その道筋を考えてまとめる。
3	水のふるさとへ（学習問題を考える）	・私たちの学校や家まで送られてくる水のふるさととその通り道について調べ，どこにあるのか見つけ，学習問題を考える。	・副読本や市役所パンフレットを参考にしながら水道水の通り道を調べ，地域の水道水のふるさとが川や湖の水にあることを確かめ，飲み水に関する学習問題を設定する。
4	きれいな水をつくる①	・浄水場の見学で調べたことや資料を通して，川の水をきれいにする浄水場のしくみと働く人のようすを理解する。	・浄水場の見学で調べたことや画像・資料を，グループで話し合い整理して，報告する用意を進める。
5	きれいな水をつくる②	・浄水場の見学で調べたことや資料を通して，川の水をきれいにする浄水場のしくみと働く人のようすを理解する。	・浄水場の見学で調べたことや画像・資料を，グループで話し合い整理して，報告の発表をする。
6	安全できれいな水をつくるために	・浄水場の見学や資料で調べた働く人のようすなどから，水道水に関わる対策や事業の役割と意義を考える。	・浄水場の見学や画像・資料で調べたことをグループで話し合い整理して，協力して報告し，水道水にかかわる対策や事業の役割と意義を考える。
7	ダムの働き	・いろいろな資料を読み取ってダムの働きを知り，水資源を利用する河川流域の環境全体について考える。	・グラフや地図・パンフレットなどの資料を読み取り話し合って，ダムの働きをつかむと共に，河川流域の環境全体について考える。
8	森林の働き	・いろいろな資料を読み取って水源となる森の働きを知り，水資源を利用する河川流域の環境全体について考える。	・森林の役割を考えさせるイラストやパンフレットなどの資料を読み取り，森林も含めた河川流域の自然環境全体について考え，「緑のダム」の役割を理解する。
9	水の循環について考える①	・使われた水はくり返す使われていることに気づき，社会全体で水を資源として管理していることを理解する。	・下水処理場の働きを調べることで，川の水が繰り返し使われていることに気づき，水を資源として何度も再活用する社会全体のしくみがあることを知る。
10	水の循環について考える②	・いのちに欠かせない水が循環して再生されていることに気づき，水資源の大切さについて考える。	・今まで学習してきたことから，水が地球規模で循環して再生されていることに気づき，限られた水資源の活用と再利用について考える。
11	安全できれいな水についてまとめる	・今まで学習してきたことをもとに，安全できれいな水が私たちのもとに届いているわけを考えまとめる。	・学習したことの中から，大切なキーワードを取り出し，それらを使って安全で安心な水が私たちのもとに届いているわけについて考え，まとめて表現する。
ひろげる1	くらしを支える電気	・私たちのくらしを支えている電気が，どこでつくられ，どのように届けられているのか調べ，電気の使い方について考える。	・くらしをささえている電気は，どこからどのように送られてくるのかを調べるために，発電量のグラフや教科書から発電方法の特徴（長所や短所）を調べ，今の課題をつかむ。
ひろげる2	くらしをささえるガス	・私たちのくらしを支えているガスが，どこでつくられ，どのように届けられているのか調べ，ガスの使い方について考える。	・LNG（液化天然ガス）の輸入先グラフから世界とのつながりを調べ，くらしをささえているガスがどのように送られてくるのかを理解する。

導入

住みよいくらしのしくみや働く人たち

単元のめあて

わたしたちのまちの健康で住みよいくらしを支えているしくみや人々の働きに気づき，理解する。

準備物

- 震災時や断水などの給水写真画像
- 付箋
- セロハンテープ
- グループボード

本時の学習のめあて 教科書の写真やイラストから，町の中で住みよいくらしをつくるための

板書例

住みよいくらしのしくみや，働く人たち

水道

（水道管・マンホール・じゃ口）

- 使用量の点けん
- 水道管の点けん

下水道

（水道管・マンホール・下水しょり場）

- 下水道管のせっち
- 下水道管の点けん

ごみのしょり

（せいそう工場・うめ立て地）

- ごみをしゅう集する
  ①車と人
- ふねんごみをしゅう集する
  ①ボックスのせっち
  ②ごみの回しゅう
- リサイクル

電話やインターネット

（電話線・ケーブルなど）

- 電話線やインターネット線のせっち

1 つかむ 震災や災害の時にこまることはどんなことだろう。

この写真は熊本大震災の時に水道が出なくなったので，飲料水をもらう市民の人たちです。震災や災害の時に困ることはどんなことがありますか。

熊本地震時の給水の様子を見せる。

飲み水がなくなる。
がれきなどごみが出る。

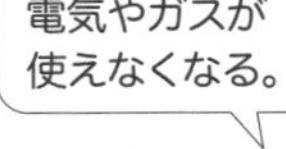

電気やガスが使えなくなる。
電話やインターネットがつながりにくくなる。

2 見つけて話し合う 健康で住みよいくらしを支えているしくみや働く人を見つけよう。

教科書の写真やイラストから，私たちの住みよいくらしを支えているしくみや，働く人たちがどんな仕事をしているのかを見つけましょう。自分の生活での体験もいいですね。見つけたらメモに書いてグループで出し合い，整理していきましょう。

ごみを収集しているひとがいるね。
プールみたいなものが並んでいるのはなんだろう？

①まず一人でメモをつくる。

②グループになり，個人のメモ（付箋），セロテープ，グループボードなどを準備させ，しくみごとに話し合って整理し，発表できるようにする。

この間に机間巡視して，取りかかりがゆっくりなところなどにアドバイスしていく。

しくみや働く人々に気づき，関心をもつ。

電気

（発電所・電気工事・太陽光発電など）

・電信柱や電線の点けん
・電気使用の安全点けん

ガス

（ガス管・プロパンガス）

・使用量の点けん
・ガス管の点けん

主体的・対話的で深い学び

教科書などの写真やイラストから，まちの中で住みよいくらしを作るためのしくみや働く人々に気づき，それらの事業や仕事について話し合い，関心をもつ。

3 見つけて話し合う どんな仕事があるのかまとめてみよう。

それではしくみや，働く人たちのようすについて，グループごとに報告してもらいましょう。
水道のしくみがあります。
家の入り口の水道のメーターを見に来ています。
NOTE
NOTE
道路の水道管に耳を当てている人がいました。
道路工事をして水道管を埋めています。

全部報告させるだけでなく，グループで１しくみごとにするなど，報告のさせ方をクラスの状態に合わせて工夫するとよいだろう。指導者は，各グループの報告を板書に記録していき，まとめていく。

4 発表してまとめる これから身近な水道について学んでいこう。

水道の水はどこから来るのか予想してみましょう。
水道の水はどこから来ているのか知りたいね。
飲み水だからどこかできれいにしていると思う。

・雨水をどこかできれいにしているのかな。
・山奥の湖やダムだと思う。

「それでは，次の時間から水道の水の秘密について探っていきましょう。」

通常，児童が目にしているライフラインとして，①上水道と下水道，②ごみ処理問題，③電気，④ガス，⑤通信システムなどがあげられるだろう。教科書では主に，①上水道，②ごみの処理が取り上げられているが，地域の課題に応じて単元計画を立てていきたい。

第1時 わたしたちの生活と水

教材研究のポイント 水不足の資料については，災害時の飲料水の確保などの資料を提示して

本時の学習のめあて

水は毎日の生活や産業に欠かすことのできない資源であり，たくさんの水が使われていることを理解する。

準備物

- 各市町村水道水使用量グラフ
- 一日に使われる水の量グラフ
- 市の人口の変化グラフ

板書例

わたしたちの生活と水

水をどのように使っているのだろう

調理
せんたく
おふろなど

手あらい
トイレ
プールなど

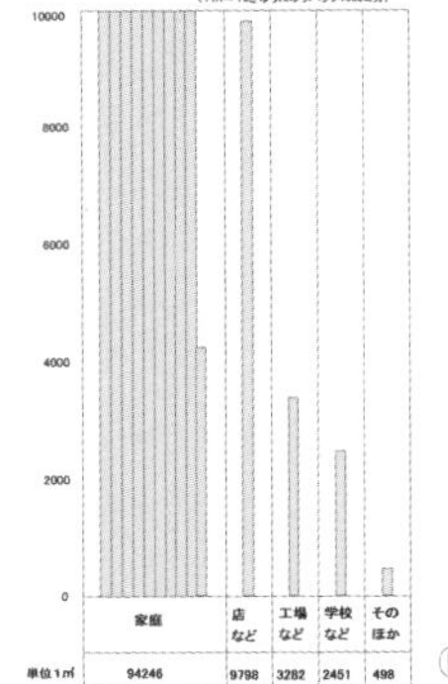
一日に使われる水の量(使われる場所別)
(1㎥＝1ℓぎゅうにゅうパック1000こ分)
10000
8000
6000
4000
2000
0
家庭
店など
工場など
学校など
そのほか
単位1㎥
94246
9798
3282
2451
498
【高槻市統計資料より】
Ⓓ

工業用

農業用水 ← 川の水を使う

1 考えてつかむ 水がどんなところで使われているのか考えよう。

水はどんなところで使われているのか，家や学校などいろいろな場所で考えてみましょう。
シャワーの時使います。
工場でもたくさん使われています。
家で料理や洗濯に使う。
花にも水をまくよ。

- お店やスーパーでも使っていると思う。
- 学校ではプールやトイレや手洗い，掃除に使う。
- 学校の花壇や学習田にも水が必要だね。
- 野菜を作っているところも水がたくさんいる。
- 近くの田にも田植えのために水が必要だ。

2 調べる 私たちの市ではどこで使われているか調べよう。

私たちの市では，どんなところで使われているのかグラフで調べましょう。
家庭で使われているのが多いね。
あれ？農業用の水はないね。

- お店の方が工場より多い。
- 学校は昼しか使わない。
- お店や工場でも使っている。
- 人が使う量がとても多い。
- 人が多いと水の使用量も増えるのだろうか？
- 水はいろいろなところで使われている。

考えさせる方法もある。

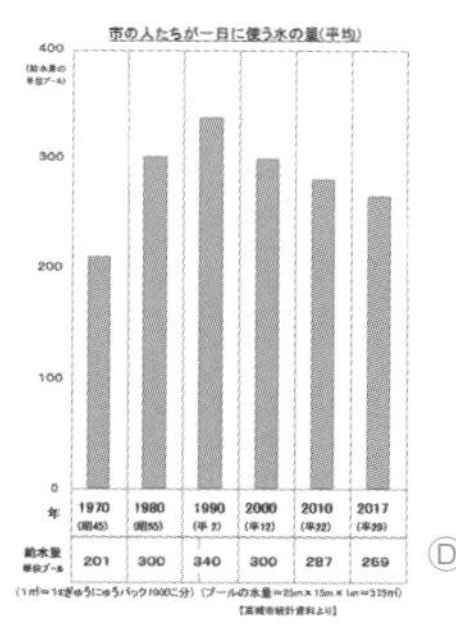

市の人たちが一日に使う水の量(平均)
400
300
200
100
0
年
1970 (昭45)
1980 (昭55)
1990 (平2)
2000 (平12)
2010 (平22)
2017 (平29)
給水量
201
300
340
300
287
269
【高槻市統計資料より】

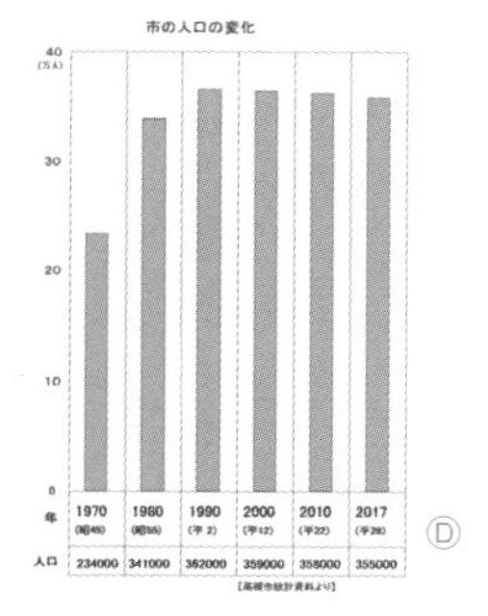

市の人口の変化
40 (万人)
30
20
10
0
年
1970 (昭45)
1980 (昭55)
1990 (平2)
2000 (平12)
2010 (平22)
2017 (平29)
人口
234000
341000
362000
359000
358000
355000
【高槻市統計資料より】

・使う水の量がふえている
・人口はだんだんふえている
・人口がふえて水をたくさん使っている

まとめ　・水は，人々の生活になくてはならない大切なしげんである

主体的・対話的で深い学び

自分たちの身の回りから市域の水の使い方にまで目を広げ，資料のグラフから事実をつかみ，それを比較して関連性を見つける。水の使い方と人口と給水量の増え方の変化について考え，水が大切な資源であることを理解できるように進めたい。

DVD

3 調べて比較する　市の人がどれくらい水を使うのか調べよう。

「市内で一日にどれくらいの水道水が使われていますか。」
・一日に使う量がプール 300 個分近くあります。
・すごい量だ！

市の人口と変化と，水の給水量とを比べてみて，思ったことを話し合いましょう。
人口もどんどん増えている。
2000 年から使う水の量が減ってきているよ。
人工が増えると使う水の量も増えるんだね。
水を使うところが減ったのかな。

グループで話し合い，報告する。

・1990 年まで使う量がどんどんふえてきたようだ。
・たくさん使っても水は無くならないのかな？

4 考えてまとめる　水が不足したときのことを考えてみよう。

水道の水が不足すると，わたしたちの生活はどうなるかな。

NHK for school クリップ映像「福岡市の水不足」(1 分)を視聴し，水が不足した時の生活を考えるとよりわかりやすい。

ご飯が作れないし，洗い物もできないよ。
毎日給水車に飲み水をもらいに行くのなら，お風呂やトイレはどうするの？

「水は人々の生活になくてはならない大切な資源だとわかりますね。次の時間から，この水はどこから来るのか調べていくことにしましょう」

・給水量と人口の関係
　節水や水の再利用，再生→利用のリサイクル，電気機器の節水製品などの普及で，全国的に 2000 年以降給水量は少しずつ減っている
・給水量のグラフについて
　何千万 m のイメージがつかみにくいので，ここではプールの水量（25m×15m×1m=375m）で割り，プール何個分で表している。

第2時 わたしたちが使う水はどこから

教材研究のポイント　学校の水道の配水システムは，学年会などでポンプ質や屋上タンクなど

本時の学習のめあて

学校で水がどこで使われ，どのような道筋でくるのかを見学して調べ，1本につながって送られてくることを理解する。

準備物

・DVD 所収資料
・ある小学校の水道使用量
・蛇口調べ集約用紙
・場所別蛇口個数グラフシート

板書例

わたしたちが使う水はどこから

学校の中のじゃ口

【3階】手あらい場，トイレ，図工室，理科室，音楽室

【2階】手あらい場，トイレ，家庭科室，図書室，多目的ホール

【1階】手あらい場，トイレ，校長室，しょく員室，会ぎ室，くつぬぎ場

【給食じゅんび室】

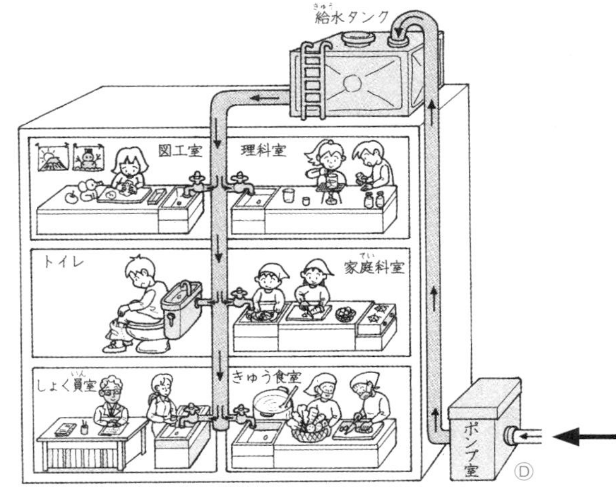

給水タンク
図工室
理科室
トイレ
家庭科室
しょく員室
きゅう食室
ポンプ室

1 見つける　学校の蛇口はどこにあるだろう。

「学校の水はどこからやってくるのか，水の通り道を考えてみましょう。まず水はどこから出ますか。」

・水道の蛇口です。
・トイレの水も同じじゃないかな。

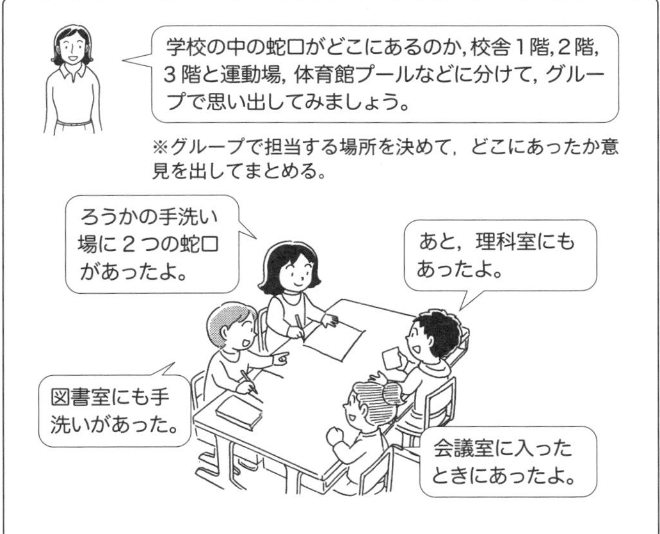

学校の中の蛇口がどこにあるのか，校舎1階，2階，3階と運動場，体育館プールなどに分けて，グループで思い出してみましょう。
※グループで担当する場所を決めて，どこにあったか意見を出してまとめる。
ろうかの手洗い場に2つの蛇口があったよ。
あと，理科室にもあったよ。
図書室にも手洗いがあった。
会議室に入ったときにあったよ。

2 想像しながら話し合う　蛇口まで，水はどうやって来ているのか想像しよう。

「グループごとに報告していきましょう。」

・1階はトイレ，廊下の手洗い場，職員室，会議室，校長室，靴脱ぎ場にあります。
・2階はトイレ，廊下の手洗い場，家庭科室，図書室，多目的ホールにあると思います。

ではこんなにたくさんあるじゃ口まで，水はどうやって来ているのでしょう。
ホースでつながっているのかな？
ホースのように水の管があると思う。

・図工室や家庭科室の蛇口は，水道管の先についているから，水道管でつないでいるんじゃないかな。
・2階や3階の水道の水も出るから，下からつながっているのかな。

の設備を確認しておくとよい。

【運動場】
顔あらい場，水まき用

【プール】
給水用，シャワー，目あらい

水道メーター　？

主体的・対話的で深い学び

本時は，水道の使い道から水道の水がどこからやってくるのかを学習する。身近な学校の飲料水がさまざまなところで使われていることを知り，その水は高いところから下の階に送られている水道管のしくみに気づき，その道筋を考えてまとめるようにしたい。

DVD

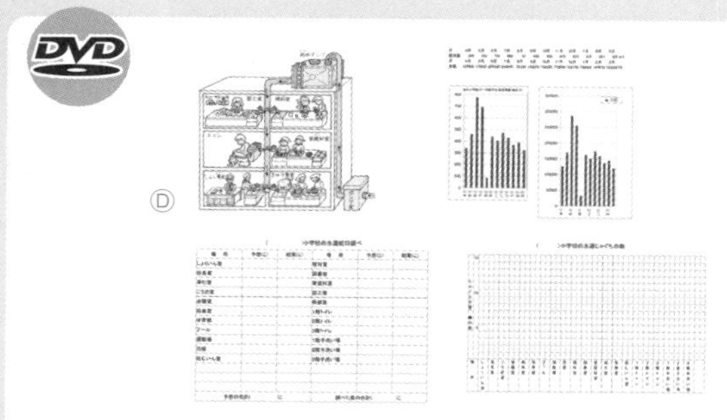

3 調べる　学校の水の通り道を調べよう。

高いところにある蛇口に，水をどう送るのか不思議ですね。学校の中でその秘密に関係がありそうな建物を知っていますか。

施設（水道管・ポンプ室・水道メーター・タンクなど）を見学しながら，教科書などにある学校の中の水道のしくみの絵を説明するとわかりやすい。また，「なぜタンクは屋上にあるのかな？」など，意味を考えさせるのもよい。

ブーン
タンクがあるよ。
これがポンプなんだ。
タンクまで水を送るのね。

・屋上のタンクが関係あるんじゃないかな。
・校舎の横にいつもブーンといって動いている部屋がある。
「それでは施設を見に行き，どのようにつながっているのか，調べてみましょう。」

4 発表してまとめる　学校の水の通り道についてまとめよう。

どんな物を見つけたか発表しましょう。

学校の入り口に水道メーターがありました。
外からきた水道管から，プールやポンプ室につながる水道管に分かれていました。

「学校の水道の道筋をまとめましょう。」
・①外から水道管→②水道メーター→③ポンプ室やプール，運動場→④屋上タンク→⑤それぞれの蛇口，とつながっていました。
・屋上のタンクは高さを利用しているんだね。
・1カ所から枝のように分かれて，蛇口に向かって流れていくんだね。
・学校までどのようにつながっているのか知りたいな。

学校の水道のしくみは，校舎の造りなどで異なるが，地下水道管からポンプで屋上タンクに送られ，高低差で上の階から階下の水道施設に送水されるのが一般的である。

見学場所は，①屋上タンク，②送水ポンプ室，③外部からの水道本管，④プール給水管などがあげられる。

第3時

水のふるさとへ（学習問題を考える）

教材研究のポイント　施設見学の時の役割分担や調査内容の相談がスムーズに行くように，机

本時の学習のめあて

私たちの学校や家まで送られてくる水のふるさととその通り道について調べ，どこにあるのか見つけ，学習問題を考える。

準備物

- 水道施設見学カード①②
- 市の水道施設パンフレット＆マップ
- 水源地図（各市町村）

板書例

水のふるさとへ
水の通り道
学校　家
配水管
配水池 ← 受水場
送水管
じょう水場
淀川（よどがわ）
地下水

1 つかむ　学校の外とつながる水道管はどこにつながっているのだろう。

学校や家の水道管の出口をたどっていくと，どこにつながっているのか副読本や市役所のパンフレットで見つけましょう。
水道管は配水管，給水管ともいわれているみたいだね。
いつでも使えるように水が蓄えられている。
道路などの地下に埋められている。
水道管は配水池につながっている。

- 浄水場で安全な水道水がつくられているのだね。
- 浄水場に来る前の水は，地下水や川の水かな。
- 私たちの市では，地下水が30%，淀川から70%を取り入れているんだって。
- 淀川の上流をたどると琵琶湖にたどり着くよ。

2 確かめる　地域の地図を見て確かめよう。

地域の地図を見て，学校と浄水場や配水池を確かめて，水の通り道をまとめてみましょう。
市全体の地形が読み取れるような土地利用図などを用意して提示するようにしたい。
配水池は等高線に合わせると，平野を囲むように小高いところにつくられている。
地図で見ると配水池は高い所にあるよ。

- 受水場は市の東西南北に散らばっている。
- 大阪広域水道企業団の水を中継するのだね。
- 受水場から配水池に送水されて家まできている
- 水が高いところから自然に流れるように工夫されているのだね。

間巡視しながら個別指導を丁寧にする。

学習問題を考えよう

・淀川からびわ湖の水をどのようにして飲める水にしているのだろう
・よごれてもきれいにするしくみがあるのかな
・つくった水が安全かどうか，どのようにしてたしかめるのだろう
・働く人はどんな仕事をしているのかな
・働く人はどんなことに気をつけているのだろう

主体的・対話的で深い学び

副読本や市役所パンフレットを参考にしながら水道水の通り道を調べ，地域の水道水のふるさとが川や湖の水にあることを確かめる。その活動の中から飲み水に関する学習問題を話し合って設定し，調べる方法を考えながら見学の準備をする。

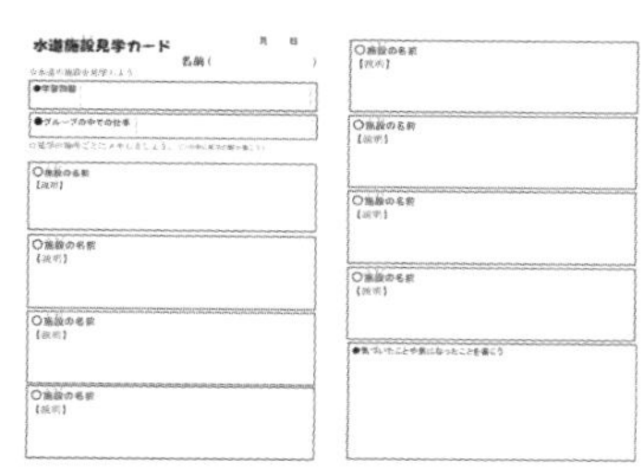

水道施設見学カード　　月　日
名前（　　　　）
●学習問題
●グループの中での仕事
○施設の名前【説明】
○施設の名前【説明】
○施設の名前【説明】
○施設の名前【説明】
○施設の名前【説明】
○施設の名前【説明】
○施設の名前【説明】
○施設の名前【説明】
●気づいたことや気になったことを書こう

3 学習問題を考える　水道水についての学習問題を考えよう。

水の通り道について，もっと調べてみたいことを考えて，グループで話し合い，まとめてみましょう。

調べて見たいことを学習問題として付箋に書き，グループボードでそれぞれの意見について話し合い，報告する準備をさせる。

川の水をどのようにして飲める水にしているのだろう。
つくった水が安全かどうか，どのようにして確かめるのだろう。
汚れてもきれいにするしくみがあるのかな。
働く人はどんな仕事をしているのかな。

・滋賀県の人が使った水が琵琶湖に入るよね。
・働く人はどんなことを気をつけているのだろう。

4 見学の準備をする　学習問題を調べる方法を考え，見学の準備をしよう。

グループで出てきた学習問題を報告して，みんなで調べる内容をメモして考えましょう。

・浄水場へ見学に行って飲める水をつくるしくみを調べたいな。

下記5項目に集約するとよいだろう。
①きれいにするしくみ
②きれいなことを検査する方法
③浄水場の働きや目的
④はたらく人のようす
⑤浄水場がつくられたわけ

「それでは○日に浄水場の見学に行きますので，プリントに調べることや聞きたいことを整理して書いておき，カメラ係なども決めておきましょう。」

見学カードプリントを配布し書き込ませておく。

・琵琶湖を水資源とする近畿地方では，およそ1400万人の人々が利用している。
・配水池はおおむね小高いところに設置される。浄水場や受水場から送られた水道水を，高低差を利用して，一気に低地へ配水していることにも気づかせたい。

第4時 きれいな水をつくる①

教材研究のポイント グループ活動を活発にするアイテムは，資料などの材料の多さ。見学時

本時の学習のめあて

浄水場の見学で調べたことや資料を通して，川の水をきれいにする浄水場のしくみと働く人のようすを理解する。

準備物

- 水道施設見学カード①②
- 見学時の写真

板書例

きれいな水をつくる①

水をきれいにするしくみ

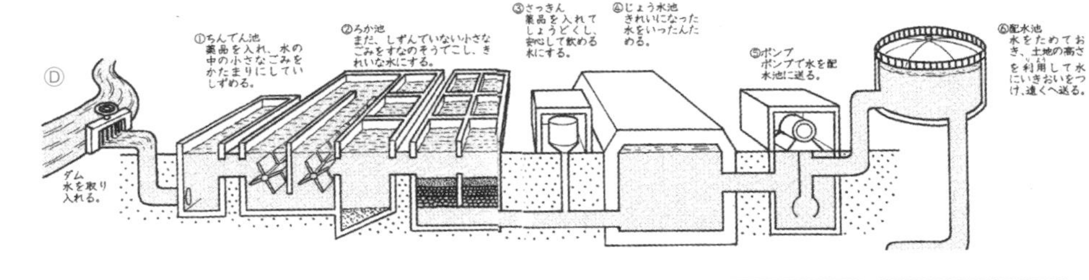

Ⓓ
①ちんてん池 薬品を入れ，水の中の小さなごみをかたまりにしていしずめる。
②ろか池 まだ，しずんでいない小さなごみをすなのそうでこし，きれいな水にする。
③さっきん 薬品を入れてしょうどくし，安心して飲める水にする。
④じょう水池 きれいになった水をいったんためる。
⑤ポンプ ポンプで水を配水池に送る。
⑥配水池 水をためておき，土地の高さを利用して水にいきおいをつけ，遠くへ送る。
ダム 水を取り入れる。

Ⓓ

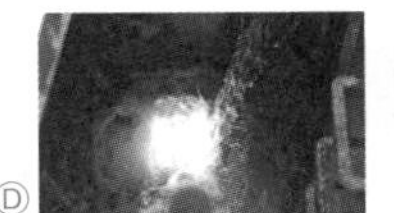
うわずみの水

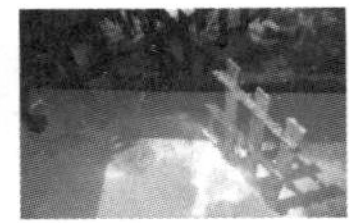
かくはん池

急速ろか機

ちんさ池

加(か)あつポンプ場

1 つかむ 学習問題にそって見学したことを確かめよう。

浄水場の見学で，みなさんの学習問題について調べることができましたか。まず見学のようすを思い出しましょう。

・いろんな施設があったね。

引率時に撮影した画像を大画面でスライドショーにして，見学時のようすを確かめる。画像のないときにはグループのカメラで撮った写真画像や，パンフレットを撮影したものを活用する。
さらに，授業までに各グループで撮影したデジタルカメラの画像をプリントしておき，グループごとに配布する。
ないときは，パンフレットの画面から，それぞれの施設の画像をグループ分プリントして代用する。

市町村の浄水場で地下水から水道水をつくっている場合，以下の順でつくっている。
①取水井＝くみ上げる井戸，②エアレーション設備＝身体に悪い物質を取り除くところ，③着水井＝汲み上げた地下水を集め塩素を入れる，④混和槽＝水と塩素を混ぜる，⑤酸化槽＝水の中の鉄やマンガンを塩素で取り除きやすくする，急速ろ過機＝鉄やマンガンを取り除くところ

2 確かめ 共有する 調べたことをグループで確かめて共有しよう。

思いだしたところで，それぞれの見学カードを出して記録した内容を確かめましょう。グループに配布した画像を参考にして，メモに抜けているところがないか比べまましょう。

メモをお互いに読み合って書き込みなどさせ，内容をグループで共有できるようにさせたい。

あ，ここの施設の名前が抜けてるわ。
これで，抜けはなくなったかな。
難しいのはふりがなを振っておこうよ。
クスリの名前でよくわからないのもあった。

・川の水をきれいにする施設の名前の読み方は，だいたいわかったね。
・みんなでわからなかったところなどもう一度確かめよう。

の写真などをプリントアウトしてたっぷり用意する。

☆見学したメモを整理しよう

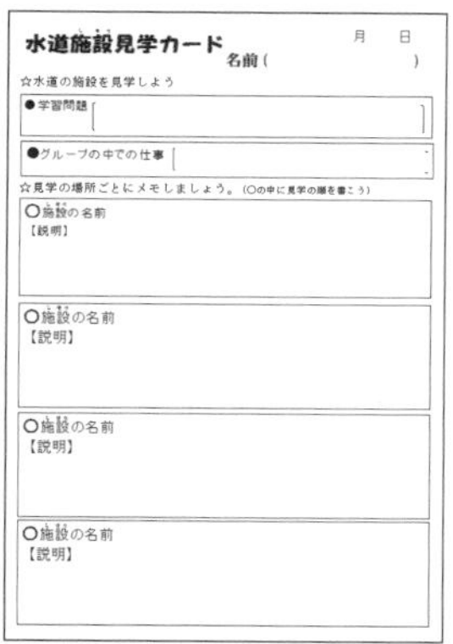
水道施設見学カード　月　日

名前（　　　）

☆水道の施設を見学しよう

●学習問題

●グループの中での仕事

☆見学の場所ごとにメモしましょう。（○の中に見学の場を書こう）

○施設の名前
【説明】

○施設の名前
【説明】

○施設の名前
【説明】

○施設の名前
【説明】

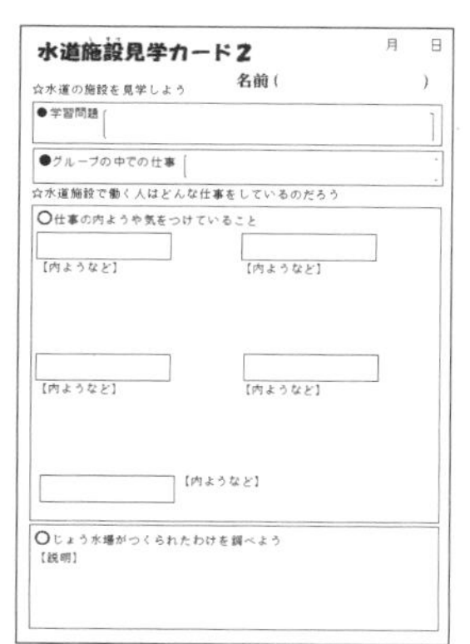
水道施設見学カード2　月　日

名前（　　　）

☆水道の施設を見学しよう

●学習問題

●グループの中での仕事

☆水道施設で働く人はどんな仕事をしているのだろう

○仕事の内ようや気をつけていること

【内ようなど】　【内ようなど】

【内ようなど】　【内ようなど】

【内ようなど】

○じょう水場がつくられたわけを調べよう
【説明】

主体的・対話的で深い学び

浄水場の見学で調べたことや画像・資料を，グループで話し合い整理して，報告する用意を進める。自分たちで撮影してきた画像などデジタル教材を活用し，わかりやすい報告活動を考えさせたい。

DVD Ⓓ

3 話し合い整理する　報告する内容を話し合い，整理しよう①

まず，①きれいにするしくみから順に，学習問題ごとにグループで確かめて，報告するできるように準備しましょう。

私はちんさ池にするわ。
これはどの写真かな。

グループ内での確かめ方

①だれでも報告できるようにそれぞれのメモを比べ合い，足りないところを補足し合っておく。

②記録カードに記入した水の移動順に合わせて，画像の裏側へ同じ番号をつける。

③グループで担当を決め，背面の画像の説明など報告内容を書き込む。

④できあがったら，お互いに画像を交換して抜け落ちがないか点検しあう。

4 話し合い整理する② 報告する内容を話し合い，整理しよう②

①きれいにするしくみができたら，続けてほかの学習問題について報告できるように，整理していきましょう。

だれが報告してもいいように，できるだけカードの点検など丁寧にするようにさせたい。続けて，②検査する方法，③浄水場の働きや目的，④働く人のようす，⑤浄水場がつくられたわけなどについて，グループで確かめていく。

次は検査する方法をまとめよう。
さっきと同じやり方だね！
よし！まとまったぞ。

「だいたい整理できましたね。では次の時間に，整理した学習問題をクラスで報告していきましょう。」

第 5 時 きれいな水をつくる②

教材研究のポイント 地域の水道の歴史は市町村により違いがある。それぞれの市町村の水道

本時の学習のめあて

浄水場の見学で調べたことや資料を通して，川の水をきれいにする浄水場のしくみと働く人のようすを理解する。

準備物

・水道施設見学カード①
・市町村水道部パンフレット

板書例

きれいな水をつくる②

水をきれいにするしくみ

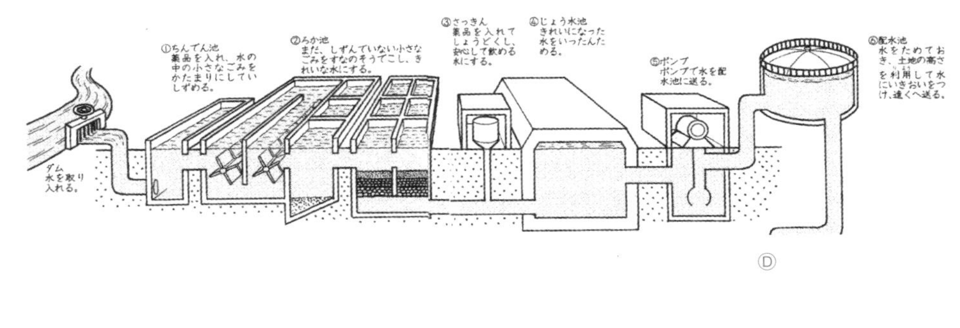

ダム
水を取り入れる。
①ちんでん池
薬品を入れ，水の中の小さなごみをかたまりにしていしずめる。
②ろか池
また，しずんでいない小さなごみをすなのそうでこし，きれいな水にする。
③さっきん
薬品を入れてしょうどくし，安心して飲める水にする。
④じょう水池
きれいになった水をいったんためる。
⑤ポンプ
ポンプで水を配水池に送る。
⑥配水池
水をためておき，土地の高さを利用して水にいきおいをつけ，遠くへ送る。

1 まとめたことを発表する　学習問題のテーマにそって，グループごとに報告しよう。

それでは，①きれいにするしくみから報告していきましょう。グループ順に１カ所ずつ発表してください。

報告の方法はいろいろあるので，クラスの実情に応じて発表していくようにする。

前の時間にまとめたものだね。
はーい。

川の水は①取水口から取り入れます。次に…

・地下水の場合は，
　①取水井（しゅすいせい）から取り入れます。
・つづいて②沈砂池に入ります。
・取り入れた水の量を調節します。
・次に③高速かくはん地に入ります。
・水の中の砂やごみを沈め安くするための薬品を入れ，かきまぜます。
・次に④薬品沈殿地に入ります。
・凝集剤で固まりになったごみを沈めます。
・⑤高速濾過池に入ります。
・薬品沈殿池で沈まなかったごみを取り除きます。
・続いて⑥浄水池にに入ります。
・塩素を入れて消毒します。
・きれいになった水を入れていきます。
・きれいな水をポンプで配水池に送り出します。
・これらの水の状態や移動は，中央管理室でコンピューターで管理されています。
・浄水場はきれいな水をつくる工場の役目をしていると思います。

部の HP やパンフレットなどで確かめておく。

【じょう水場の働きと目的】
・きれいな水をつくる工場の役目をしている
・川の水をきれいにするしくみや働きがある
・水の様子やい動はコンピューターで管理されている
・飲み水で病気にならないようにする
・市の人々の健康のため，安全できれいな水をつくる

主体的・対話的で深い学び

浄水場の見学で調べたことや画像・資料を，グループで話し合い整理し，グループのメンバーがそれぞれ活動できるように工夫して，報告の発表をする。

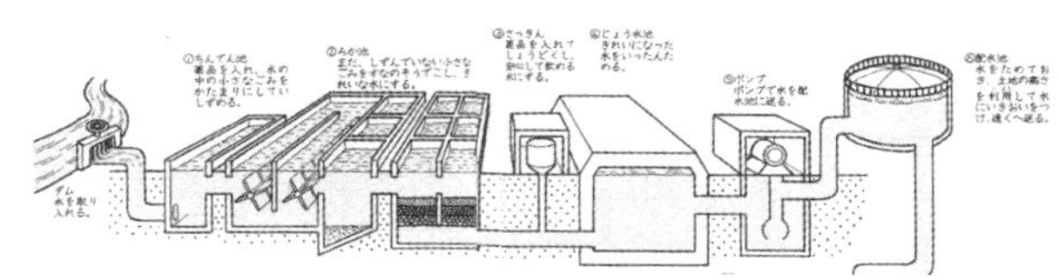

3 発表する 浄水場の歴史とつくられたわけについて報告しよう。

①きれいにするしくみについて，いろいろなことがわかりましたね。続けて，⑤浄水場の歴史とつくられたわけについて報告してください。

今はポンプで配水池に水を送ります。

・昔は，川や井戸の水をそのまま生活に使っていたそうです。
・そのためコレラという病気でたくさんの人が死んだそうです。
・安心して水を使うため，水道がつくられました。
・20 世紀に入ると，全国で水道が広まっていったそうです。

水道の歴史は，それぞれの市町村の水道部の HP やパンフレットなどで確かめる。

4 まとめる 浄水場の働きと目的についてまとめよう。

今まで発表を聞いてきたことから，浄水場の働きと目的についてまとめていきましょう。浄水場はどんな働きをしているといえますか。
川の水をきれいにする働きとしくみがあります。
同じ安全な水ができるように，コンピューターで管理されていたね。
浄水場はきれいな水をつくる工場の役目をしていると思います。
飲み水で病気にならないように，市民の健康のためにつくられています。

最近，浄水場はペットボトルで発売できるような「より安全で」「おいしい」水をつくることに力を入れてきている。発がん性物質を除去するエアレーション設備を開発したり，ふつうの浄水処理のほかにさらに「オゾン処理＝オゾンで消毒し，かび臭いにおいの元を分解する」や「活性炭処理＝活性炭の中に水中の臭いなどを取り込んでしまう」をしているところもある。

第 6 時

安全できれいな水をつくるために

本時の学習のめあて

浄水場の見学や資料で調べた働く人のようすなどから，水道水に関わる対策や事業の役割と意義を考える。

準備物

・水道施設見学カード②

本時のポイント グループの発表を板書でまとめていく時には，項目ごとにだいたいの記

板書例

安全できれいな水をつくるために

水道しせつで働く人の仕事

①中央せいぎょ室
☆コンピューターで管理
・じょう水場のせつびと機械
・市内の水道の流れを管理
・いじょう時はブザー
・24 時間 365 日水つくり
・24 時間交代できんむ

②じょう水場しせつの点けん・せいび
☆機械の動き・点けん
・ポンプなどの点けん
・ごみのじょ去
・音，におい，水もれなど，いじょうじょうたいの発見

④配水管の点けん・工事
☆配水管の点けんと工事
・市内を回り水もれを点けん
・古い配水管のとりかえ

⑤水もれけんさ
・夜中の水もれけんさ

安全できれいな水を

1 振り返って準備する　働く人のようすなどを整理した見学カードを点検しよう。

今日は浄水場などの水道施設で働く人のようすから，グループ順に報告しましょう。水道施設見学カード②を出して，どんな仕事があるのか発表しましょう。

施設の点検整備する仕事があります。

水質検査の仕事があります。

・中央制御室で管理する仕事があります。
・配水管の点検や取り替え工事があります。
・水漏れの検査もあるそうです。

2 発表する　学習問題のテーマにそって，グループごとに報告しよう①

いろいろな仕事がありますね。見学で調べたりしてまとめたことを発表しましょう。

☆中央制御室のコンピュータ操作でできること
①浄水場の設備と機械の調整管理する。
②市内の配水池・ポンプ場の操作を管理する。
③市内の水道の量を必要なだけ送るように管理する。
・働く人は交代勤務で 24 時間動かしています。
☆施設の点検や整備
・機械の動きやごみの除去などスムーズに動いていることを点検したりします。

異常があるとブザーが鳴ります。

NOTE
NOTE

入場所を設定して書き込んでいくようにする。

③水質試験所
☆水質けんさ＝安全できれいな水のためのけんさ
（毎日けんさ）
・川の水や地下水のけんさ
・水道水に入れる薬品量を調節してきじゅんに合わせる
・さまざまな場所の水道水を集めてけんさする
・にごりやばいきんのけんさ
・毎月の決められたけんさ

毎日とどける＝水道水の役わり

主体的・対話的で深い学び

浄水場の見学や画像・資料で調べたことをグループで話し合い整理して，協力して報告し，水道水に関わる対策や事業の役割と意義を考えていくようにする。

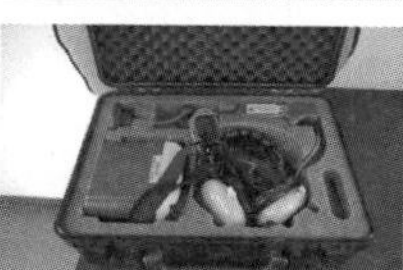

3 発表する 学習問題のテーマにそって，グループごとに報告しよう②

仕事の内容はどんなことをしていたのか発表しましょう。
毎日，川の水や地下水の検査をします。それと…

☆水質検査＝安全できれいな水のための検査
・毎日川の水や地下水の検査をします。
・毎日入れる薬品量を調節して基準にあわせます。
・毎日市内のさまざまな場所のじゃ口から水道水を集め，検査します。
・にごりやばい菌がないか確かめます。
・毎月の検査もしています。（法律で決められている）

☆配水管の点検や工事
・毎日市内を回り，水道管の水漏れなど点検します。
・古い配水管を取り替えます。

☆地下の水道管の水漏れ調査
・夜中の静かなときに専用の器具を使って調べます。

4 まとめる 働く人のようすから水道の働きを考えよう。

水道に関わる仕事がたいろいろありましたね。その仕事から，市の人々の生活に水道がはたしている役割を考えてみましょう。

水は，私たちの生活に一日中必要だから，浄水場でも24時間水をつくっている。

安全できれいな水を保つために，毎日水質の検査をしている。

水もれをチェックしたり，古い配水管を交換するるのも，水を送るための大切な仕事なのだね。

働く人も，交代で真夜中も仕事をしている。

・私たちが安心していつでも水が飲めるように，いろいろな工夫や，施設の整備をしているんだね。

水道の水質は水道法という法律で決められている。水道水は飲んでも身体に害がないという健康関連項目（31 項目）と日常生活に支障がないという生活支障関連項目（20 項目）の基準がある。それに基づいて水質試験場で，細菌，汚濁，臭味，有害物質を検査する。この検査は毎日検査，毎月検査，定期検査（3 か月）などがある。詳細は各都道府県や市町村の水道局 HP へ。

第7時 ダムの働き

教材研究のポイント 地域市町村の水道関係機関で催されている水源となるダムの見学会など

本時の学習のめあて

いろいろな資料を読み取ってダムの働きを知り，水資源を利用する河川流域の環境全体について考える。

準備物

・広域地方年間降水量グラフ
・ダムのパンフレット

板書例

ダムの働き

ダムにはどのような

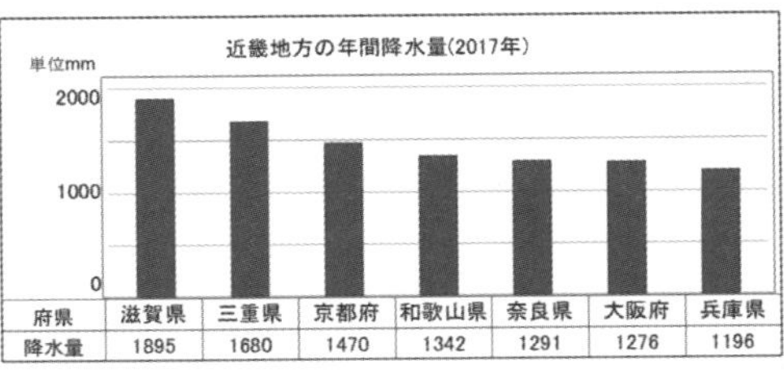

近畿地方の年間降水量(2017年)
単位mm
2000
1000
0
府県 滋賀県 三重県 京都府 和歌山県 奈良県 大阪府 兵庫県
降水量 1895 1680 1470 1342 1291 1276 1196

天ケ瀬ダム

☆グラフからわかること
・1位が京都府
・2位が滋賀県
・大阪府はいちばん少ない
・淀川流いきの上流の方が雨量が多い

☆ダムの働き
①こう水の調節
②水道水のかくほ
③工業，農業用水のかくほ
④発電

1 比較してつかむ 地域の川の上流と下流の降水量を比べよう。

水道は，上流の町でも下流の町でも水をリサイクルして飲料水にしてきましたね。では，私たちのまちの上流と下流を調べましょう。

・滋賀県の市町村から琵琶湖が上流です。
・流れ出る淀川流域の市町村から大阪湾が下流です。

それぞれの地域の河川流域の地図を配布する。

これは近畿地方の年間降水量のグラフです。淀川の上流の琵琶湖方面と下流の降水量を比べるとどんなことがわかるでしょう。

・2位は三重県です。
・淀川流域では，上流の方が雨の量が多いんだね。

1位が
滋賀県だ！
大阪府は人口が
多いのに近畿で
二番目に少ないね。

2 考えて話し合う 川の水の量を調節するにはどうしたらいいか考えよう。

もし雨の量が少なく水不足になったらどうしましょう。
川の水を溜める事ができたらいいのにね。
琵琶湖のある滋賀県はなんとかなりそうだけど…
中下流では水不足になる！
上流から節約して下流にも回すようにするのかな。

「実は滋賀県の琵琶湖に入る川はたくさんありますが，出る川は淀川（瀬田川，宇治川）しかないので，琵琶湖の水位を調節できるように，出口に瀬田洗堰と天ヶ瀬ダムがあるのです。」

に参加すると，よりわかりやすいだろう。

働きがあるのでしょうか

☆ダムのあるところ

・淀川流いき（滋賀県，京都府，奈良県，三重県，大阪府につくられている）

・川の上流に多くつくられている

↓

・森林が多く，土＝雨水をたくわえる→川の水へ

森林＝緑のダム

主体的・対話的で深い学び

地域の降水量や河川の流量に関するグラフや地図・パンフレットなどの資料を読み取り，ダムの働きについて話し合い，ダムの必要性を理解すると共に，森林も含めた河川流域の自然環境全体について考えられるようにする。

Ⓓ

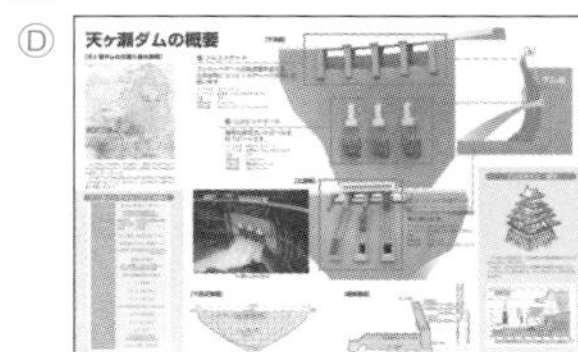

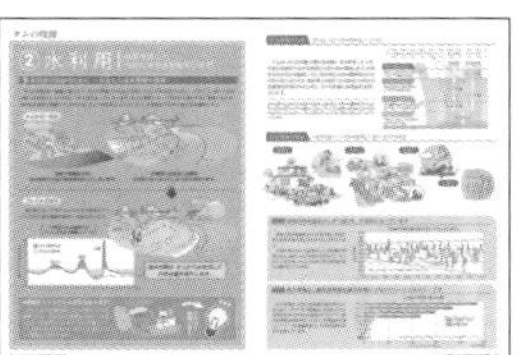

3 資料から見つけて話し合う　ダムの働きを整理しよう。

天ヶ瀬ダムの HP やパンフレットを見ながら，ダムの働きを考えてみましょう。
ダムでの水の量を調整しているんだね。
洪水を防ぐためにも役立っているんだね!!
水不足の時，川や湖の水量を調節する役目があります。
水力を利用して電気を起こして発電できるそうです。

パンフレットは，それぞれの地域の国土交通省の地方整備局や，河川流域のダムに関する HP から入手できる。

・近くの市町村の飲み水として取水しているそうです。
・工業用や農業用の用水にもつかっています。
・いろいろな目的に使われているんだね。

4 まとめる　ダムを取り巻く環境についてまとめよう。

ダムはどんなところにありますか。
9 カ所の大きなダムや堰（せき）があります。
淀川の流域で滋賀県，京都府，奈良県，三重県，大阪府につくられています。
今工事中や計画しているところもあります。
川の上流が多いと思う。

「なぜ川の上流に多いのでしょう。」
・滋賀県や京都府の雨の量が多いからかな。
・上流は森林が多く，豊かな自然に恵まれている。
・森林の土の中を雨水がゆっくり流れて少しずつ川の水になる。

ダムの大きな役割は治水と利水。淀川水系の給水区域内人口は，流域外も含め 5 府県約 1700 万人。水不足になると困るのは皆同じなので，全体を国が調整している。昔なら取り合い（殺し合い）になった。DVD 内資料『水をめぐる争い』一読を。

第 8 時
森林の働き

本時の学習のめあて

いろいろな資料を読み取って水源となる森の働きを知り，水資源を利用する河川流域の環境全体について考える。

準備物

板書例

森林のはたらき

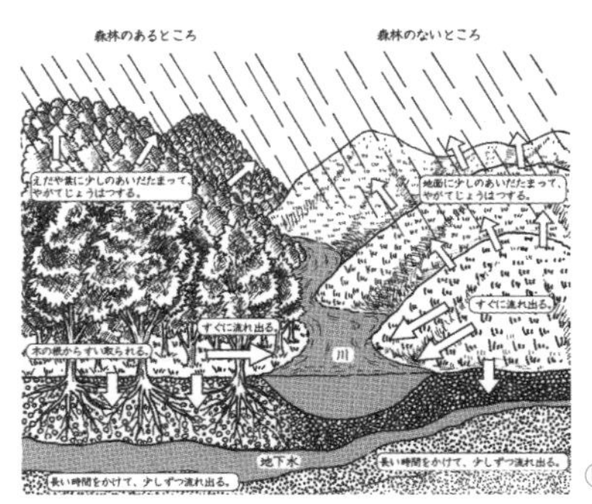

〈上流にダムが多い理由〉
- 急流をせき止めて貯めやすい。
- 森林が水をためてくれる。

（森林がない場合）
- 雨水はすぐに流れてしまう。
- 大雨だとこう水を起こす。
- しみこんでもすぐにかわく。

↓

『水源地』

1 つかむ　ダムはどんな働きをしているのか思いだし，役割を確かめよう。

ダムはどんな働きをしていましたか。
前時に学習した学習を振り返って確かめる。
洪水が起こらないように川の水量を調節する。
飲み水として取水できるように貯める。
水不足の時，川や湖の水量を調節して貯める。
水力発電に使う。
工場や農業に計画的に使えるように貯める。

「ダムはどんなところにありましたか。」
- 大きな川の上流にあります。
- 山々が迫ってきてダムの造りやすい所です。

2 調べる　ダムの多い森林の役目を調べよう。

なぜ川の上流にダムが多いのでしょうか。山のイラストを見ながら，理由を考えて話し合いましょう。
教科書や DVD 収録のイラストなどを利用する。
人が住んでいないから，つくりやすいのかな。
ダムがつくりやすいのかな？
上流は森林が多いから，土の中に水がたまると思う。
雨が降ったら，急な流れですぐに水がなくなるから，ダムがあると貯められると思う。

- 少しずつでも川の水がなくならないほどあるよ。
- 山の森林が水をためてダムになっているかもしれない。

「川の上流を水源地といい，森林もダムと同じく雨水を貯える『緑のダム』といいます。雪の多い地域でも雪は『白いダム』と言われます。」

・森林の木を育てる（何十年）
・森林の手入れをする

『緑のダム』

主体的・対話的で深い学び

森林の役割を考えさせるイラストやパンフレットなどの資料を読み取り，雨水をためる水源としての森の働きについて話し合う。緑のダムの必要性を理解すると共に，森林も含めた河川流域の自然環境全体について考えられるようにする。

DVD

3 見つけて話し合う 森林のある山と，森林が少ない場合と比較して考え，話し合おう。

もし雨が降ったとき，森林がなければどうなるか，比べながら考えてみましょう。
木があれば，少しぐらいは根から吸い込んでくれるよ。
木がないと，太陽が出たらすぐに地面が乾くよ。
地下にしみこんでも，地下水になるほど貯まらない。
地下で少しずつ流れ出てくると思う。

・森林がないと，雨水はすぐに川に流れ込むだろう。
・森林があれば，木の枝や葉に貯まっていると思う。
・低い木もあれば，いつも湿っているよ。
・いろいろ木が折り重なっていれば，涼しいものね。
・時間をかけてしみこんで地下水になるんだね。
・少しずつ出てきて川になって流れるんだ。
・だから，雨が降らなくても，川が涸れないんだ。

4 調べてまとめる 森林の保護について調べ，森林の役割をまとめよう。

水源の森林がどのように守っているのか教科書などで調べて，森林の役割をまとめましょう。
森林は，高木だけでなく低木のほどよくあるのがいい。
水源の森を見回っているようだ。
手入れは，木の枝を払ったりして木を切ることだね。
何十年もかけて木を育てる。（植林）

・手入れをすることが必要だ。
・木の枝を払ったり，間伐の手入れをするそうだ。
・太陽も入れるようにするのだね。
「では，水源の森林の役割についてまとめましょう。」
・森林は豊かな自然を作り出している。
・森林の土が雨水を貯えて少しずつ川の水になる。
・森林も緑のダムの働きをしている。

第 9 時

水のじゅんかんについて考える①（水を繰り返し使う工夫）

教材研究のポイント 浄水場見学だけでなく，時間的な余裕があれば下水処理場の見学を校外

本時の学習のめあて

使われた水はくり返す使われていることに気づき，社会全体で水を資源として管理していることを理解する。

準備物

・下水処理場パンフレット

板書例

水のじゅんかんについて考える①
（水をくり返し使うくふう）

☆使われた水は
　どこへ行くのだろう

・家の前の土管へ
・トイレは別の土管
・どこかで合流するの？
・川や海へ流れる
・川や海がよごれる
・たいへんだ！

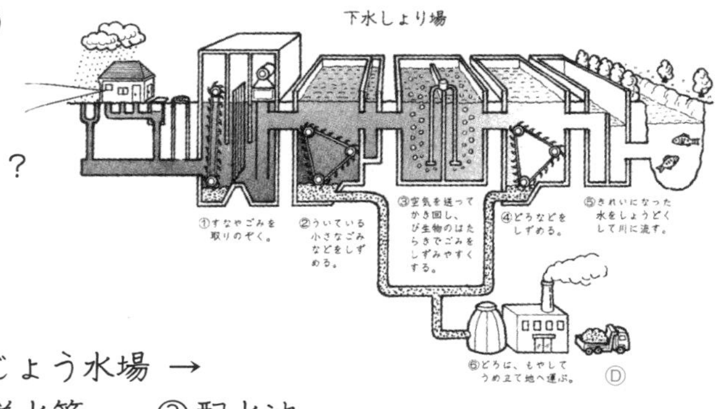

下水しょり場
①すなやごみを取りのぞく。
②ういている小さなごみなどをしずめる。
③空気を送ってかき回し、び生物のはたらきでごみをしずみやすくする。
④どろなどをしずめる。
⑤きれいになった水をしょうどくして川に流す。
⑥どろは、もやしてうめ立て地へ運ぶ。

川の水 ➡ ①じょう水場 →
②送水管 → ③配水池
④配水管 → ⑤家・学校へ

1 つかむ　使われた水はどうなるのだろう。

「みなさんは家のどこで水を使っていましたか。」
・台所！
・トイレでも使っているよ。
・お風呂や洗濯機でも使っています。

家庭や学校で使われた水はどこへいくのでしょう。
台所やお風呂の水は家の前の溝に流れているのかな。
そのままだと川や海が汚れてしまうよ。

・地面に管を埋めている工事を見たことがあるよ。
・トイレの水も別のところへ行くのかな。
・どこかで合流しているのかな。
・どこかできれいにしているって聞いたことがあるよ。

2 話し合って発表する　使われた水をきれいにするしくみを調べよう。

汚れた水をきれいにするにはどうしたらいいか，グループで話し合って意見を出しましょう。
水をきれいにしてから流せばいいよ。
でも学校や家ではやっていないと思うわ。
水の出口に，きれいにする濾過装置を置く。
きれいにする薬品も入れる。

グループでの討論を促し，出た意見をグループごとにまとめて発表する。

・浄水場と同じように，市で大きな装置をつくるのはどうかな。

「いい意見が出ましたね。大きな工場などは，水の出口できれいにして流すことを決められています。」

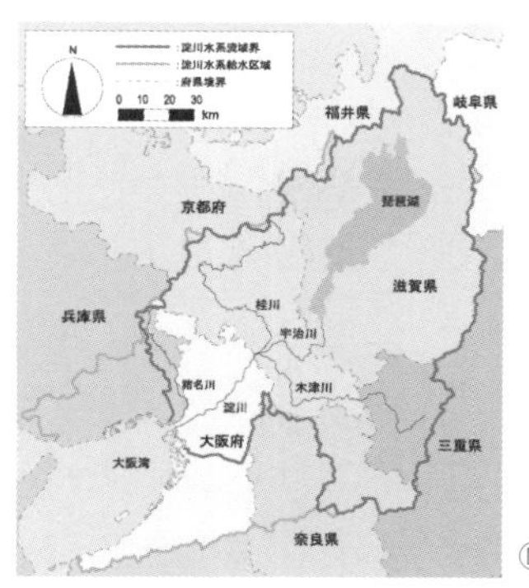
福井県
岐阜県
京都府
琵琶湖
滋賀県
兵庫県
桂川
宇治川
猪名川
淀川
木津川
大阪府
三重県
大阪湾
奈良県
Ⓓ

川の下流へ

☆近畿(きんき)地方の場合
①滋賀(しが)県の市町村 →
②びわ湖 → ③淀川(よどがわ) →
④流いき市町村 →
⑤大阪湾(おおさかわん)へ

主体的・対話的で深い学び

下水処理場の働きを調べることで，川の水がくり返し使われていることに気づき，河川の上流から下流域の自治体にかけて，水を資源として何度も再活用する社会全体のしくみがあることを発見し，そのつながりについて話し合い大切さを理解する。

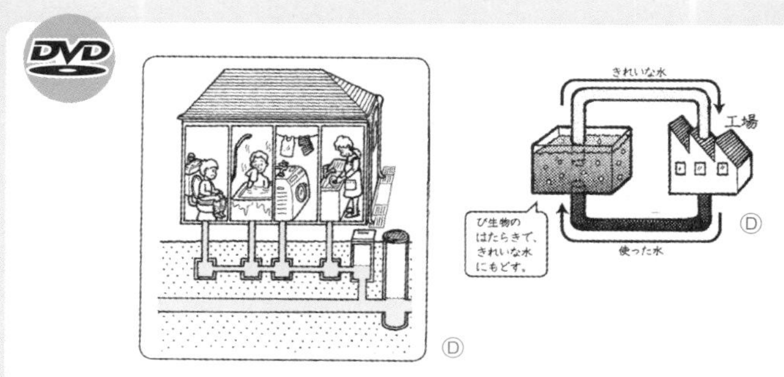
DVD
Ⓓ
きれいな水
工場
び生物の
はたらきで，
きれいな水
にもどす。
使った水
Ⓓ

3 調べて確かめる 使われた水をきれいにするしくみを確かめよう。

家や学校の水はすぐに川に流さず，下水道を通して下水処理場に運ばれます。写真やイラストを見ながら下水処理場のようすを調べましょう。
浄水場と似ているよね！
微生物の働きできれいにするなんてすごいね。

①砂やごみを取り除いている。
②皿に小さな砂やごみを沈めている。
③微生物の働きで汚れが泥と共に沈んでしまう。
④きれいになった水を消毒して川に流す。
⑤泥は燃やして，残りは埋め立てて土になる。

・砂や泥を取り除き，消毒してきれいにしているんだ。
・まち中に下水管がはりめぐらされているんだね。
・きれいな川の水なら，下流の市で再利用できるね。

4 考えてまとめる 川の水の上流と下流のつながりを考えよう。

川の水がどのようにして繰り返し使われているのかまとめましょう。
川から水を取り入れて浄水場に送る。
安全できれいな水にして配水池に送る。
高さを利用して家庭に送る。
使われた水は下水管に集まり下水処理場へ送る。

・下水処理場できれいにして川に戻す。
・下流の市で川に水を浄水場へ送る。
・家庭で使われて下水管へ送られる。
・下流の市でも下水処理場できれいにして川に戻す。
・上流から下流の町までくり返されているんだ。

下水道のことは，公益社団法人日本下水道協会の Web ページ「スイスイランド」がわかりやすくてよい。

第10時 水のじゅんかんについて考える②

本時の学習のめあて

いのちに欠かせない水が循環して再生されていることに気づき，水資源の大切さについて考える。

準備物

・ワークシート（水の循環のようす）

板書例

水のじゅんかんについて考える②

地球の水のじゅんかん

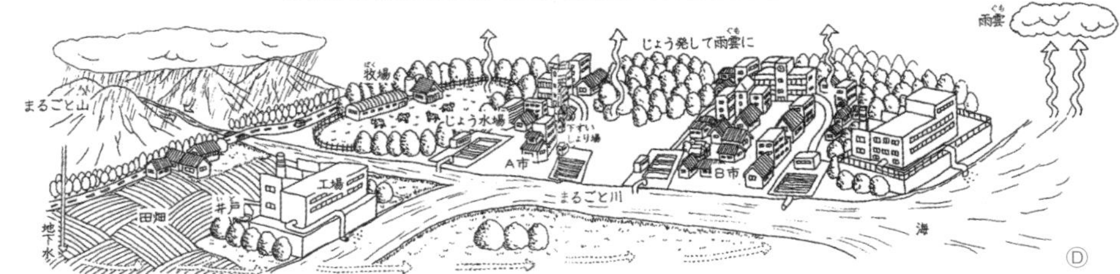

雨雲
じょう発して雨雲に
まるごと山
牧場
じょう水場
下すいしょり場
A市
B市
工場
井戸
田畑
地下水
まるごと川
海
Ⓓ

☆自分たちにできること

・じゃ口をこまめにしめる
・じゃ口をしめて歯みがきをする
・車をあらうとき，バケツを使う
・じゃ口をしめて手や顔に石けんをつける

1 つかむ 川の上流の水はどこから来るのだろう。

ダムの水はダムより上流から集まってきましたね。その水はどこからきましたか？

板書にあるような水の循環を表したイラストのプリント（DVD 内ワークシート，画像）を用意して配布するとともに，大画面（大型テレビ又はプロジェクター）に投影する。

森林の土はふわふわだから雨水が貯まるんだよ。
ダムの働きをしてだんだん地下水になるよ。
緑のダム！だね。
地下水はやがて地表にでて川の水になるんだね。

「それでは雨水はどこから来るのでしょう？」

・空の雲から降ってくる。
・雲はどこからくるのかな？

2 図式化して考える 水の循環についてイラスト図にして考えよう。

実は，雲は水が蒸発したもの（水蒸気）がたくさん集まったもので，上空に上っていき，冷えると雨になって降ります。雲（水蒸気）も含めて，みなさんの飲み水の行方をたどって色鉛筆でなぞってみましょう。

えーっと雨が降って…
イラスト図に書き込むとわかりやすいね。

「まず山に雨が降ります。すると……,」

①森林から地下水と川の水になる。
②川の水はダムにたまる。
③A 市の浄水場や工場・田畑に入る。
④水道として使われて下水処理場に行き川に戻る。
⑤B 市でも同じように使われてから川に戻る。
⑥やがて海に流れて，蒸発して雲（水蒸気）になる。
⑦雲は動いて山にぶつかり雨が降る。

・「わあ！すごい！くるくるまわっているんだ！」

水の再利用

・雨水の利用　・トイレ水　・さん水

水のリサイクル

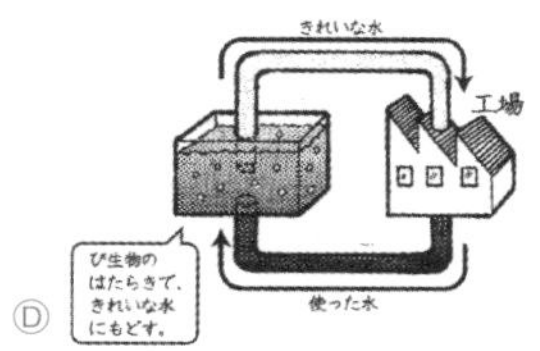

きれいな水
工場
び生物のはたらきで，きれいな水にもどす。
使った水

・じょう水してくり返し使う

主体的・対話的で深い学び

今まで学習してきたことから，水が地球規模で循環して再生されていることに気づき，限られた水資源の活用と再利用について考え話し合って，どのようにしていくことが必要かまとめていく。

DVD

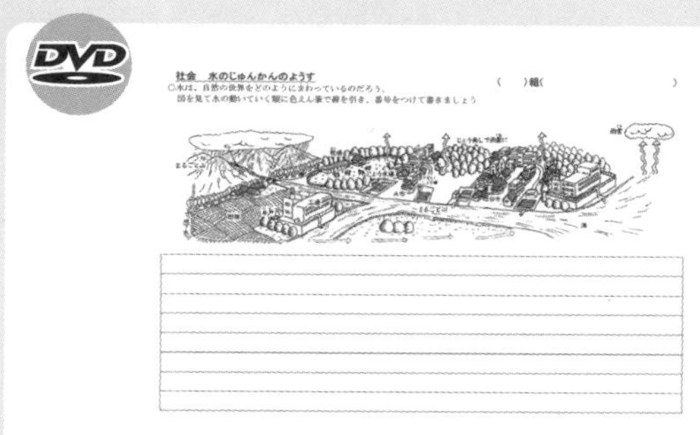

社会　水のじゅんかんのようす

3 話し合う　限られた水を大切に使うにはどうしたらいいか話し合おう。

水を節約したり水を繰り返し利用することで，自分にできることを考えてグループで話し合いましょう。
まずメモ（付箋）に書き込み，①節水，②水の再利用，のテーマごとにグループボードにあげて話し合う。
トイレを流す水は雨水でいいと思う。
やっぱり水を大切に使う事が一番よ。

「地球規模で水が循環して再生されていることがわかりましたね。でも異常気象で雨が少なかったり，災害で水道も被害を受けると水不足になります。」

「限られた資源を大切に使うために，水の再利用や再生利用をしています。たとえば…。」

競技場や工場のイラストを黒板に貼る（投影する）。(DVD 収録)

・雨水を貯めて，トイレや植木の散水に使います。
・工場に浄水場をつくり，繰り返し使います。

4 まとめて発表する　限られた水を大切に使うにはどうしたらいいか発表しよう。

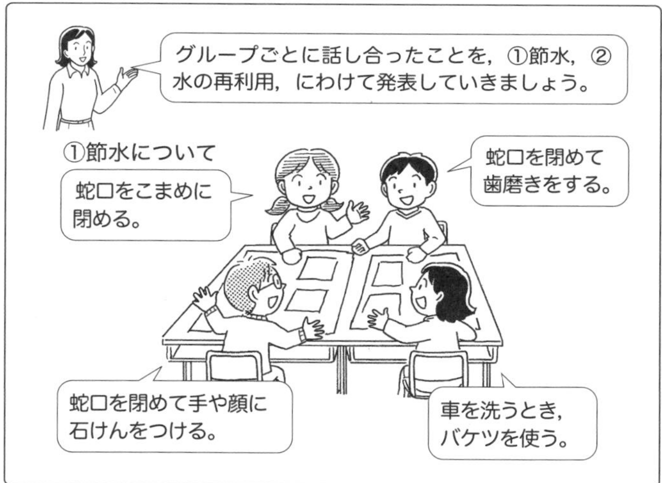

グループごとに話し合ったことを，①節水，②水の再利用，にわけて発表していきましょう。
①節水について
蛇口をこまめに閉める。
蛇口を閉めて歯磨きをする。
蛇口を閉めて手や顔に石けんをつける。
車を洗うとき，バケツを使う。

②水の再利用

・洗濯でお風呂の水を再利用する。
・食べ物を洗った水を散水する。

・水の循環図について・

地球規模で海水が蒸発していくメカニズムは理科 5 年の「天気の変化」などで学習することなので，イラスト図ぐらいであまり深くは触れないようにしたいが，NHK for school のスポット教材社会「水のじゅんかん」55 秒，総合「雲の発生」79 秒などを視聴させると，わかりやすい。

本時のポイント　まとめカードの作成は次単元のまとめと関連させて，一人，複数，グルー

第11時 安全できれいな水についてまとめる

本時の学習のめあて

今まで学習してきたことをもとに，安全できれいな水が私たちのもとに届いているわけを考えまとめる。

準備物

・ワークシート（まとめカード）
・見学で使った写真画像

板書例

安全できれいな水についてまとめる

水のじゅんかん

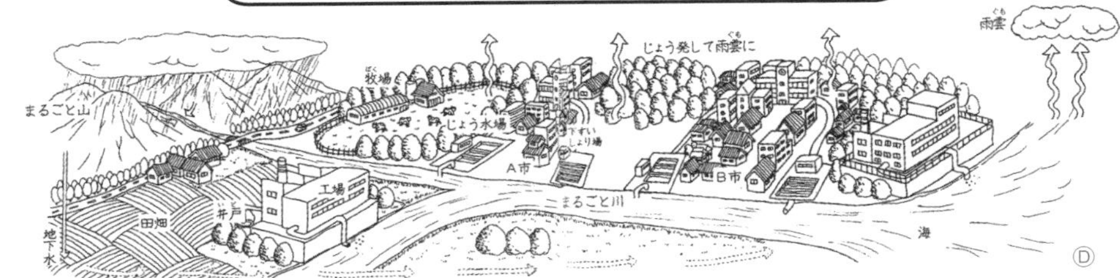

雨雲
じょう発して雨雲に
まるごと山
牧場
じょう水場
下水しょり場
A市
B市
工場
井戸
田畑
地下水
まるごと川
海

緑のダム	ダム	配水池
水道管	じょう水場	下水しょり場
水しげん	水質試験場	水のじゅんかん

1 振り返る 「水の流れ」を学習して知った場所や言葉を思い出そう。

“水の流れ”を学習してきて，いろいろな言葉や場所を知りましたが，どんなところがありましたか。知った「場所」や「言葉」を使って，まとめていきましょう。

浄水場や配水池があったね。
ダムや水の循環もね。

・水質試験場　・水資源　・緑のダム
・下水処理場　・水道管

「いろいろありましたね。この言葉や場所をいくつか取り上げて，安全できれいな水が私たちの所に届くわけを，みんなに紹介してもらおうと思います。」

まとめカードを印刷しておき，配布する。

2 考える 「安全できれいな水が私たちの所に届くわけ」の紹介の仕方を考えよう。

まとめカードは，絵などをかいて説明してもよいですよ。わかりやすくなるように工夫しましょう。

「まとめカードの説明をします。」

①自分が紹介したいことをテーマのところに書きます。今，出ていることば（キーワード）でもいいです。
②次に，そのテーマについての学習問題を書いてください。浄水場の見学に行く前の，“水のふるさと”の学習時に出た内容でもいいし，今考えてもいいです。
③一番のポイントです。学習してわかったことを説明してください。授業で使った写真や画像は印刷してあるので，貼って使ってください。

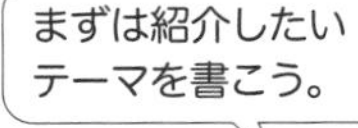

まずは紹介したいテーマを書こう。
次にテーマに沿った学習問題を書くんだね。

プなどを設定するとよい。

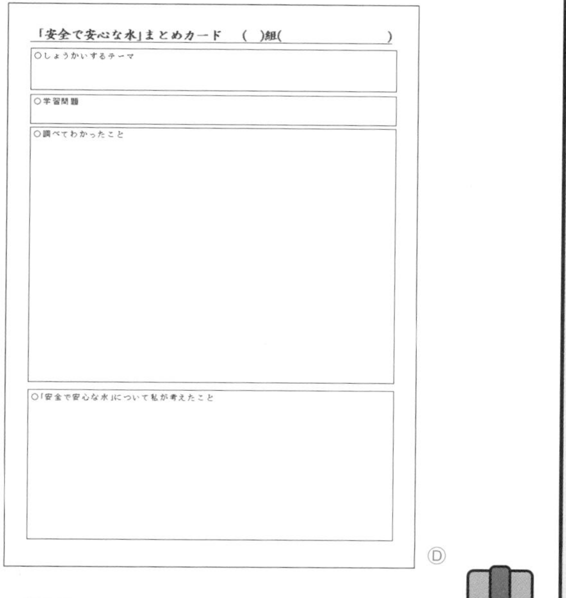
「安全で安心な水」まとめカード　(　)組(　　　　　　　)
○しょうかいするテーマ
○学習問題
○調べてわかったこと
○「安全で安心な水」について私が考えたこと

主体的・対話的で深い学び

総まとめの時間である。学習したことの中から，大切なキーワードを取り出し，それらを使って安全で安心な水が私たちのもとに届いているわけについて考え，自分なりの主張を入れながらまとめて表現するように活動させたい。

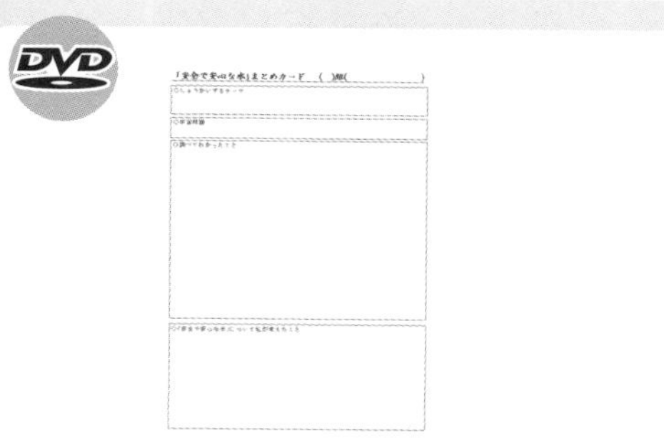

3 発表カードを作成する 「水が私たちの所に届くわけ」を紹介するまとめカードを作成しよう。

最後に，④“安全で安心な水が私たちの所に届くわけ”について自分の考えや思ったことを書いてください。
わかった事の説明が絵を描いてわかりやすくしよう。
最後に自分の考えと思った事を書くよ。
浄水場のしくみで，安全なことを説明しようかな。
水質試験場で毎日検査するから，きれいなことを説明するよ。

- 下水処理場のしくみがあるから，下流の市でも安全できれいな水が届くことを説明しよう。
- ダムでしっかり水の量の管理ができているから，水不足にならずに水道の水が飲めることを説明する。

4 発表する まとめカードを発表しよう。

できあがったら色づけなどをして完成させ，後ろの掲示板にはり，友達の作品を見ていきましょう。
ワイ
ワイ

グループではなく一人ひとりで作成するので，取りかかりのゆっくりな児童など丁寧に声かけして指導したい。

一人学習がクラスの状況により難しい場合は，グループ学習にしてもいいだろう。その場合，水の通り道に対応して紹介するテーマ（場所やことば）を分担し，グループで完成させるやり方などが考えられる。

発表方法は，時間的余裕があれば一人ひとり報告させたい。

ひろげる 1

くらしをささえる電気

本時の学習のめあて

私たちのくらしを支えている電気が，どこでつくられ，どのように届けられているのか調べ，電気の使い方について考える。

準備物

・日本の発電量グラフ
・「発電システム」イラスト

教材研究のポイント 時間に余裕がある時は，家で使う電気のようす，電気の使い方などを付

板書例

くらしをささえる電気

日本の発電量のようす

・火力が中心で多い。
・LNG(液化天然ガス)が多い。
・水力や再生可能エネルギー（太陽光など）がある。
・原子力は少ない。

★再生可能エネルギー発電
・二酸化炭素を出さない
・ずっと使えてクリーン
・大きなしせつはいらない

★原子力発電
・ウラン燃料を利用した熱で発電
・二酸化炭素を出さない
・ウラン燃料は輸入であつかいがむずかしい
・事故で長く大きなひ害がでる

1 つかむ　電気はどんなことに使われているか考えよう。

今，災害で停電したとしたら，どんなことにこまるでしょう。
明かりがつかなくて真っ暗だ！
テレビもつかなくて，見られない！

・エアコンがつかないから，冷暖房が使えない。
・冷蔵庫も使えない。
・洗濯機も使えない。
・電子レンジや炊飯器もだめだね。
・どうしよう，なんにもできない！

「私たちの生活は，電気で支えられている事がわかりますね。その電気は，どのようにつくられて家まで来るのか調べてみましょう。」

2 調べる　電気はどのようにつくられているのか調べよう。

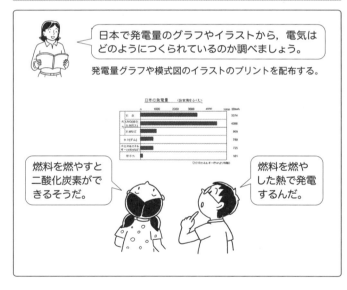

日本で発電量のグラフやイラストから，電気はどのようにつくられているのか調べましょう。

発電量グラフや模式図のイラストのプリントを配布する。

日本の発電量
0
1000
2000
3000
4000
5000
3374
725
181
燃料を燃やすと二酸化炭素ができるそうだ。
燃料を燃やした熱で発電するんだ。

・LNG（液化天然ガスなど）が一番多い。
・石炭の火力発電も多い。
・石油は燃料など他にも使うから 3 番目なのかな。
・3 種類合わせた火力発電は，とても量が多い。
・水力発電と再生可能エネルギーは同じぐらいだ。
・再生可能エネルギーは，太陽光発電や風力発電などをいうのだね。
・再生可能エネルギーには，地熱発電などもあるよ。
・原子力発電は，今はとても少ない。

け加えて１～２時間学習するのもよい。

★火力発電
・日本の発電の中心
・地球の温暖化の原因の一つ二酸化炭素を多く出す
・燃料に限りがある
・燃料はほとんど外国から輸入

★水力発電
・流れる水の力を利用して発電
・燃料を使わない
・クリーンな発電
・ダム建設が自然破壊

主体的・対話的で深い学び

本時は，私たちの生活のライフラインについて，内容を広げて「電気」について学習する。くらしをささえている電気は，どこからどのように送られてくるのかを調べるために発電量のグラフや教科書から発電方法の特徴（長所や短所）を調べ，今の課題をつかませたい。

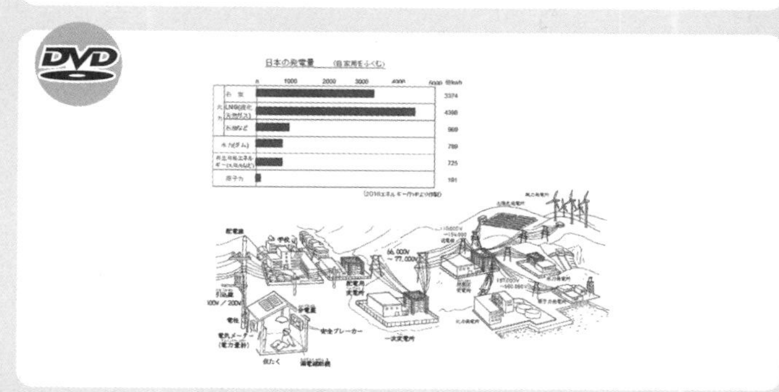

3 調べる それぞれの発電方法の特徴を調べよう。

「教科書などにあるそれぞれの発電システムの特徴を調べて，話し合いましょう。」

★火力発電
・日本の発電の中心
・二酸化炭素を多く出す
・燃料は外国から輸入

★原子力発電
・ウラン燃料は輸入
・二酸化炭素を出さない
・扱いが難しい
・事故で大きな被害

★水力発電
・流水を使って発電
・燃料を使わない
・クリーンな発電
・ダム建設が自然破壊

★再生可能エネルギー
・二酸化炭素を出さない
・ずっと使えてクリーン
・大きな施設いらない

「なぜ火力発電が多いのかな。それぞれの長所や短所を調べて，グループで話し合いましょう。」

それぞれの発電システムについて調べ，グループごとに発表する。

・火力発電は，ガスや石炭を燃やした熱で発電する。
・水力発電は，流れる水の力を使って発電する。
・原子力発電は，ウラン燃料の熱で発電する。
・再生可能エネルギー発電は，太陽光，風力，地熱などの自然の力を利用して発電する。

4 まとめる つくられた電気が，どのように家に届けられるのか調べて使い方を考えよう。

つくられた電気は，どのようにして家まで運ばれているのか教科書やイラストで調べましょう。

イラストなどの画像を大型テレビなどに提示する。

変電所は何をするのだろうね？
電気の力を変えて小さくするのかな？
発電所から送電線に電気を通して変電所に送る。
送電線は，鉄の塔に電線を次々とつなげて送る。

・変電所は，送られてきた電気を，工場や家で使えるように変えるところだそうだ。
・家のコンセントは 100V というから，はじめはものすごい電気なんだね。
・変電所から，配電所→配電線→電柱まで来る。
・電柱から引き込み線で家の配電盤に来て使える。

ひろげる 2

くらしをささえるガス

本時のポイント 時間に余裕がある時は，家で使うガスのようす，ガスの使い方などを付

本時の学習のめあて

私たちのくらしを支えているガスが，どこでつくられ，どのように届けられているのか調べ，ガスの使い方について考える。

準備物

・LNG（液化天然ガス輸入先グラフ
・世界白地図（国別）
・「都市ガスの場合」イラスト

板書例

くらしをささえるガス

LNGの輸入先（2015年度）

オマーン 3.0%
アラブ首長国連邦 5.7%
カタール 14.0%
中東 22.8%
その他 2.5%
ナイジェリア 2.1%
パプアニューギニア 4.8%
ブルネイ 4.8%
インドネシア 7.8%
ロシア 9.1%
マレーシア 18.3%
オーストラリア 27.7%
総輸入量 8,475万t
アジア大洋州・その他地域 77.2%

財務省「日本貿易統計」より

LNGの主な輸入先

・アジアの国々が多い。
・オーストラリアが一番。
・マレーシアが二番。
・カタールが三番。
・アジアとアラビア海近くが多い。

1 つかむ ガスはどんなことに使われているか考えよう。

今，災害でガスが止まったとしたら，どんなことにこまるでしょう。
火がつかなくてお湯が沸かせない！
お風呂が入れない！

・ガスストーブも使えない。
・ガス湯沸かし器も使えない。
・ガス炊飯器もだめだね。
・どうしよう，食事の用意ができない！
・ガスは漏れると危ないから，止まったらすぐ栓をしなければいけない。

「私たちの生活は，電気だけでなくガスでも支えられている事がわかりますね。そのガスは，どのようにつくられて家まで来るのか調べてみましょう。」

2 調べる ガスの元 LNG(液化天然ガス)はどこから来ているのか調べよう。

LNG（液化天然ガスの輸入先グラフから，ガスはどこから輸入されているのか調べてグループで確かめましょうましょう。

輸入先グラフのプリントを配布して，それぞれの国がどこにあるのか地図帳で確かめ，配布された世界白地図に印をつけていき，グループで確かめ合う。

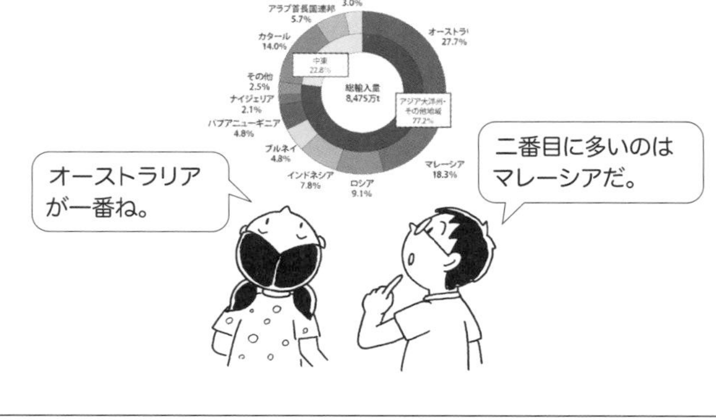
オーストラリアが一番ね。
二番目に多いのはマレーシアだ。

・三番はカタールだけど小さい国だね。
・アジアの国々が多い。
・アジアだけでなくアラビア海近くも多いんだ。
・どのように運ぶのだろう？

「黒板の世界白地図の中にも，印をつけてもらいましょう。」

グループ代表一人が印をつけに来て，全体で確かめる。

け加えて１～２時間学習するのもいいだろう。

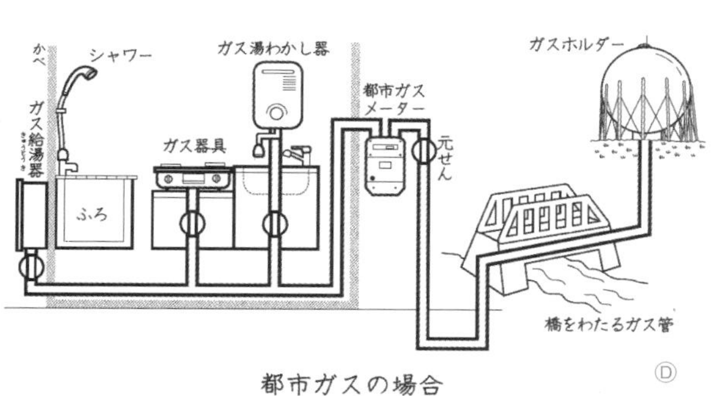

かべ
シャワー
ガス湯わかし器
ガスホルダー
都市ガスメーター
ガス給湯器
ガス器具
元せん
ふろ
橋をわたるガス管

都市ガスの場合

ガスが家に送られるまで
①タンクからにおいをつける。
②ガスホルダーにあつめる。
③ガス管で元せんまでくる。
④家の中でガス器ぐで使う。

主体的・対話的で深い学び

本時は，私たちの生活のライフラインについて，内容を広げて「ガス」について学習する。LNG（液化天然ガス）の輸入先グラフから世界とのつながりを調べ，くらしをささえているガスがどのように送られてくるのかを理解させたい。

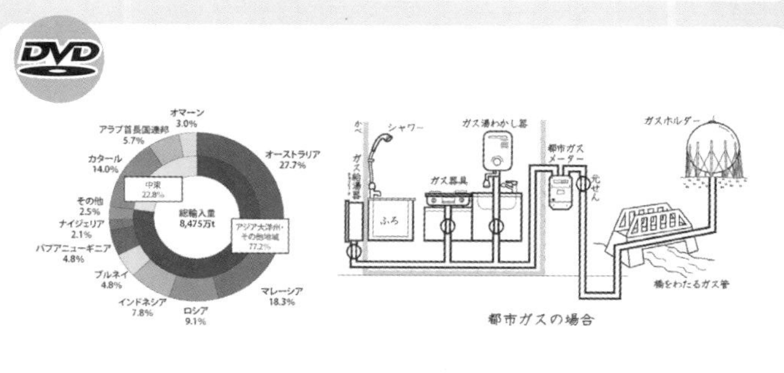

DVD
オマーン 3.0%
アラブ首長国連邦 5.7%
カタール 14.0%
中東 22.8%
その他 2.5%
ナイジェリア 2.1%
パプアニューギニア 4.8%
ブルネイ 4.8%
インドネシア 7.8%
ロシア 9.1%
マレーシア 18.3%
オーストラリア 27.7%
総輸入量 8,475万t
アジア大洋州・その他地域 77.2%
シャワー
ガス湯わかし器
ガスホルダー
都市ガスメーター
ガス器具
元せん
ふろ
橋をわたるガス管
都市ガスの場合

3 調べる 液化天然ガスの特徴を調べよう。

教科書などにある液化天然ガスの保存方法や特徴を調べて，話し合いましょう。
電気の燃料にもLNGがあったね？
電気とガス，どちらでも使れていると思うよ。
教科書の写真は大きな船で運んでいるよ。
とても変わった形の船だね。

それぞれの発電システムについて調べ，グループで話し合う。

・港に大きなタンクが並んでいる。
・大きいのは直径 70m，高さ 50m もある。
・火力発電所に送られたり，日本中の都市にあるガスホルダーに送られるそうだ。
・ボールのような大きい建物だね。

4 まとめる ガスが，どのように家に届けられるのか調べて使い方を考えよう。

つくられたガスは，どのようにして家まで運ばれているのかが教科書やイラストで調べましょう。

イラストなどの画像を大型テレビなどに提示する。

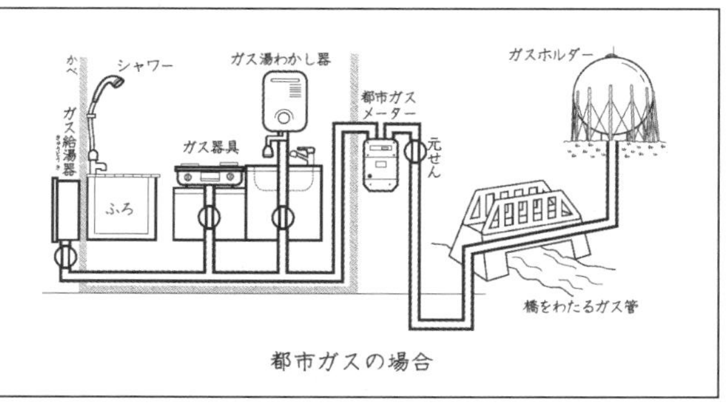

かべ
シャワー
ガス湯わかし器
ガスホルダー
都市ガスメーター
ガス給湯器
ガス器具
元せん
ふろ
橋をわたるガス管

都市ガスの場合

使い方を間違えると事故が起こり，大変だね。

そのために，送られてくるガス管は地震でも折れないようになっているそうだよ。

安全に気を遣っているね。

ガスは透明でにおわないから，漏れたら危ないので，わざわざにおいをつけるそうだ。

ごみの処理と利用

全授業時間　12 時間＋ひろげる 2 時間

◉ 学習にあたって ◉

◇何を教えるのか　－この単元の特徴－

この単元は，地域の人々の生活にとって必要なごみ処理について調べ，その問題点を考える学習です。関連する施設や設備を観察・調査したり資料を活用して調べ，ごみ処理対策や事業が地域の生活環境の維持と向上に役立っていることを知っていきます。次に，ごみの処理に関する新しい問題をどうしていくのか考えていきます。この中でごみ処理が私たちの生活や地域の産業と深くかかわっていることや，ごみ処理対策や事業が，計画的，組織的に進められていることに気づき，地域社会の一員としてごみ処理の問題解決に協力していくという意識を育てたいものです。

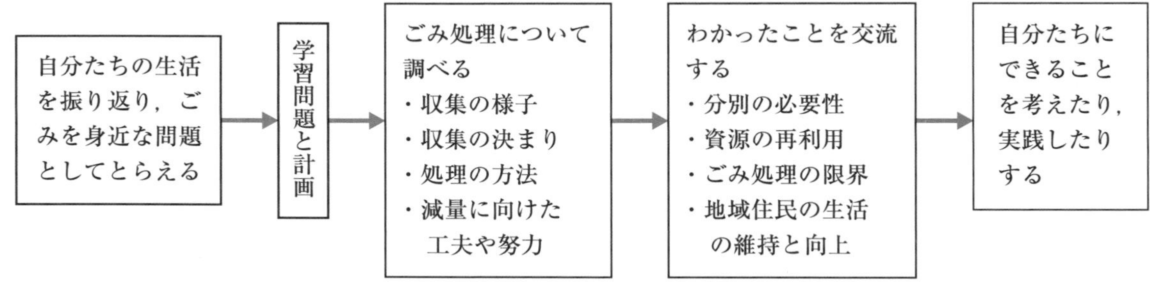
『ごみの処理と利用』
自分たちの生活を振り返り，ごみを身近な問題としてとらえる
学習問題と計画
ごみ処理について調べる
・収集の様子
・収集の決まり
・処理の方法
・減量に向けた工夫や努力
わかったことを交流する
・分別の必要性
・資源の再利用
・ごみ処理の限界
・地域住民の生活の維持と向上
自分たちにできることを考えたり，実践したりする

◇どのように教えるのか　－学習する手がかりとして－

学習を進めるとき，単元計画は自在に変更して活用してください。とくに清掃工場とリサイクル工場の見学学習をセットでできる場合は，事前に「第 3 時 もえるごみのゆくえ①（見学計画を立てる）」に続いて，「第 7 時 ごみが生まれ変わる①（リサイクル工場の見学計画を立てる）」を差し込み，見学後に学習を深め，まとめるという単元計画の柔軟な修正を想定しておくと，より効果的な学びを生み出すことができるでしょう。

◉ 評　価 ◉

知識および技能

・ごみの処理と私たちの生活や社会の産業とのかかわりを理解し，ごみの処理にかかわる対策や事業は，計画的，組織的に進められ，地域の人々の健康で文化的な生活環境の維持と向上に役立っていることを理解している。

・ごみの処理にかかわる対策や事業の施設や設備などを学習計画に基づいて調査・見学し，地図や統計グラフなどの資料を活用して，必要な情報を集め，読み取っている。

思考力，判断力，表現力等

・ごみの処理にかかわる対策や事業について，学習する問題を見つけ，学習していく道筋を考え，表現している。

・ごみの処理にかかわる対策や事業が，地域の人々の健康で文化的な生活環境の維持と向上に役立っていることを考え，適切に表現している。

主体的に学習に取り組む態度

・ごみの処理と利用について必要な情報を集め，読み取ったことをもとに自分の意見や疑問をもち，進んで話し合いに参加しようとしている。

◉ 指導計画　12時間＋ひろげる２時間 ◉

時数	授業名	学習のめあて	学習活動
1	ごみを分別する	・家からでてくるごみを出すのに，大きな種類別に分けて出している理由やごみの集め方に関心を持つ。	・行政によって大きな分別のルールが決められていることを知り，グラフ資料から種類別にごみの量に違いがあることをことをつかむ。
ひろげる1	ごみステーションのようす	・ごみステーションを見学し，分別されたごみのゆくえについて関心を持ち，ごみの処理と私たちの生活が関わっていることを理解する。	・ごみステーションやごみ収集車の様子を見学し，分別されたごみがステーションでもルールに従って種類ごとに収集されることをつかみ，分別している理由を考える。
2	ごみのゆくえ	・ごみのゆくえを予想し考える活動を進めるため，学習問題や学習計画を設定し表現する。	・いろいろ分別したごみのゆくえを予想し考える活動を進めるため，学習問題を設定し，運搬方法や場所を調べていく学習計画を立てる。
3	もえるごみのゆくえ①	・清掃工場の見学の前に学習問題から考えられる見学の視点を確かめ，具体的に調べたり聞いたりする内容を話し合って共有する。	・副読本の地図や航空写真を活用して，清掃工場の立地を考え，見学場所への意識付けと学習問題から考えられる見学内容を整理し，見学計画を立てる。
4	もえるごみのゆくえ②	・清掃工場の見学を通して，たくさんのごみを処理していることや地域環境に気をつけて燃やしていることに気づき，記録してまとめる。	・清掃工場の見学で調べてきたことを整理し，ごみが燃やされて処理されていく過程を時系列に考え，地域環境に配慮しながら事業をさけていることを知る。
5	燃やしたあとのしょりと工夫①	・清掃工場の見学を通して，たくさんのごみを処理していることや地域環境に気をつけて燃やしていることに気づき，記録してまとめる。	・清掃工場の見学で調べてきたことを整理し，働く人や清掃工場が工夫していることを考え，地域環境に配慮しながら事業を続けていることを知る。
6	燃やしたあとのしょりと工夫②	・清掃工場の見学を通して，たくさんのごみを処理していることや地域環境に気をつけて燃やしていることに気づき，記録してまとめる。	・清掃工場の見学で調べてきたことを整理し，燃やした後の灰などの処理とくふうについて考え，地域環境に配慮しながら事業を続けていることを知る。
7	ごみが生まれ変わる①	・資源物や粗大ごみなどのリサイクルについて調べるために，リサイクル工場の見学計画を立てる。（資料から考える）	・分別している資源物や粗大ごみのリサイクルについてリサイクル工場で調べることを考え，学習問題から考えられる見学内容を整理し，見学計画を立てる。
8	ごみが生まれ変わる②	・資源物や粗大ごみなどのリサイクルについて調べることを通して，限りある資源の節約や有効利用になっていることを理解する。	・リサイクル工場の見学で調べてきたことを整理し，資源物や粗大ごみが選別処理されていく過程から，限りある資源を大切にするリサイクルを進めていることを考える。
9	ごみしょりがかかえる問題①	・今昔のごみ処理方法の問題や地域がかかえるごみ処理の問題から，それらの解決の計画的な取り組みについて考える。	・今昔の買い物を比較してごみ問題の推移を知り，人口とごみの量のグラフから人口が増えてもごみの処理量が減っていることをつかんで解決の糸口を見つける。
10	ごみしょりがかかえる問題②	・今昔のごみ処理方法の問題や地域がかかえるごみ処理の問題から，それらの解決の計画的な取り組みについて考える。	・見学や市の資料から見つけたごみ処理の新しい問題点を話し合って整理してゴミ問題の課題をみつけ，市のごみ処理に対する考えや取り組みについて考え話し合う。
11	ごみの処理についてグループでまとめる	・学習してきたことをカードにまとめ，グループ内で話し合って整理し，グループでまとめて発表する。	・見学カードやパンフなどの資料，カメラ画像などを参考に考えながら発表カードを作成し，友達の感想や意見を聞いて，再度ごみの処理について考え表現する。
12	ごみをへらす取り組みと自分にできること	・ごみをへらすための地域の取り組みとくふうを調べ，ごみ処理の問題解決に向かって自分にできることを考え，協力しようとする。	・グループで話し合いながら，こみをへらすための地域の取り組みとくふうを調べ，ごみ処理の問題解決に向かって自分にできることを考え，表現する。
ひろげる2	下水の処理と利用（使われた水のゆくえ）	・使われた水はくり返す使われていることに気づき，社会全体で水を資源として管理していることを理解する。	・LNG（液化天然ガス）の輸入先グラフから世界とのつながりを調べ，くらしをささえているガスがどのように送られてくるのかを理解する。

第1時 ごみを分別する

教材研究のポイント ゴミの分別方法・種類やルール，ゴミの量の資料などは，各市町村のホー

本時の学習のめあて

家からでてくるごみを出すのに，大きな種類別に分けて出している理由やごみの集め方に関心を持つ。

準備物

・ゴミの出し方，分別方法の資料
・市のごみの量のグラフ

板書例

ごみを分別する

ごみ減量のしおり

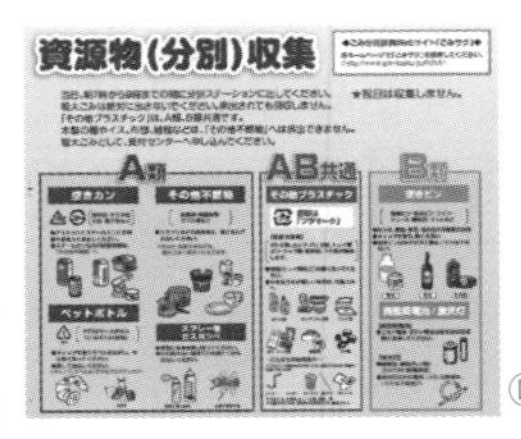

資源物（分別）収集

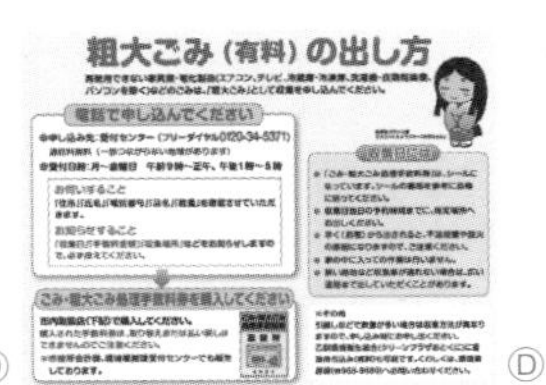

粗大ごみ（有料）の出し方

【もえるごみ】
・生ごみ
・紙くず
・ビニールぶくろ
・トレイ
・プラスチック

【しげん物】
・ペットボトル
・空きびん
・空きかん
・牛にゅうパック
・ざっし　・いるい
・新聞紙　・だんボール

【そ大ごみ】
・大きな家具
・電化せい品

【もえないごみ】
・せともの
・金ぞく　など

1 つかむ ごみはどのように出されているか，思い出して確かめよう。

みなさんの家では，ゴミはどのように出していますか？思い出してみんなで確かめましょう。

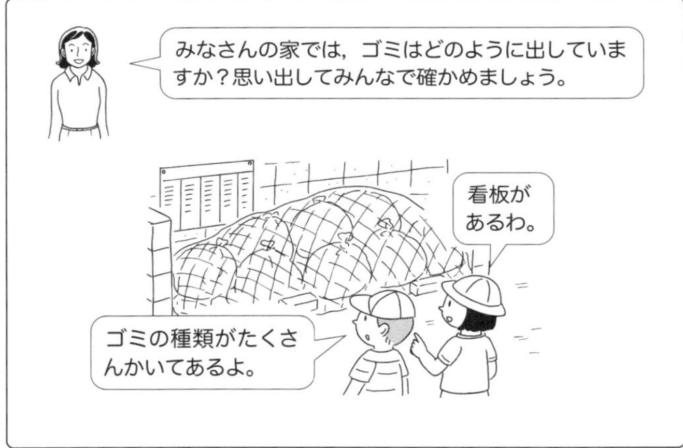

看板があるわ。
ゴミの種類がたくさんかいてあるよ。

・ごみの種類を分けて出している。
・もえるごみは月曜日と木曜日に出している。
・もえるごみでも出すところが違った。

「ごみはどのように分けて出したらいいのか，市のパンフレットを見て調べましょう。」

副読本や市のパンフレットを参照して調べさせる。

・大きく四つに分かれている。
・可燃ごみって燃えるごみのことだね。
・燃えるごみでも大型のものがあるんだ。
・不燃ごみは燃えないごみだ。
・資源物はもう一度使えるリサイクルごみらしい。

2 調べて発表する ごみを種類ごとに分けてみよう。

パンフレットを見て，みなさんの家のごみは，四つの分け方のどこに入るのか調べてみましょう。

市のゴミ分別パンフを印刷して配り，家のゴミと対照させて調べ，発表させながら板書していく。

生ごみや紙くず，ビニール袋は燃えるごみだ。

ペットボトル・空きびん・空き缶は資源物だね。

・トレイ，牛にゅうパックは回収箱にとあるから，資源物かな。
・雑誌・新聞紙・ダンボールも資源物だよ。
・プラスチックはもえるごみに入るんだ。
・衣類は資源物だよ。
・家具などは燃える粗大ごみだろうな。
・どの分け方のごみが多く出されているのかな？

ムページで確認できるので最新の資料を準備する。

分別したごみの量

市のごみの量

t(トン)

10000 / 7500 / 5000 / 2500 / 0

2129　428　298

もえるごみ 19278トン　しげん(リサイクル)物　そだいごみ　もえないごみなど

【平成27年度長岡京市資料】

○市のごみの量

- もえるごみの量がいちばん多い
- もえないごみは少ない
- しげん物は，もえるごみの六分の一ぐらい
- ごみの種類によって量がちがう
- 家のごみは分別して出す

なぜ？　ごみをへらせるから？

主体的・対話的で深い学び

家から出されるごみは，行政によって大きな分別のルールが決められていることを知り，グラフ資料から種類別にごみの量に違いがあることをことをつかむ。

DVD

平成28年度 保存版
ごみ減量のしおり
長岡京市のごみの分け方・出し方

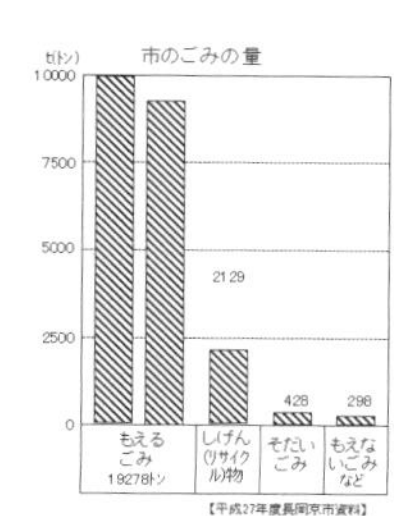
市のごみの量
t(トン)
10000
7500
5000
2500
0
2129
428
298
もえるごみ 19278トン
しげん(リサイクル)物
そだいごみ
もえないごみなど
【平成27年度長岡京市資料】

3 考える どの種類のごみが多いか グラフを見て考えよう。

「どの分け方のごみが多いか想像してみましょう。」

- 生ごみは毎日出るから一番多いだろう。
- 資源物の種類が多いから，結構多いと思う。
- 割れたお皿やガラスも多いと思うな。

私たちの市のごみの量のグラフを見て，どの種類のごみが多いか，見つけましょう。
燃えるごみの量がすごく多いね!!
資源ごみも思ったよりたくさんあるね！

- 資源物(リサイクルごみ)が二番目に多い。
- 燃えないごみは少ないね。
- 資源物(リサイクルごみ)は燃えるごみに比べたら六分の一ぐらいだ。
- 分け方で，ごみの量がこんなに違うのだね。

4 考える なぜ分別するのか考えよう。

燃えるごみが多いのはどうしてでしょう。グループで話し合ってみましょう。
燃えるごみと燃えないごみが一緒だとそのまま燃やせないからだと思う。
資源ごみを燃やしちゃうともったいないわ。
チラシとか包装紙など，何でも燃えるごみにしているかも知れない。
面倒だから資源物でも捨てているんじゃないかな。

同じ意見が出ても，グループで話し合わせて発表させるとより深まるだろう。

- トレイでも洗わなければならないからね。

「分別するとどんなよいことがあるでしょう。」

- 燃やすものだけ集めると燃やしやすいからかな？
- 何でもかんでも燃やしてしまうより，ごみを減らすことができるのかな？

ひろげる１

ごみステーションのようす

本時の学習のめあて

ごみステーションを見学し，分別されたごみのゆくえについて関心を持ち，ごみの処理と私たちの生活が関わっていることを理解する。

準備物

・ごみステーション見学カード
・ごみ収集車見学カード

教材研究のポイント 行政によってはごみ収集車の出前授業などがあるので，市役所に相談す

板書例

ごみステーションのようす

家から出されたごみはどのようにしゅう集

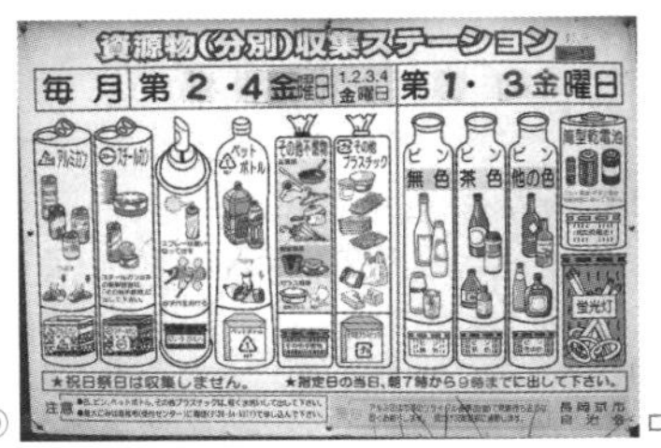

資源物(分別)収集ステーション
毎月第２・４金曜日
第１・３金曜日

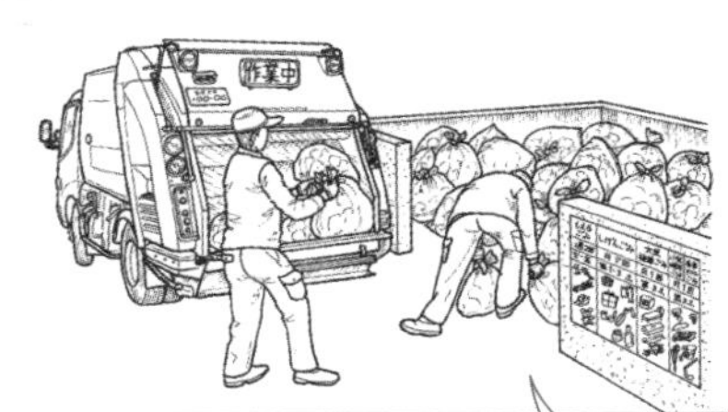

作業中

・もえるごみ → 週２回ごみしゅう集車
・もえないごみ → 月２回
・しげん物 → 種類によって月２回
・そ大ごみ → 市役所にれんらく

【ごみしゅう集車のしくみ】
・ごみ２トンをつめる
・ごみをつぶして入れる
・市内を二つに分けて，決められた曜日と時間に作業する

1 見学する ごみステーション（ゴミ置き場）を見学しよう。

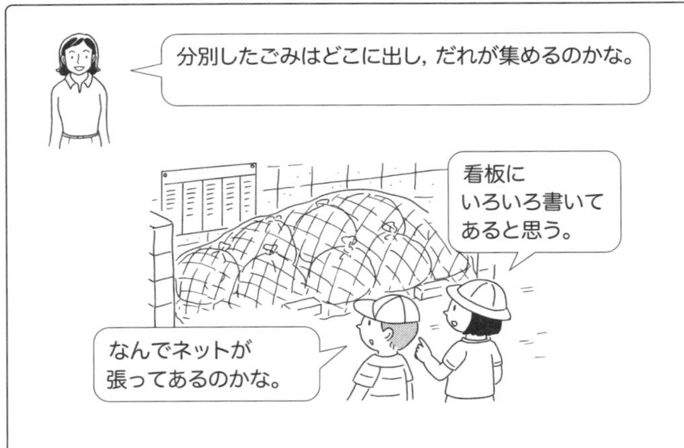

分別したごみはどこに出し，だれが集めるのかな。
看板にいろいろ書いてあると思う。
なんでネットが張ってあるのかな。

・決められたごみステーションに出している。
・月曜日に燃えるごみを出している。
・朝，私たちが学校に行く頃出している。
・燃えるごみとほかのごみでは出す日が違うと思う。
・ごみ収集車と作業員さんが集めているのを見たよ。
・集め方にきまりがあると思う。

「それではごみステーションを見学に行きましょう。①看板やごみの出し方でわかったこと，②収集のようすでわかったこと，③気づいたことや気になったことをカードに書きましょう。」

2 整理する 見学したごみステーションのようすを整理しよう。

見学したごみステーションのようすを整理して発表しましょう。
ごみを出していい日が決まっていたね。
細かい決まりがたくさん書いてあったわ。

・燃えるごみをごみ収集車の作業員の人が集めていた。
・燃えるごみは週２回ごみ収集車が集める。
・曜日も，月・金曜日と決まっていた。
・資源物は，種類によって出す週が決まっている。
・燃えるごみや燃えないごみ，空き缶とペットボトルなどが，ネットのケースやコンテナに種類別に分別されて入っていた。

るとよいだろう。

されるのでしょう

【分別している理由】
・ごみの中身がわかり集めやすい
・もえるごみの量がへる
・しげん物は，再利用できる
・種類ごとに持って行ける

ごみはいろいろな決まりによって集められている

・分別したごみごとにちがう場所へ？
・ちがう方法でしょりされるのか？

主体的・対話的で深い学び

ごみステーションやごみ収集車の見学は，ごみの行方学習の出発点なので，是非設定したい。分別されたごみが，ステーションでルールに従って種類ごとに収集されることをつかみ，分別している理由を考える起点になるだろう。

DVD Ⓓ

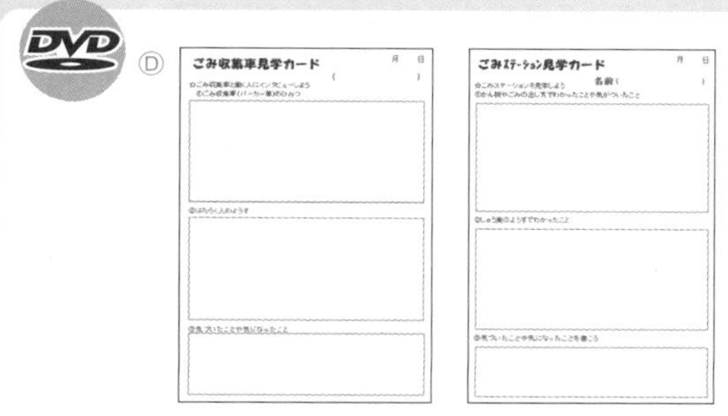
ごみ収集車見学カード
ごみステーション見学カード

3 見学する ごみ収集車と働く人の話を聞こう。

学校にごみ収集車が集めに来るとき，お話を聞くことができますから，聞くことを考えておきましょう。

ごみ収集車見学カードを配布し，質問を裏に書かせる。

それはね
仕事で気をつけている事は何ですか？

・たくさんのごみをどうやって積むのだろう。
・ごみの出し方で気をつけることはないのかな。
・パッカー車にはどれくらいのごみが積めるのかな。
・仕事で大変なことはなんだろう。
・分別収集でよいことはなんだろう。
・ごみはどこに運ぶのだろう。
・資源物や燃えないごみはどのように運ぶのだろう。

4 まとめる ごみステーションのようすをまとめよう。

ごみステーションやごみ収集車を見学して，わかったことをまとめましょう。

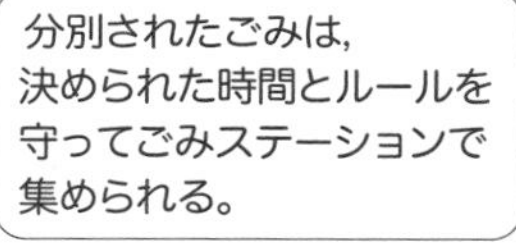
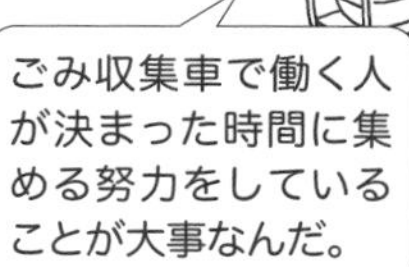
分別されたごみは，決められた時間とルールを守ってごみステーションで集められる。
決まりを守らないと，ごみステーションの働きがうまくいかなくなってしまう。
ごみ収集車で働く人が決まった時間に集める努力をしていることが大事なんだ。
収集したいろいろなごみはどこへ行くのだろう。

・分別したごみごとに，ちがう場所へいくのかな。
・ちがう方法で処理されるのかな。

ごみが集まる日でごみ収集車の来る時間に見学できるようにあらかじめ下見をしておくようにし，見学カードやデジタルカメラなども準備しておく。
行政によってはごみ収集車の出前授業などがあるので，相談依頼するとよい。ごみ収集車の開閉や作業員さんの手袋や安全靴などの身支度で仕事の様子をつかむことができる。

第 2 時 ごみのゆくえ

教材研究のポイント 児童への説明をしやすいように，リサイクルセンター（資源物処理センター）

本時の学習のめあて

ごみのゆくえを予想し考える活動を進めるため，学習問題や学習計画を設定し表現する。

準備物

・DVD 資料

板書例

ごみのゆくえ

分別したごみ

もやすごみ

びん

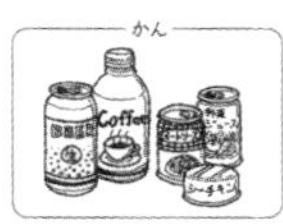

かん

ペットボトル

大かたごみ

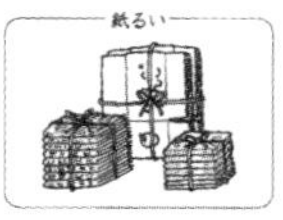

紙るい

衣るい

学習問題
分別したごみはどのように
しょりされているのだろう

【予想】
・もえるごみ → もやす
・しげん物 → リサイクル
・そ大ごみ → つぶす？
・もえないごみ → ？

1 確かめる ごみを分別している理由を確かめよう。

ごみを分別している理由はどんなでしたか。
燃えるごみの量が減るから。
種類ごとに，ごみの収集がしやすくなるから。
雑誌・新聞・ダンボールは燃えるけど，資源物だから再利用できるんだね。

「では，ごみはどんな車で運んでいるでしょう。」
- もえるごみはごみ収集車だね。
- 燃えないごみは金属の資源物と同じ日にトラックで運ぶ。
- ガラス類の資源物は危険な割れ物と同じ日にトラックで運んでいる。
- たくさん運べる秘密があったね。

2 学習問題を設定する ごみのゆくえについて学習問題を設定しよう。

いろいろな車でごみはどこへ運ばれるのでしょう。
いろいろな車でごみはどこに行くのかな？
『分別したごみはどのように処理されているか』を調べていきたいね。

- 燃えるごみはつぶして詰め込んだけど，資源物はつぶせないから運び方がちがう。
- 粗大ごみもつぶせなければそのまま運ぶと思う。
- 車がちがうから行き先もちがうかも知れない。
- 燃えるごみというから，燃やす場所へいくのではないかな。
- ごみの種類で処理の仕方が違うから，それぞれ別の場所に送られると思う。

「それでは学習問題として“分別したごみはどのように処理されているのか”を考えていくことにしましょう。」

がどれくらいの規模で行われているか予め確かめておくようにする。

【調べること】
・せいそう工場でのごみのしょりの様子
・もえた後の様子
・リサイクルセンターのリサイクルの様子
・どんな方法でどんなものに生まれ変わるのかその様子

【調べかた】
・ふく読本やパンフレット
・見学してわかったことをメモする
・わからないことを考えておく
・見学のときに聞く
・せいそう工場などのホームページで調べる

主体的・対話的で深い学び

いろいろ分別したごみのゆくえを予想し考える活動を進めるため，学習問題を設定し，運搬方法や場所を調べていく学習計画を立てる。

Ⓓ

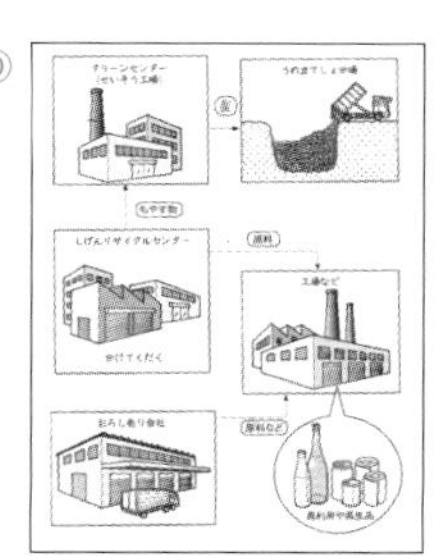

3 予想する 分別したごみの行き先と，処理のされ方を予想しよう。

分別したごみは，どのように処理されるのか予想してみましょう。
燃えるごみはどこかで燃やしていると思う。
じゃあ，もえないごみはどうしているんだろう？
粗大ごみはばらばらにして燃やすのかな？
資源物はリサイクルされる。

「では，どこへ運んでいくのか，教科書や副読本で調べてみましょう。まず一番多い燃えるごみは…」
・ごみ収集車で集めて清掃工場へ行くようだ。
・清掃工場は燃やすところなのだろうか。
・資源物はリサイクルセンターというところだ。

4 調査計画を立てる 学習問題を調べていく計画を立てよう。

『分別したごみがどのように処理されているのか』という学習問題を，調べていく計画を立てましょう。グループで，調べることと調べ方を相談して，発表しましょう。

清掃工場の事を調べていこう。
調べ方はパンフレットから調べられるね。
見学の時，見ることを考えておかないといけないね。
リサイクルセンターも調べたいね。

○調べること
・清掃工場でのごみの処理のしかた。
・リサイクルセンターの再生のしかた。

○調べ方
・見学してわかったことをメモする。
・わからないことを考えておき，見学の時に聞く。
・副読本やパンフレットで調べる。
・清掃工場のホームページで調べる。

第 3 時

もえるごみのゆくえ①

本時の学習のめあて

清掃工場の見学の前に，学習問題から考えられる見学の視点を確かめ，具体的に調べたり聞いたりする内容を話し合って共有する。

準備物

・清掃工場見学カード

教材研究のポイント 見学は，グループのまとめの整理がしやすいことを一番に考え，グルー

板書例

もえるごみのゆくえ①

せいそう工場の見学計画を立てよう

Ⓓ

【せいそう工場のあるところ】
・大きな川の合流するところで広い河原（かわら）
・まわりは工場や大きなたて物
・まわりに家の少ない広い場所
・広い道路
・高いえんとつがある

1 確かめる 見学に行く清掃工場がある場所を確かめよう。

清掃工場を見学にいきます。どんな場所にあるのか地図や写真で確かめましょう。

副読本や国土地理院 1:25000 を活用する。

まわりには
あんまり家が
建っていないね。
グラウンドや
公園があるよ。

・桂川と小畑川の合流点にある広いところだね。
・市のいちばん南東に位置している。
・航空写真では工場や大きな建物・グラウンドが広がっている。
・高い煙突が立っている。
・写真では堤防の上の道路が広いように見える。
・清掃工場の周りに人の家はほとんどなさそうだ。

2 考える 清掃工場で見学してくることを考えよう。

清掃工場へ行って見学して調べてくることを考え，グループで話し合いましょう。

どれくらいのごみを燃やしているのかしりたいな。
燃やした後はどうなっているのか知りたいな。
ごみ収集車は何台ぐらい来るのか知りたい。
収集車が集めたごみはどのように処理されるのかな。

・ごみはすぐに燃やされるのか知りたい。
・一日に運ばれてくるごみの量はどれくらいか調べたい。
・ごみはどのように燃やされるのだろう。
・工場の設備はなんのためにあるのか。
・働く人はどんな仕事をしているのか。
・工場や働く人はどんな工夫をしているのか。

プ一台のデジカメで見学画像の有効活用を図りたい。

【見学してくること】㋯見ること　㋖聞くこと

・もえるごみのもやし方としょりのしかた　㋯㋖
・一日に来るしゅう集車の数と運ばれてくるごみの量　㋖
・工場の機械やせつびの働きと役わり　㋯㋖
・働く人の仕事と苦ろうやねがい　㋖
・働く人やせいそう工場のくふう　㋖
・もやした後のくふう　㋖

主体的・対話的で深い学び

副読本の地図や航空写真を活用して，清掃工場の立地を考え，見学場所への意識付けと学習問題から考えられる見学内容を整理し，見学計画を立てる。

DVD

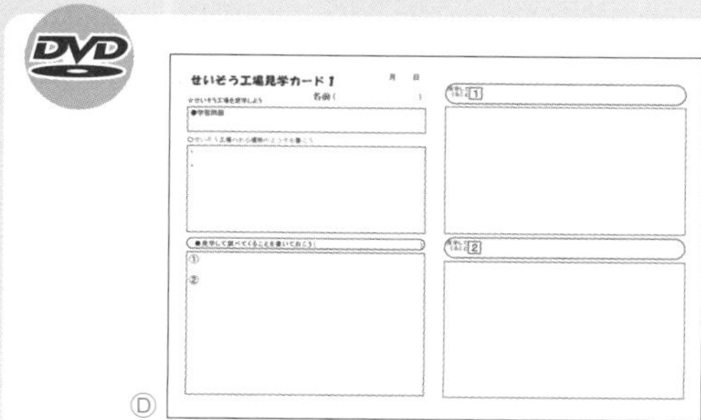

せいそう工場見学カード

3 整理する　清掃工場で見学してくることを整理しよう。

順に話し合ったことを報告していき，意見を整理していきましょう。
燃えるごみの燃やし方と処理の仕方を調べます。
見て調べるのと聞いて調べる両方だね。

報告される意見を板書で，
・見ればわかること…（み）
・聞かなければわからないこと…（き）
に整理していく

1燃えるごみの燃やし方と処理の仕方（み）（き）
2一日に来る収集車の数と運ばれてくるごみの量（き）
3工場の機械や設備の働きと役割（み）（き）
4働く人の仕事と苦労や願いなど（き）
5働く人や清掃工場の工夫（き）
6燃やした後の工夫（き）

4 準備する　グループでの分担を確かめ，準備しよう。

グループで整理した意見と，見学時のカメラ当番などの分担を決めていきましょう。

見学時の画像収集の方法として，デジタルカメラの活用をお勧めしたい。

「見学カードに，今日学習した清掃工場の周りの様子と用紙の番号順に調べてくることを書き，自分の分担があれば書いておきましょう。」

見学カード2枚を配布し，書き込ませる。なお，見学の時にも余分を持って行き，記入時に用紙の足りない児童に配布するようにする。

使用地図や航空写真について

・清掃工場の立地は市町村によって異なるが，最近は環境への配慮から，広い場所で人家が少なく，公園施設や多目的グラウンドなどが設置されている場合が多くなっている。最新の国土地理院の 1:25000 はネットで購入でき，地図サイトから航空写真や周辺写真を入手できるので，活用してほしい。

第 4 時

もえるごみのゆくえ②

本時の学習のめあて

清掃工場の見学を通して，たくさんのごみを処理していることや地域環境に気をつけて燃やしていることに気づき，記録してまとめる。

準備物

・「もやすごみのゆくえ」ワークシート

教材研究のポイント　ごみ焼却時に出る熱を活用する発電や温水プールなどの利用方法は地域

板書例

もえるごみのゆくえ②

せいそう工場のもえる
ごみのしょりの様子

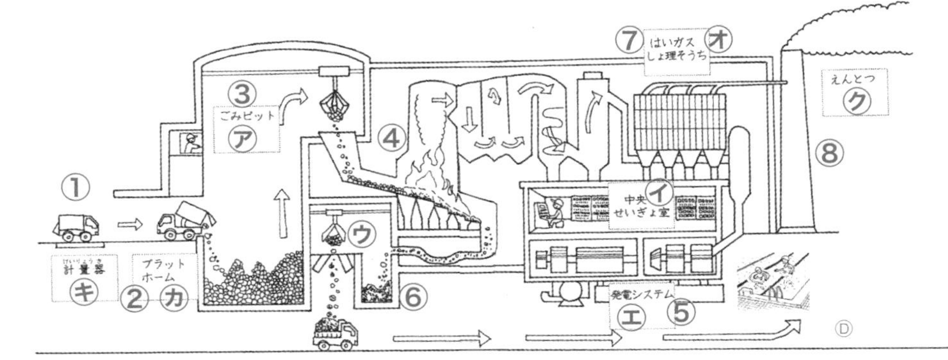

① 計量器 キ
② プラットホーム カ
③ ごみピット ア
④
ウ
⑥
中央せいぎょ室 イ
発電システム エ ⑤
⑦ はいガスしょ理そうち オ
えんとつ ク
⑧

1 話し合いながら整理する　見学で記録してきたカードを整理しよう。

「清掃工場で見学してきたことを整理しましょう。まず，1もえるごみの燃やし方と処理の仕方と，2一日に来る収集車の数とゴミの量，3工場の機械や設備の働きと役割について，メモしてきた見学カードを出しましょう。」

記録してきたことをグループで話し合って確かめ合い，抜けていることがあったらカードに付け加えましょう。
ごみピットの深さを忘れた！
13m だったよ。
1 日のごみの量は約 110 トンだったね。
1 日のごみの量が抜けているわ。

・溜められるごみの量は約 500 トン 4 日分だよ。
・パッカー車の台数は約 100 台ということだった。

2 話し合いながら整理する　ごみが燃やされ処理される順に整理していこう①。

清掃工場でごみが燃やされ処理されていく順番を，プリントで確かめていきましょう。グループごとに発表してもらい，付け加えがあったら発言してください。
プラットホームでごみを投入します。
次は私たちの番ね。
付け加えはないね。
ワイワイ

“清掃工場のようす”DVD 所収プリントで，順番に確かめていく。人の発表で気づいたことは，空きスペースに記録するよう指示する。

①計量器に収集車ごと乗り重さを量ります。
②プラットホームでごみを投入します。
③ごみピットに集めます 13m の深さがあります。
④焼却炉で燃やします。
⑤燃やした後，灰が残ります。

によりいろいろあるので，事前に情報を得ておく。

●一日のごみの量＝約 110 トン
●しゅう集車台数＝約 100 台

【せいそう工場の機械とせつびのせつ明】
㋐ すごく大きくて深い。どれくらいのごみをためておけるのでしょう。
㋑ ここでコンピューターを使って工場を管理している。
㋒ ごみをもやした後の灰などはここに運ばれる。
㋓ じょう気とガスを組み合わせてこうりつよく発電している工場もある。
㋔ 体にがいのあるものを取りのぞいてきれいにするようにしている。
㋕ 集めてきたごみをここから投入する。
㋖ しゅう集車ごとに運んできたごみの重さをはかる。
㋗ きれいになったけむりを高いところから出す。

【まとめ】
・せいそう工場は機械やせつびを利用して，ごみをもやしている

●もえ残った物は？
・どこかにうめる？
・再利用される？

主体的・対話的で深い学び

清掃工場の見学で調べてきたことを整理し，ごみが燃やされて処理されていく過程を時系列に考え，地域環境に配慮しながら事業を続けていることを知る。

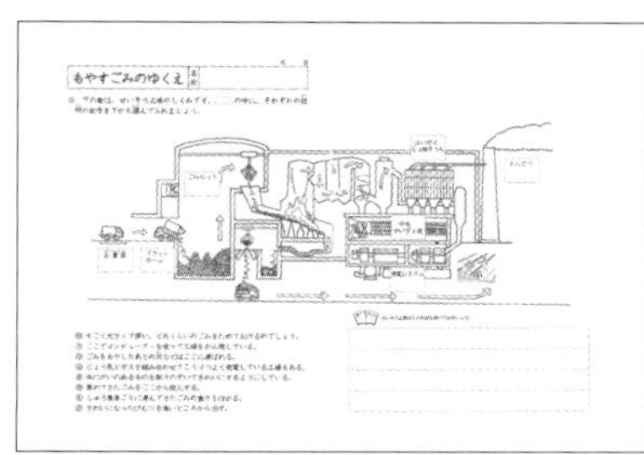
もやすごみのゆくえ

3 話し合いながら整理する ごみが燃やされ処理される順に整理していこう②。

続いて工場の設備や機械の働きを，プリントの記号や文章で書き加えていきましょう。
計量器のところは㋖だね。
ごみピットは㋐だよ。
①計量器は，㋖の収集車ごとに運んできたごみの重さを量る所だね。
その合計が一日約 110 トンにもなるんだね。

・収集車の数は一日約 100 台ぐらいと聞いたよ。
・ごみピットのごみは大型クレーンで焼却炉に運んでいた。クレーン 1 つかみ約 1 トンが 20 分～ 30 分で灰になるそうだ。
・焼却炉は 850 度～ 950 度の高熱で燃やす。理由はダイオキシンという有毒ガスが出にくい温度だそうだ。
・一日中休みなく燃やしているらしい。

4 予想して話し合う 燃やした後に残った物の行方について，予想を立て話し合おう。

・中央制御室で，全ての機械や設備の管理をしているから働く人は 24 時間交替で働いている。
・排気ガスは身体に悪い物を取り除いて出す。
・燃やしたときのエネルギーで発電もしている。
・燃やすとき沸かした温水はプールに使われている。

燃やしたあとのごみはどうなるのでしょうか。
どうしても燃え残ったものは灰になるようだ。
この灰は別の場所に埋めるしかないと思う。
ひょっとしたら何かに利用できるのかな？

地域によりクリーンセンターともいわれ，最近はリサイクルプラザも併設されて，集中管理システムにより一日中稼働しているところが多い。発電については，ごみ焼却時に発生した熱エネルギーがボイラで蒸気になり，この設備に送られて，高温・高圧の蒸気をタービンの羽に吹きつけ，タービンを回し，その回転力を利用して発電するシステムで，昼はごみ処理施設とリサイクル施設，夜は電力会社に売却している。

第5時 燃やしたあとのしょりと工夫①

本時の学習のめあて

清掃工場の見学を通して，たくさんのごみを処理していることや地域環境に気をつけて燃やしていることに気づき，記録してまとめる。

準備物

教材研究のポイント 児童からの働いている人へのインタビューは，できるかどうか見学申込

板書例

もやした後のしょりとくふう①

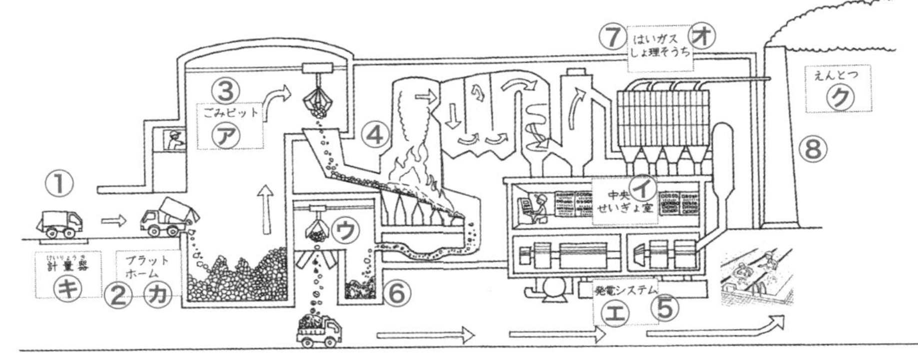

はいガス しょ理そうち
オ
えんとつ
ク
ごみピット
ア
中央せいぎょ室
イ
ウ
計量器
キ
プラットホーム
カ
発電システム
エ

【働く人の仕事】

・ごみをもやす機械を管理する仕事

・ごみがうまくもえるようにしょりするくふうをしている

1 話し合いながら整理する 働く人はどのような仕事をしているのか整理しよう①。

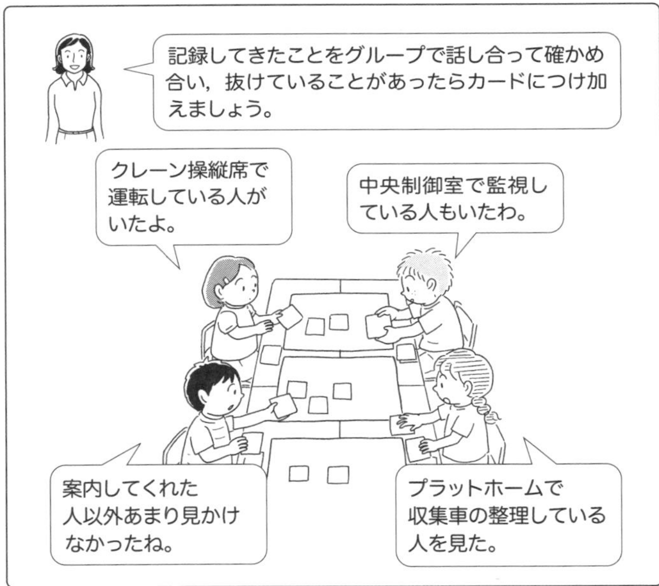

記録してきたことをグループで話し合って確かめ合い，抜けていることがあったらカードにつけ加えましょう。
クレーン操縦席で運転している人がいたよ。
中央制御室で監視している人もいたわ。
案内してくれた人以外あまり見かけなかったね。
プラットホームで収集車の整理している人を見た。

清掃工場で働く人はどんな仕事をしているのか整理しましょう。④働く人の仕事と苦労や願いなどについて，メモしてきた見学カードを出しましょう。

- 資源物や不燃ごみが混ざると困るといっていたね。
- 焼却炉の故障の原因になるそうだし，爆発することもあるそうだ。

2 話し合いながら整理する 働く人はどのような仕事をしているのか整理しよう②。

働く人の仕事と苦労や願いについて，グループごとに発表してもらい，つけ加えがあったら発言してください。
働いていてうれしいことは，焼却炉が故障せずにごみ処理がスムーズに行えることだそうです。
NOTE
NOTE

- 私たちが分別の仕方や出す日を守ると安全に燃やすことができるそうです。
- 機械を管理する仕事で人は少なくてできる。
- 分別で燃えるごみだけを燃やすと，有毒な物がでるのを抑えることができるからと聞きました。

時に依頼して予約しておくようにする。

【工場や働く人のくふう】
・⑤で発電して工場を動かす電気をまかなう
・①エアーカーテンでにおいを出さない
・④体に悪いけむりを出さない，てき切なもやし方をする
・⑦体に悪いけむりを取りのぞくそうち
・もやす熱で温水プールや大浴場（だいよくじょう）をしている所もある

主体的・対話的で深い学び

清掃工場の見学で調べてきたことを整理し，働く人や清掃工場が工夫していることを考え，地域環境に配慮しながら事業を続けていることを知る。

3 話し合いながら整理する 働く人や清掃工場の工夫について整理しよう①。

清掃工場や働く人がどんな工夫をしているのか整理しましょう。5働く人や清掃工場の工夫について，メモしてきた見学カードを出しましょう。

においが外に出ないように『エアーカーテン』があったね。
燃やした熱を利用して発電もしていたよ。

「記録してきたことを，グループで話し合って確かめ合い，抜けけていることがあったらカードにつけ加えましょう。」
・清掃工場や，近くのリサイクルセンターを動かす電気や照明に使い，夜は電力会社に電気を売っているそうだ。

4 話し合いながら整理する 働く人や清掃工場の工夫について整理しよう②。

働く人や清掃工場の工夫について，グループごとに発表してもらい，つけ加えがあったら発言してください。

中央制御室で全ての機械や設備の管理をしているから，働く人は交替で働いている。

焼却炉で850度～950度の高熱で燃やす理由は，ダイオキシンという有毒ガスがでにくい温度だそうだ。

・身体に悪い煙を出さないように，⑦の機械で悪い物を取り除いて高い煙突に送る。
・燃やすとき出る熱で水を温めて，市民に温水プールとして利用してもらう。

ごみ処理場の排ガスについては，国の基準をクリアする基準で設計され，高性能な有害ガス除去装置，ダイオキシン類除去装置および集塵装置を設置，煙突で白煙防止するようになっている。
「排水」は，排水処理設備で薬品処理したあと，施設内で再利用している。
「ごみ臭気」は焼却炉内に送り，高温で分解させ無害無臭化を図っている。

第6時 燃やしたあとの処理とくふう②

教材研究のポイント　多くの市町村が最終処分場の問題を抱えているので，授業前に問題点を

本時の学習のめあて

清掃工場の見学を通して，たくさんのごみを処理していることや地域環境に気をつけて燃やしていることに気づき，記録してまとめる。

準備物

・発電，うめたて地などイラスト

板書例

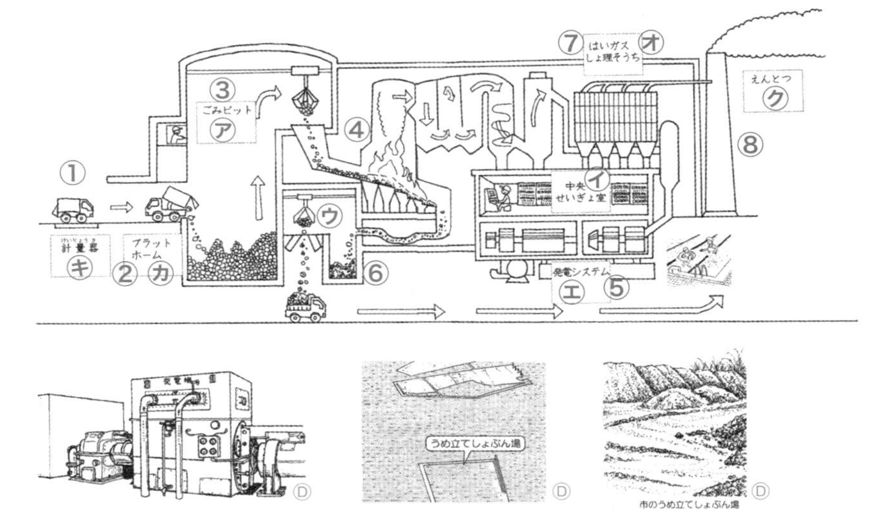

もやした後のしょりとくふう②
⑦ はいガス しょ理そうち オ
えんとつ ク
③ ごみピット ア
④
⑧
①
中央せいぎょ室 イ
ウ
計量器 キ
② プラットホーム カ
⑥
発電システム エ ⑤
うめ立てしょぶん場
市のうめ立てしょぶん場

1 話し合って確かめる　燃やした後の処理と工夫について調べて整理しよう①。

清掃工場でごみを燃やした後の処理や工夫について整理しましょう。
メモしてきた見学カードを出して点検する。
灰はトラックで最終処分場に運ぶんだね！
そうだね。
1日に17トンくらいの灰が出るんだね。
ごみが燃えたあと灰になるのだったね。

「記録してきたことをグループで話し合って確かめ合い，抜けていることがあったらカードに付け加えましょう。」

- ごみを燃やすのは灰になると量が減らせるからだ。
- 燃えたあとの灰はトラックで最終処分場に運ぶ
- 最終処分場というのは埋め立て地だったね。
- 地域の埋め立て地と大阪湾の埋め立て地の両方に運んでいる。

2 話し合い整理する　燃やした後の処理と工夫について調べて整理しよう②。

ごみを燃やした後の処理や工夫についてグループごとに発表してもらい，付け加えがあったら発言してください。
灰を高温で溶かしてエコスラグという砂のようなものに再加工しています。
NOTE
NOTE

- 道路に使うブロックやアスファルトの材料に使われるそうだ。
- 発電機を回して電気をつくったり，温水プールを温めたり工夫をしている。
- 埋め立て地が用意されている。
- 地域の埋め立て地は，いっぱいになってしまう残りの年数があと16年しかないそうだ。

調べて把握しておくようにする。

【もやした後のしょりやくふう】

・うめ立て地に運び土にする
・海をうめ立て，りく地をつくる
・スラグ＝道路の材料をつくる
・発電　・温水プール　など

・もやした物でももう一度利用するいろいろなくふうがある
・うめ立て地もかんきょうを守るくふうをしている

主体的・対話的で深い学び

清掃工場の見学で調べてきたことを整理し，燃やした後の灰などの処理とくふうについて考え，地域環境に配慮しながら事業を続けていることを知る。

3 話し合い整理する　見学で気になったことや疑問に思ったことを話し合い，整理しよう。

見学で気になったことや疑問に思ったことについて整理しましょう。メモしてきた見学カードを見て発言してください。

埋め立て地がいっぱいになったらどうするんだろう？
処分場には環境を守る工夫がたくさんあったわ。
見学に行って休憩した広場はきれいな公園になっていたけど，埋め立て地と書いてあったね。
少しでも遅らせるには，どうしたらいいだろう。

・大阪湾では公園のほか，岸壁や輸出する車の埠頭，メガソーラーの太陽光発電をしているそうだ。

4 整理してまとめる　清掃工場のようすをノートに整理してまとめよう。

今まで清掃工場の見学で調べてきたことを元にして，もえるごみの様子と行方を考えてきました。調べた見学カードをノートに順番に貼って整理しごみを燃やした後の処理や工夫について，ノートにまとめましょう。

今まで学習してきた４時間分のカードを整理する。取りかかりのゆっくりな児童は個別に対応して作業を促す。

燃やした物でももう一度利用するようないろいろなくふうをしているんだな。

海面埋立最終処分場について

・都会のごみの最終処分場として海を埋め立てる方法は，1950 年代から急激にごみが増えはじめた東京都のごみ処理地，夢の島から広まり，現在も中央防波堤埋立処分場（中防）が稼働している。近畿でも大阪湾フェニックス計画で，泉大津沖，尼崎沖，神戸沖，大阪沖で，近畿２府４県の最終処分地として稼働している。

第7時 ごみが生まれ変わる①

本時の学習のめあて

資源物や粗大ごみなどのリサイクルについて調べるために，リサイクル工場の見学計画を立てる。（資料から考える）

準備物

・リサイクル工場見学カード1，2

板書例

ごみが生まれかわる①
リサイクルセンターの見学計画を立てよう
ペットボトル
ガラスびん
スチールかん
アルミかん
紙
プラスチック
1
PET
スチール
アルミ
紙
プラ

1 振り返る 資源物や粗大ごみについて調べることを思いだそう。

資源物や粗大ごみにはどんな物がありましたか。
ペットボトル！
古新聞や段ボールがありました。
空き缶

・2種類あるよ，アルミ缶とスチール缶かな。
・ガラス瓶も透明なものと色つき瓶に分けたね。
・電池や蛍光灯，割れガラスもあるね。

「資源物や粗大ごみについて調べることを，学習問題を考えた時から思い出しましょう。」
・“リサイクルセンターで生まれ変わる様子”。
・調べ方は副読本やパンフレット，見学などでした。

2 予想する 資源物や粗大ごみはどうなるのか予想しよう。

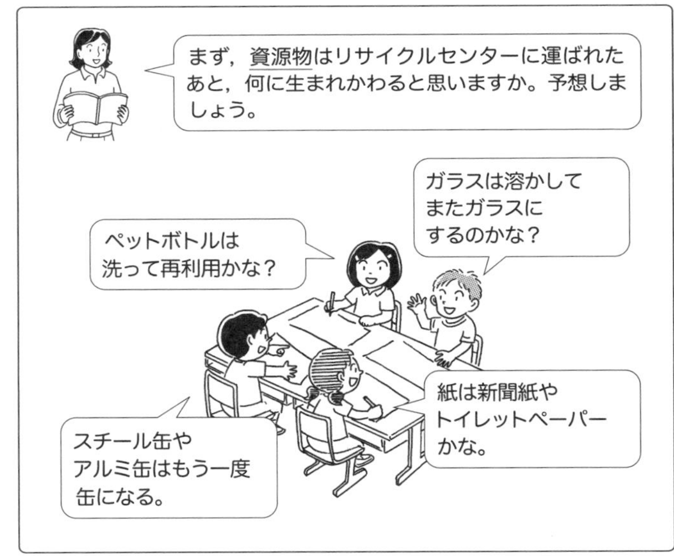

まず，資源物はリサイクルセンターに運ばれたあと，何に生まれかわると思いますか。予想しましょう。
ガラスは溶かしてまたガラスにするのかな？
ペットボトルは洗って再利用かな？
紙は新聞紙やトイレットペーパーかな。
スチール缶やアルミ缶はもう一度缶になる。

・ペットボトルはペットボトルかな。

「それでは，粗大ごみはリサイクルセンターに運ばれたあと，何に生まれかわると思いますか。」
・ばらばらにして燃やす？
・燃えるごみはできるけど，古自転車なんかはどうするのかな。

で見学前にリサイクルセンターに関する学習を設定する。

【見学してくること】
・空きびんや空きかんのリサイクルの流れ
・そ大ごみやもえないごみのリサイクルの流れ
・ペットボトルのリサイクルの流れ
・プラスチックやトレイなどのリサイクルの流れ
・その他のしげん物のリサイクルの流れ

主体的・対話的で深い学び

分別している資源物や粗大ごみのリサイクルについてリサイクル工場で調べることを考え，学習問題から考えられる見学内容を整理し，見学計画を立てる。

3 見学内容を考える リサイクルセンターで見学してくることを考えよう。

リサイクル工場へ行って見学して調べてくることを考え，グループで話し合いましょう。
ペットボトルは洗ってそのまま使うのかな？
缶の分け方を知りたいわ。
ペットボトルは溶かすのかな？
スチール缶とアルミ缶はどのように分けるのかな。

・リサイクルマークで分けるのかな。
・分別した種類別に機械に運ぶのかな。
・違う分別物が入っていたらどうするのだろう。
・ガラス瓶は色や形がいろいろあるけどどう分けるのだろう。
・プラスチックやトレイはどうするのかな。
・粗大ごみはどのようにリサイクルするの。
・割れた茶碗はどうなるの。

4 見学の準備 清掃工場で見学してくることを整理し準備しよう。

順に話し合ったことを報告していき，意見を整理していきましょう。

報告される意見を板書で整理していく。

❶空き瓶や空き缶の流れ。
❷粗大ごみや不燃ごみの流れ。
❸ペットボトルの流れ。
❹プラスチックやトレイなどの流れ。
❺その他の資源物のリサイクルの流れ。

上記の五つぐらいに集約できるだろう。

「見学カードに，今日学習したリサイクル工場で調べてくることを書いておきましょう。

Ⓓ 
 Ⓓ

リサイクルセンターが見学できない場合は，DVD 内の画像，動画，資料が活用できる。

第 8 時

ごみが生まれ変わる②

本時の学習のめあて

資源物や粗大ごみなどのリサイクルについて調べることを通して，限りある資源の節約や有効利用をしていることを理解する。

準備物

・リサイクル工場見学カード 1，2
・DVD 動画（アルミ缶とペットボトルをより分ける）
・DVD 動画（アルミ缶圧縮）
・DVD 動画（ペットボトル圧縮）
・DVD 動画（磁石でアルミ缶とスチール缶を選別する）

教材研究のポイント 各資源物のリサイクルについて児童が再認識するために，動画などのメ

板書例

ごみが生まれかわる②

リサイクルセンターの見学

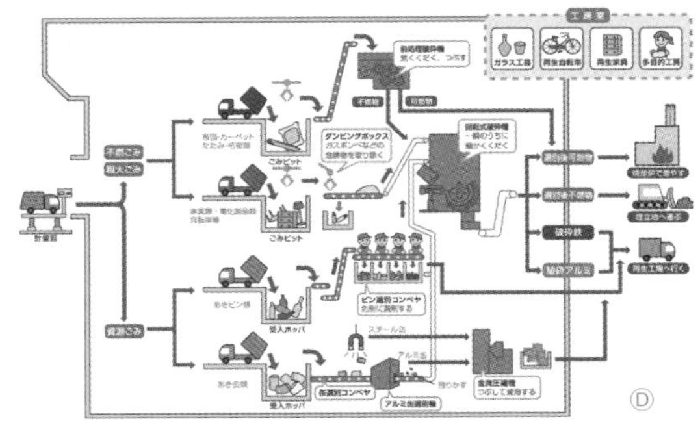

【リサイクルの流れを調べる】
①空きびんや空きかん　②そ大ごみやもえないごみ　③ペットボトル
④プラスチックやトレイ　⑤その他のしげん物

1 振り返って整理する　見学で記録してきたカードを整理しよう。

記録してきたことをグループで話し合って確かめ合い，抜けていることがあったらカードにつけ加えましょう。
ちゃんと分別していないと手作業で分別しなくちゃならないんだね。
アルミ缶などはつぶして固めていたよ。
ペットボトルは処理施設へ運ばれていた。

「リサイクル工場で見学してきたことを整理しましょう。見学計画に従って，❶～❺についてメモしてきた見学カードを出しましょう。」

・たくさんリサイクルしていたね。
・瓶や缶と粗大ごみ・燃えないごみは，リサイクル工場に運ばれていたね。
・プラスチックやトレイはプラスチックだけの施設に運ぶのだね。

2 整理する　資源物などがリサイクル処理される様子を整理していこう①。

リサイクル工場で資源物ごとに処理されていくようすを，プリントで確かめていきましょう。グループ順に資源ごとに発表してもらい，付け加えがあったら発言してください。
まず，計量器に収集車を載せ重さを量ります。次に…
NOTE
NOTE

❶・瓶はコンベアに乗せて手作業で色別に分け，再生工場へ送る。
・そのあと原料のカレットになり再生瓶になる。
・洗って何回も使う瓶と 1 回だけの瓶がある。
・空き缶はコンベアに乗せ，磁石でスチール（鉄）とアルミに分ける。
・スチールとアルミを別々につぶして再生工場へ送る。
・工場で再生地金・板金にして再生缶になる。

ディアを有効活用すると，より効果的になる。

●しげん物

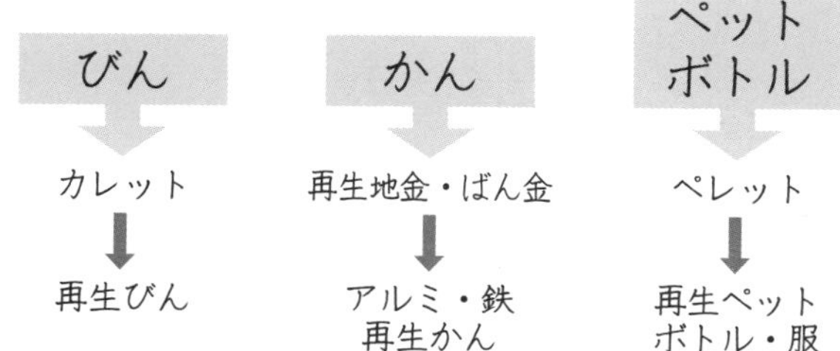

びん
かん
ペット
ボトル
カレット
再生地金・ばん金
ペレット
再生びん
アルミ・鉄
再生かん
再生ペット
ボトル・服

リサイクル工場は手作業で
しげん物をえり分けてリサイクルしている

【まとめ】
・リサイクルすることでごみをへらし，
しげんを節約する

主体的・対話的で深い学び

リサイクル工場の見学で調べてきたことを整理し，資源物や粗大ごみが選別処理されていく過程から，限りある資源を大切にするリサイクルを進めていることを考える。

DVD

・リサイクル工場見学カード 1，2
・DVD 動画（アルミ缶とペットボトルをより分ける）
・DVD 動画（アルミ缶圧縮）
・DVD 動画（ペットボトル圧縮）
・DVD 動画（磁石でアルミ缶とスチール缶を選別する）

3
整理する
資源物などがリサイクル処理される
様子を整理していこう②。

❷・粗大ごみは修理できる物を取り出し工房室に送る。
・危険物を取りのぞいてつぶし，燃える物は焼却炉へ送り，燃えない物は埋め立て地へ送る。

❸
ペットボトルはコンベアに乗せ，
手作業で汚れている物を取りのぞく。
つぶして小さくして
再商品工場へ送る。
あとペレットにして服や
再生ペットボトルになる。

❹・プラスチックは脱水消毒のあと，手作業で汚れている物を取りのぞき，汚れ物は焼却炉へ送る。
・つぶして包み，再生工場へ送る。

❺・廃棄蛍光灯や乾電池は，再生工場へ送る。
・工場でガラスや原料にして再生品になる。

4 考えて話し合う　工場の見学からリサイクルについて考えたことを話し合おう。

工場を見学して，リサイクルについて考えたことを話し合いましょう。
リサイクル工場では
手作業で選り分けている。
金属製品の選り分けは
大変だと思う。
リサイクルすることで
ごみを減らせる。
何回も作り直して
使えば，資源の
節約にもなる。

・私たちの分別の時に，汚れた物やちがう物を入れないようにするとやりやすいと思う。

「みんなの意見をノートにまとめておきましょう。」

第9時 ごみしょりがかかえる問題①

本時の学習のめあて

今昔のごみ処理方法の問題や地域がかかえるごみ処理の問題から，それらの解決の計画的な取り組みについて考える。

準備物

・今の買いものイラスト
・昔の買いものイラスト
・市の人口の変化グラフ
・市のごみの量の変化グラフ

教材研究のポイント 変化量を示すグラフなどの教材を活用するとき，提示方法を工夫するこ

板書例

ごみしょりがかかえる問題①

ごみしょりや量のうつり変わりを考えよう

今の買い物
とうふ

トレイ・ラップ
パックのケース・
ビニールぶくろ

【しょりのしかた】
・もえるごみに出す
・しげん物の分別
・量が多くなっている

昔の買い物

竹の皮・うすい木の皮・新聞紙

【しょりのしかた】
・家でもやす
・生ごみ → 土にうめる
　→ ひりょうにする
・しげん物 → 土にうめる
・ごみは少ない
・においがする
・不衛生 → 病気

1 比べて考える ごみの昔と今を比べてみよう。

「まず，今の買いものをすると，どんなごみが出ますか。」
・肉や魚のトレーやラップ。
・リンゴやなすののトレイやラップ。
・豆腐のパックやビニール袋。

これが 60 年ほど前だったらどうでしょう。ごみはどのように変わってきたか，今と昔のごみを比べてみましょう。
イラストを掲示，もしくは配布する。（DVD 収録）
肉はなんで包んでいるのかな。（竹の皮）
魚を包むのは何かな。（薄い木で作った経木という入れ物）
なすやリンゴはそのままだ。（または新聞紙）
荷物を持つのは買いものカゴだ。エコバッグみたい。

2 調べる 昔と今のごみ処理方法について調べよう。

ごみの処理のしかたも違うのかな。
昔はその辺りに埋めたり燃やしたりしていたんだね。
今は生ごみもごみ収集車が集めてくれるね。
資源物は分別している。
でも処分場がいっぱいになってきている。

今の買い物
とうふ

昔の買い物

とでより学習効果が得られる。

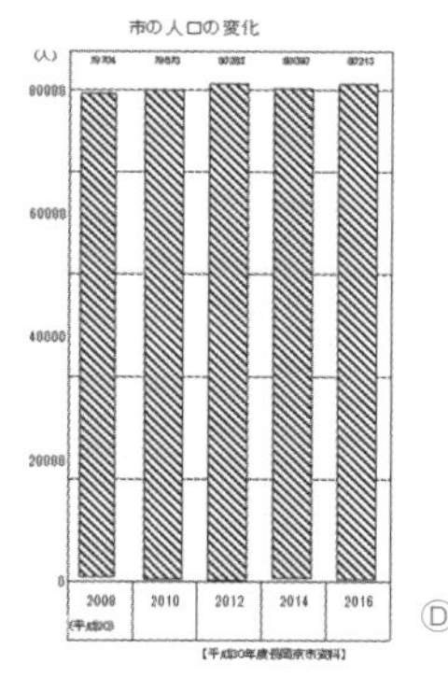
市の人口の変化

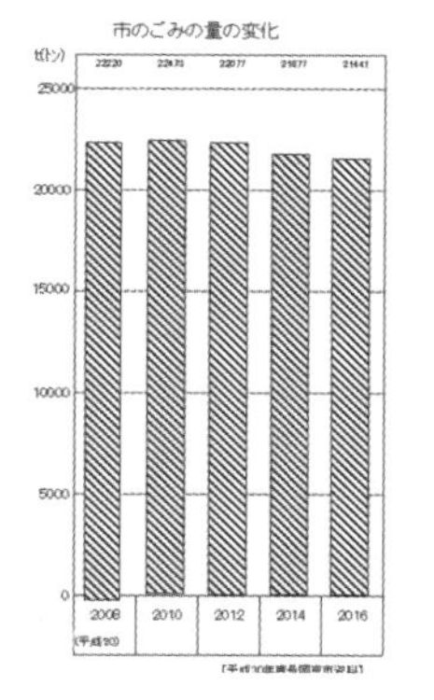
市のごみの量の変化

・2008 年は約 79700 人
・2016 年は約 80200 人
・この 9年間人口はほんの少しずつふえている
⋮

・2008 年は約 22200 トン
・2010年は約 22500 トンで少しふえた
・2012 年は約 22000 トン
⋮

主体的・対話的で深い学び

今昔の買い物を比較してごみ問題の推移を知り，人口とごみの量のグラフから人口がふえてもごみの処理量が減っていることをつかんで解決の糸口を見つける。

・資料 1　市のごみの量のかわり方 .ppt

今の買い物

昔の買い物

3 比較する　市の人口とごみの量の変化をくらべてみよう。

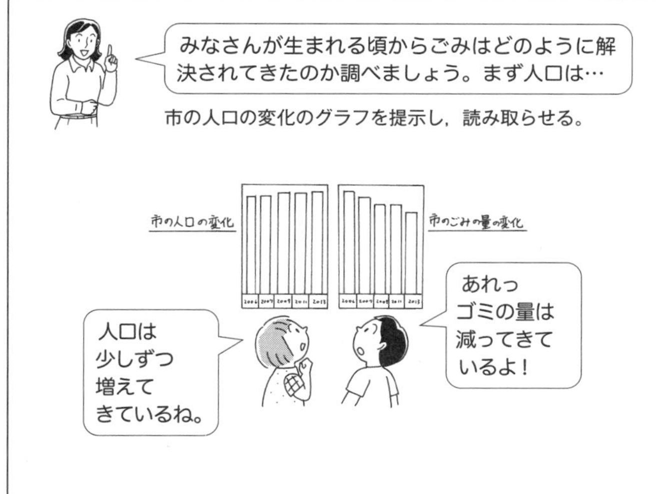
みなさんが生まれる頃からごみはどのように解決されてきたのか調べましょう。まず人口は…
市の人口の変化のグラフを提示し，読み取らせる。
市の人口の変化
市のごみの量の変化
人口は少しずつ増えてきているね。
あれっゴミの量は減ってきているよ！

・2008 年は約 79700 人だ。
・2016 年は約 80200 人だ。
・この 9 年間ほとんど変わらないけど，少しずつ増えてきている。

市の人口やごみの量の変化のグラフを提示し読み取らせる時，DVD 所収の PPT プレゼンの数値を地域に置き換え，2008 年から 2016 年まで一年ずつ見せ，関心を高めると共に，予想させ話し合わせたい。児童のこれまでの学習の定着状況を把握することができる。

4 発表する　市の人口とごみの量の変化を比べてわかることを発表しよう。

市のごみの量はどうなるか予想してみましょう。
ごみもどんどん増えていると思う。
分別しているから変わらないよ。
いや，分別を進めて減っていると思う。

「では調べてみましょう。」
・2008 年は約 22200 トンだ。
・わぁ！ 2010 年は約 22500 トンで少し増えた。
・でも 2012 年は約 22000 トンで減っているよ。
・2016 年には約 21400 トンで減り続けている。
・7 年間で 1000 トンも減った。
・分別収集が少しずつでも効果を上げているんだ。
・みんながごみを減らすようにしているんだな。
・これでごみの問題は解決したのだろうか。

第 10 時 ゴミしょりがかかえる問題②

教材研究のポイント ごみを減らすキーワードは，近年「リペア（修理する）」を加えて「五つ

本時の学習のめあて

今昔のごみ処理方法の問題や地域がかかえるごみ処理の問題から，それらの解決の計画的な取り組みについて考える。

準備物

・「1 人あたりの燃えるごみの処理費」（グラフ）

板書例

ごみしょりの新しい問題②

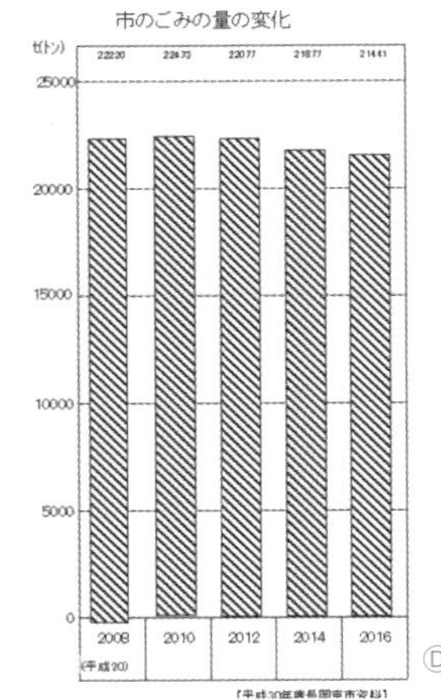
市のごみの量の変化
t(トン)
25000
20000
15000
10000
5000
0
2008
(平成20)
2010
2012
2014
2016

【ごみしょりの新しい問題】

① 分別に協力しない人たちの問題

② うめ立てしょぶん場がまんぱいになる問題

③ しょりしにくいごみがふえている問題
（薬，はり，スマホなど）

④ ごみしょりにかかるお金の問題

1 ふりかえって みつける ごみ処理についての新しい問題を見つけよう。

最近のごみの量はどうなってきましたか，振りかえって思い出しましょう。
前時の資料等を提示して確かめる。
ここ 10 年ごみはへってきている。
処分場がいっぱいになる。
分別ができていない。

「ごみが減ってきていることはわかりましたが，見学などで調べてみて新しい問題はなかったですか。」

- ごみステーションの時，分別できていないごみや出してはいけない物があったね。
- 危険な物が一緒に入っていたりすると，爆発したり処理する機械が止まったりするそうだ。
- 分別に協力しない人がいるんだね。

2 調べる ごみ処理についての新しい問題を調べよう。

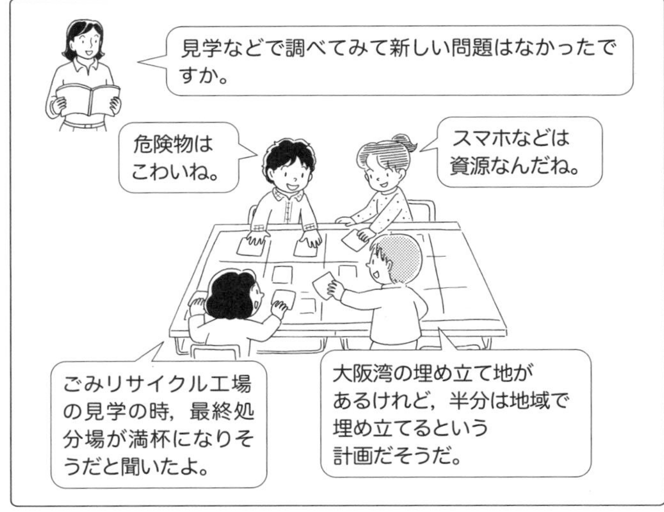
見学などで調べてみて新しい問題はなかったですか。
危険物はこわいね。
スマホなどは資源なんだね。
ごみリサイクル工場の見学の時，最終処分場が満杯になりそうだと聞いたよ。
大阪湾の埋め立て地があるけれど，半分は地域で埋め立てるという計画だそうだ。

- 16 年後には新しい埋め立て地にしなければならないとしおりに書いてあった。

「新しい問題がでましたね。
①分別できていないごみや分別に協力しない問題。
②埋め立て処分場が満杯になるので，新しい埋め立て地をつくらなければならないという最終処分場の問題。
③危険物など処理しにくいごみが増えている問題。
ほかにはどうでしょう。」

のR（5R)」といわれるようになっている。

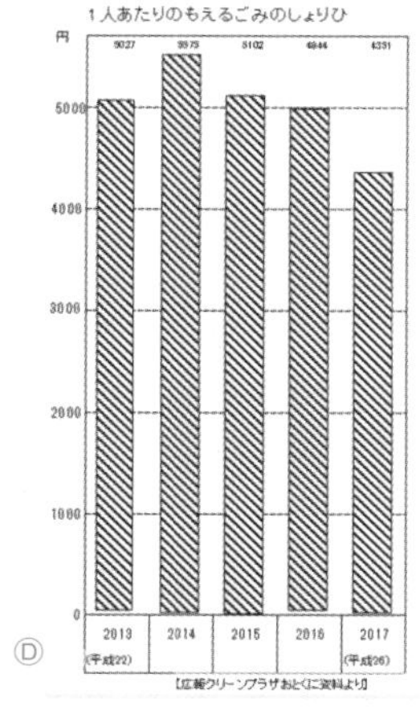

【5つのR】

① リフューズ
・ごみを受け入れない

② リデュース
・ごみをへらす

③ リユース
・くり返し使う

④ リサイクル
・再利用する

⑤ リペア
・修理する

主体的・対話的で深い学び

見学で気づいたことや，市の資料から見つけたごみ処理の新しい問題点を話し合って整理する中で，今まで深く考えてみなかったゴミ問題の課題をみつけ，市のごみ処理に対する考えや取り組みについて話し合い，どのようにしてゴミを少なくしていくのか考えていくようにすすめたい。

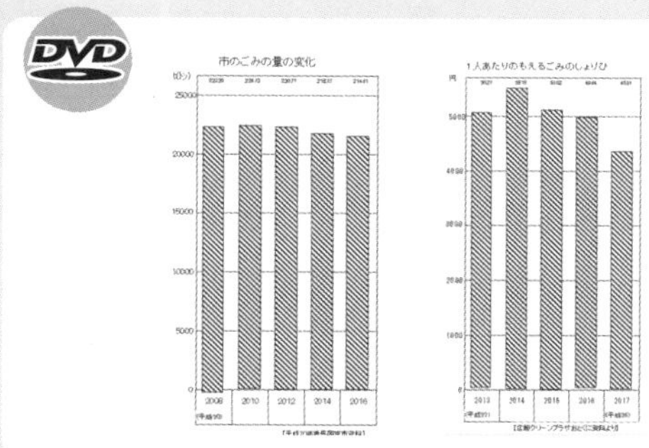

3 読み取り考える ごみ処理にかかる費用の問題を考えよう。

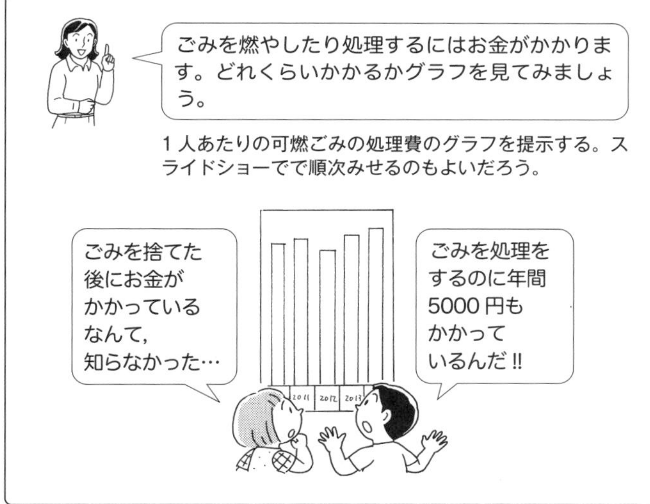

ごみを燃やしたり処理するにはお金がかかります。どれくらいかかるかグラフを見てみましょう。
1人あたりの可燃ごみの処理費のグラフを提示する。スライドショーでで順次みせるのもよいだろう。
ごみを捨てた後にお金がかかっているなんて，知らなかった…
ごみを処理をするのに年間5000円もかかっているんだ!!

・2013年は約5000円，市の人口は約8万人だからかけ算すると約40億円の費用がかかっている。
・2017年は約4400円，市の人口は約8万人だからかけ算すると約35億円の費用がかかっている。
・5年間の間に1人約600円下がっている。
・市全体では約5億円も減っている。
・市民のごみを減らそうとする気持ちが広まっているように思うな。

4 調べて考える 市のごみ処理の取り組みを調べ，考えよう。

計画的に問題を解決するにはどうしたらいいでしょう。市のパンフレットや教科書，副読本で調べてみましょう。
市のパンフレットに，ごみを減らすキーワード「五つのR（5R)」が紹介されている。
まずごみを減らすことだね。
これは「リデュース（物を大切に長く使う)」こと。
「リフューズ（ごみを受け入れない)」はごみになりそうな物を断るのだね。

・「リユース（くり返し使う)」。再使用，牛乳びんだね。
・「そしてリサイクル（再び資源として利用する)，①再生利用，②資源として分別」がある。
・「リペア（修理する)」，直して使うということだね。

ごみ処理にもお金がかかっている。なかなか児童たちには実感がないが，親が税金という形で払っているというと一気に身近になる。だいたい平均で年間お菓子何袋分のお金を，ごみを処理するのに支払っていると例えるとよい。

第 11 時

ごみのしょりについてまとめる

本時の学習のめあて

学習してきたことをカードにまとめ，グループ内で話し合って整理し，グループでまとめて発表する。

準備物

・自分のテーマカード
・グループ発表用壁ポスター用紙
・見学時の写真やパンフレットなど

板書例

ごみのしょりについてまとめる

学習問題
分別したごみはどのように
しょりされているのだろう

① もえるごみのゆくえ
② もやした後のくふう
③ しげん物やそ大ごみのリサイクル
④ ごみしょりのいろいろな問題

・分別
・しゅう集
・せいそう工場
・しげん物
・しょぶん場
・リサイクル
・4R　など

1 担を決める ごみの処理について，グループでまとめる分担を決めよう。

「ゴミの処理についての学習問題を確かめ，学習の中で出てきた言葉を使いながら，調べたことをまとめようと思います。出てきた言葉（キーワード）は何でしたか。」

・分別　・収集　・清掃工場　・資源物
・処分場　・リサイクル　・5R などです。

処理のしかたで調べてきた①～④のテーマを，グループの中で分担してカードにまとめ，あとで合わせてグループの壁ポスターにします。

A グループ
ぼくは『①もえるごみのゆくえ』を担当するね。
私は『④ごみ処理のいろいろな問題』にするわ。

①燃えるごみのゆくえ
②燃やした後のくふう
③しげん物や粗大ごみのリサイクル
④ごみ処理のいろいろな問題

2 話し合い まとめる 分担のチームの中で調べたことを話し合い，カードにまとめよう。

分担が決まりましたか。では，次に四つのテーマごとにチームを作ります。調べた記録を持って分担したテーマのチームに分かれて参加してください。

見学時にグループで取った写真画像をプリントして配布する。またいただいたパンフレットの画像などから，自分の分担の内容画像を切り取り，分担チームに持って行き，カードに貼ったりして作成の参考にするとよいだろう。

①燃えるごみのゆくえチーム

まず，分別された燃えるごみだけ運ぶんだね。
この写真が使えるよ！

「分担したテーマのチームで，“（1）わかったこと”から意見を出し合い，カードにまとめていきましょう。」

自分のテーマカードを配布してテーマを書き，自分たちが調べたことから，（1）わかったこと，（2）考えたこと，を書き込んでいくようにさせる。

個別にチームの相談に入り，進捗状況を把握する。

ポスターにまとめる

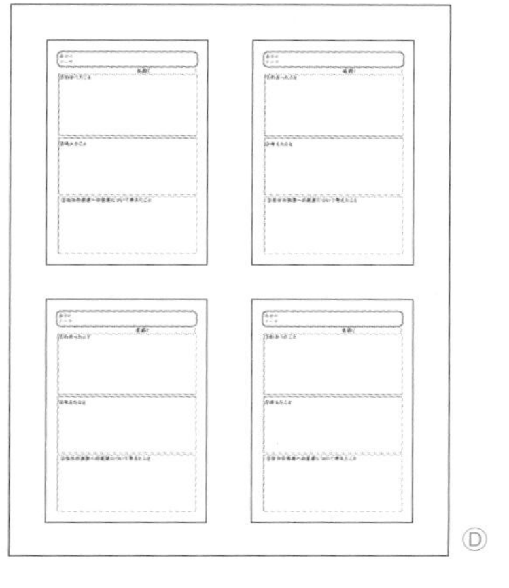

主体的・対話的で深い学び

見学カードやパンフなどの資料，カメラ画像などを参考に考えながら発表カードを作成し，友達の感想や意見を聞いて，再度ごみの処理について考え表現する。

3 発表し意見を聞く　グループに戻り，カードのまとめを発表して意見を聞こう。

グループに戻り，それぞれのチームでまとめたカードを元に発表してグループの人の感想や意見を聞き，“（3）自分の発表への意見について考えたこと ”を付け加えましょう。

友達の発表を聞きながら思った感想や意見を，メモに書いてから発言し，発表者にメモを渡すようにする。発表者はそれに答えながら考えをまとめ，全員が発言してから（3）について書く。

A グループに戻る

～という事がわかり……と思ったよ。
次は私が報告するわ！

例『①燃えるごみのゆくえ』～発表の感想や意見

- ごみを燃やすことによって発電したり，スラグなどの再利用品ができるくふうについて話せていた。
- スラグをもっとたくさん作れば処分場にうめる灰が減ると思う。

4 壁ポスターにまとめる　グループでカードをはりあわせ，壁ポスターにして発表しよう。

グループ全員の発表と意見交換が終わって，(3) 自分の発表への意見について考えたことを書き終わったら，グループの壁ポスターの作成に取りかかりましょう。

A グループ

みんなの分担を貼り合わせて…
ポスターの完成だね !!

例『①燃えるごみのゆくえ』～（3）自分の考え例

- 燃えるごみを減らすには燃えるごみをできるだけもらわないようにすることが大切だと思う。
- スラグなどの工夫も大事だけれど，やはり燃えるごみを減らすことが必要なのではないかと思った。

第12時 ごみをへらす取り組みと自分にできること

教材研究のポイント　個々のメモ（付箋）を集約しておこなうグループ発表の方法や，発表順

本時の学習のめあて

ごみをへらすための地域の取り組みとくふうを調べ，ごみ処理の問題解決に向かって自分にできることを考え，協力しようとする。

準備物

・メモ用紙（付箋）各自
・まとめ用グループボード（場所別）（画用紙でも可）
・色鉛筆など
・自分にできることシート

板書例

ごみをへらす取り組みと自分にできること

【家での取り組み】
・分別をきっちり
・リサイクル品の利用
・ごみになる物をもらってこない
・天ぷら油の回しゅう
・古新聞回しゅう

【学校の取り組み】
・いんさつ物のむだをださない
・紙のうら面の利用
・あまり紙のメモ利用
・落ち葉を → ひりょうへ
・落とし物をへらす

【お店などの取り組み】
・マイバック運動
・しげん物の回しゅう
（トレイ，ペットボトルなど）
・古紙の回しゅう
・かん電池の回しゅう

【地いきの取り組み】
・ごみステーションの
そうじ・整び・点けん
・古紙回しゅう

1 調べる ごみを減らす取り組みを調べよう。

「ごみを減らすのにどんな取り組みをしているのか，場所ごとにグループで考えてみましょう。取り組んでいる場所は…，①家　②学校　③地域　④お店やスーパーマーケットで分けましょう。」

ごみの処理はこれからどうなるでしょう。
そのためにごみを分別しているのね。
ほかにもごみを減らす取り組みをしていると思う。
このままではどんどんごみが増えるだろうな。

「まず一人ひとりで考えてメモ用紙（付箋）に書いてください。そのあとグループボードに貼って整理し，グループ報告の用意をしてください。」

この間，机間巡視しながらグループの取りかかり状況を確かめ，個別の相談や質問に対応する。

2 発表する ごみを減らすための取り組みを発表しよう。

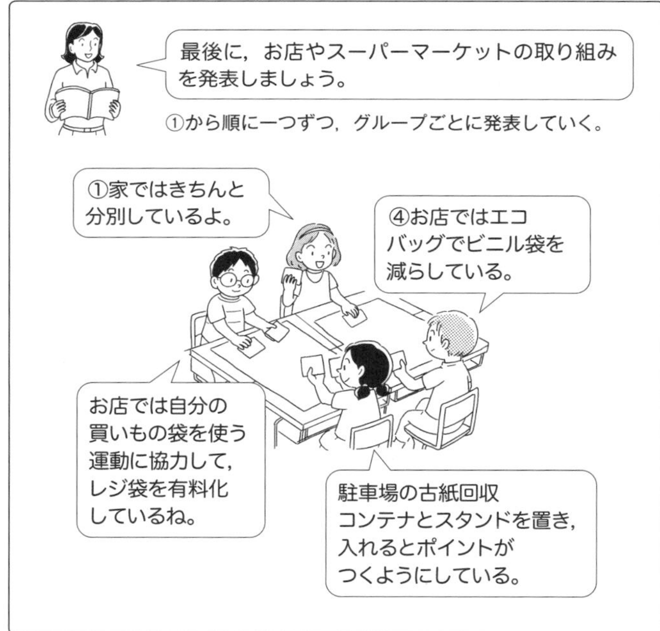
最後に，お店やスーパーマーケットの取り組みを発表しましょう。
①から順に一つずつ，グループごとに発表していく。
①家ではきちんと分別しているよ。
④お店ではエコバッグでビニル袋を減らしている。
お店では自分の買いもの袋を使う運動に協力して，レジ袋を有料化しているね。
駐車場の古紙回収コンテナとスタンドを置き，入れるとポイントがつくようにしている。

・入り口にトレイやペットボトル，空き缶や瓶の回収ボックスを置いて，いつでも回収できるようにしています。

などについては，クラスの実情に合わせて実践する。

ごみをへらすため
必要なこと

・分別などのきまりをきっちり守る
・ごみになりそうな物をもらってこない
・くり返し使える容器（ようき）などの利用を進める
・リサイクルできるしげんをいろいろなことに利用できるように考える

グループで話し合いながら，ごみをへらすための地域の取り組みとくふうを調べ，ごみ処理の問題解決に向かって自分にできることを考え，表現する。

3 話し合う ごみを減らすために何が必要か考え話し合おう。

ごみをへらすために何が必要か考えてみましょう。
大事に使うことも大切だね。
いらない物を買わない，かな。
分別などの決まりをきっちり守ることが大切。
ごみになりそうな物，例えば必要以上の包み紙やカバーとかをもらってこないことだと思う。

・そのためにマイバックを持っていくんだよね。
・使い捨ては便利だけど，くり返し使える容器などの利用を進めることも必要だと思う。
・守っていないと，ごみを処理するのにその分の時間やお金がかかるから。
・リサイクルできる資源を，いろいろなことに利用できるように考えることも大事ではないかな。

4 まとめる ごみをへらすために自分にできることをみつけよう。

それでは，ごみをへらすために自分にできることを考えて，シートをつくりましょう。
「自分のできること」ワークシート（DVD 所収）を配布し，説明する。
①自分にできること。
②絵などで説明するのもよい。
③自分にできることを実現するための工夫など。
壊れたおもちゃを修理しよう。
遊びに行く時は水筒を持って行こう。

「できあがったら掲示板に貼って，みんなに見てもうことにしましょう。」

ひろげる２

下水のしょりと利用（使われた水のゆくえ）

授業研究のポイント　「水はどこから」（上水道）の単元で，水の循環について下水を取り上げ

本時の学習のめあて

使われた水はくり返し使われていることに気づき，社会全体で水を資源として管理していることを理解する。

準備物

・下水処理場パンフレット

板書例

下水のしょりと利用（使われた水のゆくえ）

☆使われた水は
　どこへ行くのだろう

・家の前の土管へ
・トイレは別の土管
・どこかで合流するの？
・川や海へ流れる
・川や海がよごれる
・たいへんだ！

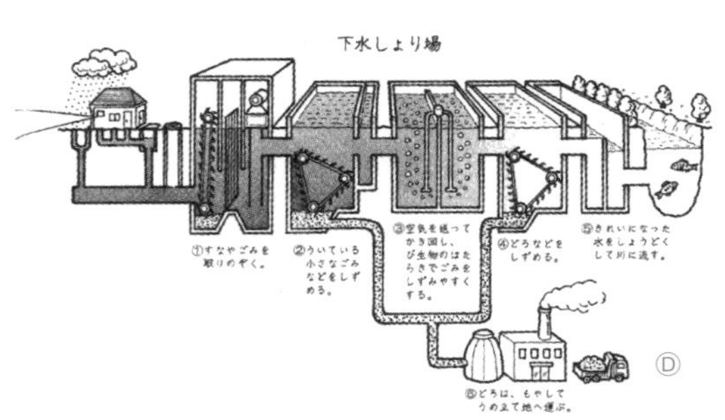

下水しょり場

川の水の動き

川（上流）→取り入れ→じょう水場→配水池→家庭へ
川へ←はい水管←下水しょり場←下水管←家庭から
川（下流）→取り入れ→じょう水場→配水池→家庭へ
川へ←はい水管←下水しょり場←下水管←家庭から

1 つかむ　使われた水はどうなるのだろう。

家庭や学校で使われた水はどこへいくのでしょう。
川に流すのかな。
それじゃあ川が汚れちゃう。
台所やお風呂の水は家の前の溝に流れているのかな。
地面に管を埋めている工事を見たことがあるよ。

「みなさんは家のどこで水を使っていましたか。」
・台所！
・トイレでも使っているよ。
・お風呂や洗濯機でも使っています。
・トイレの水も別のところへ行くのかな。
・どこかで合流しているのかな。
・どこかできれいにしているって聞いたことがあるよ。

2 話し合って発表する　使われた水をきれいにするしくみを調べよう。

汚れた水をきれいにするにはどうしたらいいか，グループで話し合って意見を出しましょう。
水をきれいにしてから流せばいいよ。
でも学校や家ではやっていないと思う。
水の出口に，きれいにする濾過装置を置く。
きれいにする薬品も入れる。

グループでの討論を促し，出た意見をグループごとにまとめて発表する。

・浄水場のように，水を濾過する装置をつくればいい。
・浄水場と同じように，市で大きな装置をつくるのはどうかな。

「いい意見が出ましたね。大きな工場などは，水の出口できれいにして流すことを決められています。」

なかった場合，学習するとよい。

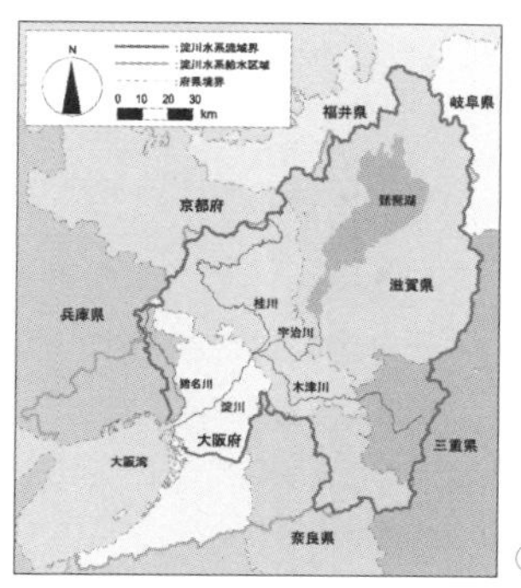

福井県
岐阜県
京都府
琵琶湖
滋賀県
兵庫県
桂川
宇治川
猪名川
淀川
木津川
大阪府
大阪湾
三重県
奈良県

川の下流へ

☆近畿（きんき）地方の場合
①滋賀（しが）県の市町村 →
②びわ湖 → ③淀川（よどがわ） →
④流いき市町村 →
⑤大阪湾（おおさかわん）へ

主体的・対話的で深い学び

下水処理場の働きを調べることで，川の水がくり返し使われていることに気づき，河川の上流から下流域の自治体にかけて，水を資源として何度も再活用する社会全体のしくみがあることを発見し，そのつながりについて話し合い大切さを理解する。

DVD

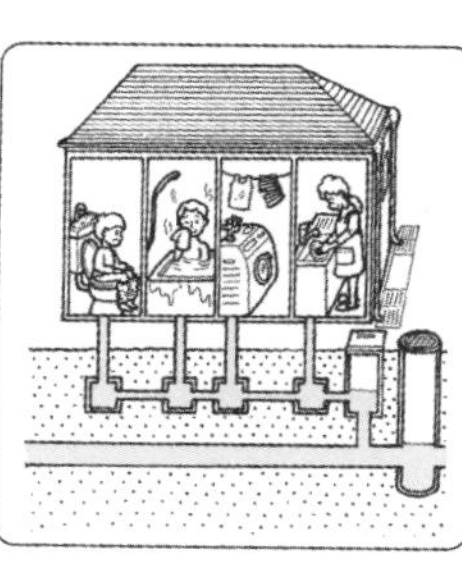

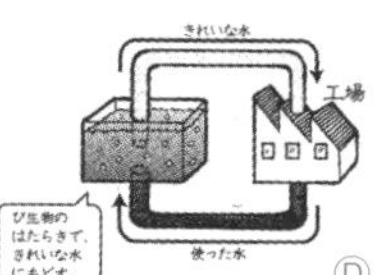

きれいな水
工場
使った水

3 調べて確かめる 使われた水をきれいにするしくみを確かめよう。

家や学校の水はすぐに川に流さず，下水道を通して下水処理場に運ばれます。写真やイラストを見ながら下水処理場のようすを調べましょう。
浄水場と似ているよね！
微生物の働きできれいにするなんてすごいね。

①砂やごみを取り除いている。
②皿に小さな砂やごみを沈めている。
③微生物の働きで汚れが泥と共に沈んでしまう。
④きれいになった水を消毒して川に流す。
⑤泥は燃やして，残りは埋め立てて土になる。

・砂や泥を取り除き，消毒してきれいにしているんだ。
・まち中に下水管がはりめぐらされているんだね。
・きれいな川の水なら，下流の市で再利用できるね。

4 考えてまとめる 川の水の上流と下流のつながりを考えよう。

川の水がどのようにして繰り返し使われているのかまとめましょう。
川から水を取り入れて浄水場に送る。
安全できれいな水にして配水池に送る。
高さを利用して家庭に送る。
使われた水は下水管に集まり下水処理場へ送る。

・下水処理場できれいにして川に戻す。
・下流の市で川に水を浄水場へ送る。
・家庭で使われて下水管へ送られる。
・下流の市でも下水処理場できれいにして川に戻す。
・上流から下流の町までくり返されているんだ。
「近畿地方では，滋賀県内の市町村→琵琶湖→淀川→下流域市町村→大阪湾という流れですね。」

下水道のことは，公益社団法人日本下水道協会の Web ページ「スイスイランド」がわかりやすくてよい。

地震からくらしを守る

全授業時間　導入１時間＋９時間＋ひろげる２時間

◉ 学習にあたって ◉

◇何を教えるのか　－この単元の特徴－

本単元は，地域社会で発生する地震や風水害などの自然災害からくらしを守ることを学習していくために位置づけられており，新学習指導要領を受けて教科書出版社では色々な内容を工夫して盛り込んでいます。

そこで本書では，自然災害からくらしを守るための授業内容を，地域や学校の実情に合わせて進めていくことを念頭に置いて，地震の防災についての指導計画を８時間，風水害の防災についての指導計画を２時間，掲載しています。

今ここにある危機を防ぐために，地域社会の自然災害や防災について，関係諸機関が相互に連携して緊急事態に対処する体制を取っていることに着目します。見学・調査したり地図や年表などの資料を活用して調べたりして，その働きを考え表現できるようにします。

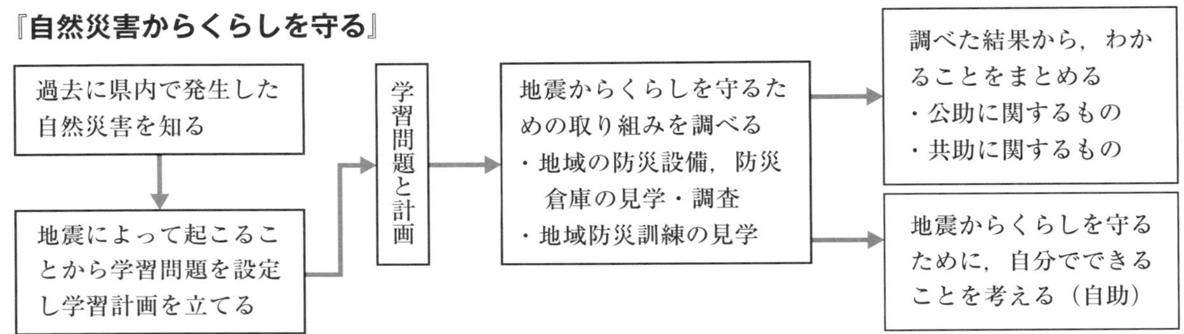
『自然災害からくらしを守る』
過去に県内で発生した自然災害を知る
地震によって起こることから学習問題を設定し学習計画を立てる
学習問題と計画
地震からくらしを守るための取り組みを調べる
・地域の防災設備，防災倉庫の見学・調査
・地域防災訓練の見学
調べた結果から，わかることをまとめる
・公助に関するもの
・共助に関するもの
地震からくらしを守るために，自分でできることを考える（自助）

◇どのように教えるのか　－学習する手がかりとして－

そのために，防災に関する関係諸機関である市や県などの働きを中心に取り上げ，防災情報の発信や避難態勢の確保などの働き，さらに国の諸機関との関わりについて，聞き取り調査や見学することが必要です。これらの活動から，様々な施設や設備の働きや役割，人々の工夫や努力について理解を深めていき，社会の安全を守るために地域社会の一員として自分たちができることを考えたり選択・判断したりして，表現・提案する学習にしましょう。

◉ 評　価 ◉

知識および技能

・自然災害の発生状況を知り，防災に関係する諸機関は，地域の人々と協力して防災に努めていることや，相互に連携して緊急に事態に対処する体制を取っていることを理解する。

・防災に関係する諸機関の働きと，その機関で働く人々や地域の人々の諸活動や工夫・努力を理解している。

思考力，判断力，表現力等

・色々な災害から人々の安全を守る諸活動や工夫・努力について，学習問題や予想・学習計画を考え表現している。

・学習計画に基づいて見学・調査をしたり資料を活用して，災害防止のための諸活動について情報を集め，読み取っている。

主体的に学習に取り組む態度

・自然災害からくらしを守ることについて必要な情報を集め，読み取ったことをもとに自分の意見や疑問をもち，進んで話し合いに参加しようとしている。

◉ 指導計画　導入１時間＋９時間＋ひろげる２時間 ◉

時数	授業名	学習のめあて	学習活動
導入	県内のさまざまな自然災害	・私たちのくらしの中で，どのような自然災害が起こっているのか話し合い，生活にどんな影響があるのかを考え，関心を持つ。	・写真やイラストから地域社会で起こる様々な自然災害について，どのような被害があり，生活がどのようになっていくのか話し合い，安全なくらしを守るために調べたいことを考える。
地震からくらしを守る			
1	地震が起きたら	・東日本大震災や熊本地震の写真から大地震が起きたらどんな被害が起こるのか読み取り，地震に備える取り組みについて関心を持つ。	・地震の資料や写真からどんな被害が起こるのか読み取り，地震に直面したときの対応を考え確かめながら，地震に備える取り組みについて関心を持つ。
2	地震と私たちの生活（学習計画を立てよう）	・地震が起こったときの取り組みについて学習問題を設定し，見学を含めた学習計画を立てる。	・地震について，普段気づいていることからから調べたいことを整理して，学習問題を話し合って設定し，問題に対する予想を立てながら，調査観察活動を計画する。
3	家庭でそなえていること	・自然災害に備えて，家庭ではどのような準備や取り組みをしているのか話し合い，自分のくらしは自分と家族で守っていこうという意欲を持つ。	・家庭事前学習で家族と防災について話し合う機会を設定し，緊急時の家族の約束と役割を理解し，自分のくらしは自分で守るという意欲を持ち，対応できるように考える。
4	学校や通学路でそなえているもの	・市の施設や地域，学校などで地震に備えていることを知り，地域の地震対策や工夫など，防災について調べたいことを考えて整理する。	・学校や通学路など身近な所にある防災倉庫を見学調査し，防災の備えや設備について知り，地域の地震対策や工夫など，防災について調べたいことを考えて整理する。
5	市の取り組み	・地震から住民の安全を守るために，自治体がどのような取り組みをしているのか理解する。	・地震から住民の安全を守るために，自治体（県や市町村）が日頃からどのような取り組みをしているのかいろいろな方法で調べ，「公助」の取り組みへの理解を深める。
6	市と住民の協力	・地域では防災訓練を行うと共に，各地域などでさまざまな立場の人々の意見を取り入れて避難行動計画が作成されていることを理解する。	・地域で行われる防災訓練に参加したり画像を見たりして内容を調べ，各地域で様々な立場の人々の意見を取り入れて避難行動計画が作成され，災害時の被害削減の工夫や努力をしていることを理解する。
7	住民同士の協力	・災害から住民の安全を守るために，市町村自治体や国や県と協力をして，自主防災会や消防団がどのような取り組みをしているのかを理解する。	・防災訓練の様子を思い起こし，教科書や市町村からの防災パンフレット等の資料から，自主防災会や消防団の自主的な参加など防災への協力体制について調べ，その取り組みについて理解する。
8	地震からくらしを守る取り組みをまとめる	・地震からくらしを守るために，家庭や市・地域の取り組みを整理して表にまとめながら，自分たちのくらしを考える。	・地震からくらしを守るために，家庭や市・地域の取り組みについて振り返り，それぞれのつながりを整理して表にまとめ，疑問や考察を加えながら自分たちのくらしを考える。
9	市の水害対策について調べる	・風水害からくらしを守るために，どのような取り組みをしているのか調べて関心を持ち，理解する。	・風水害からくらしを守るために，天気予報や市町村の防災ハザードマップなどの日頃発表される情報を読み取り，どのような取り組みがなされているのか調べて関心を持つ。
ひろげる1	風水害に備えて	・風水害からくらしを守るために，どのような取り組みをしているのか調べて関心を持ち，自分たちの行動計画を考える。	・風水害からくらしを守るために，県や国などの関係諸機関でどのような取り組みがなされているのか調べて関心を持ち，いざというときの自分たちの行動計画を考える。
ひろげる2	火山災害からくらしを守る	・火山災害からくらしを守るために，どのような取り組みをしているのか調べて関心を持ち，理解する。	・火山災害からくらしを守るために，クリップなどの映像や防災マップの情報を読み取り，どのような取り組みがなされているのか調べて関心を持つ。

導入

県内のさまざまな自然災害

本時の学習のめあて　県内で起こったさまざまな自然災害について話し合い，災害の様子と私

単元のめあて

私たちのくらしの中で，どのような自然災害が起こっているのか話し合い，生活にどんな影響があるのかを考え，関心を持つ。

準備物

・自然災害（地震・台風・大雨・火山の噴火など）の画像（教科書の写真など）

板書例

県内のさまざまな自然災(さい)害

【自然災害】
・地しん　→津波・山くずれ
・台風　→高潮・土砂災害
・水害　→こう水
・ぼう風　→電信柱・木たおれる
・たつまき　→家田畑つぶれる
・火山のふん火→灰がつもる

●停電
●断水
●家に住めない

1 つかむ　生活の中で起きている自然災害について思い起こそう。

みなさんは，『自然災害』という言葉を聞いてどんなことを思い起こしますか。

自然災害とは，自然現象が原因となって引き起こす災害で，人命や社会生活に被害が生じる事態を指す。

大雨でがけ崩れが起きた時，ニュースで言っていたよ。
東北の大震災で家がつぶれ，津波があった。
地震で熊本城の石垣が崩れた。

・台風の風で，関西国際空港の連絡橋にタンカーが衝突し渡れなくなった。
・空港に何千人の人々が閉じ込められた。
・火山が爆発して，登山中の人が亡くなった。

2 ●●●　自然災害が起こると，次にどんなことが起こるのか順番に話し合って整理しよう。

それでは，地震や台風，竜巻・大雨・火山の噴火などの自然災害が発生すると，続いてどんなことが起きるか災害ごとに話し合って整理しましょう。

地震が起こると，建物や道路がつぶれたりする。
自然の地形が変わってしまう。
津波が起こる時があり，海辺の地域をおそう。
台風で，暴風や大雨の被害が出る。

・暴風では，海は大荒れで，陸では家がつぶれたり木や電線が倒れる。
・大雨は，道路に水がたまり川が氾濫したりする。
・竜巻で家や畑が飛ばされる。
・火山の噴火で，灰が積もったり地形が変わる。

たちの影響を考え，安全なくらしを守ることについて関心を持つ。

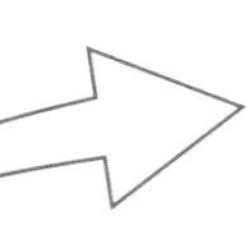

- 住むところがなくなる
- ひなんする
  （ひなん所の生活）
- けがをする
- 仕事に行けない
- 生活の不安

生活にこまる

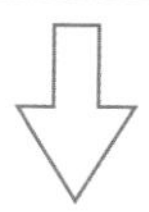

自然災害について調べ、自然災害にそなえてどのようにしていくのか考えよう。

主体的・対話的で深い学び

写真やイラストから地域社会で起こるさまざまな自然災害について話し合い，どのような被害があり，生活がどのようになっていくのか話し合い，安全なくらしを守るために調べたいことを考える。

3 話し合う 自然災害が起きると私たちの生活はどうなるか話し合おう。

自然災害が起きると私たちの生活はどうなるか話し合いましょう。
被害が長引くと，避難所で生活しなければならないね。
停電は，明かりや冷蔵庫など後のくらしが大変になる。
家がつぶれたりして住めなくなってしまう。
火事で家が燃えると住むところがなくなる。

- 避難所生活をしなければならない。
- 人が亡くなったりして悲しい。
- 水道が出なくなり食べるものに困る。
- 電気がこなくなり冷蔵庫や明かりも使えない。
- ガスがでなくなって食事も作れない。
- 怪我をしたり怪我をさせたり悲しい思いをする。
- 車やバス，電車の通行もできなくなる。
- 生活に困ってしまう。

4 見つけて話し合う 災害の時に安全を守るにはどうしたらいいか，調べて見たいことを考えよう。

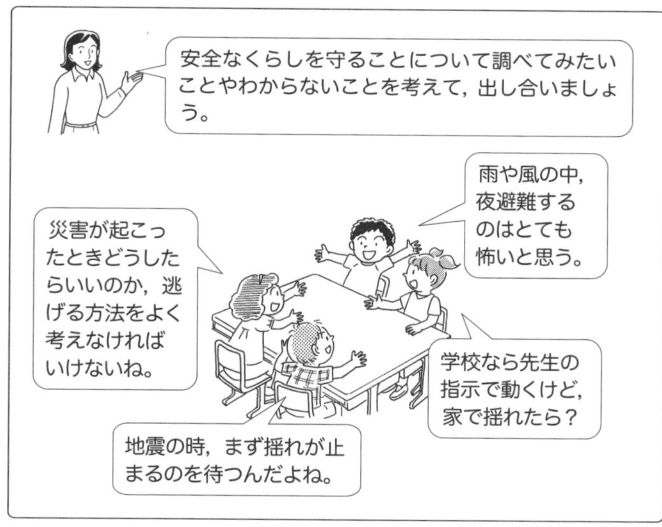

安全なくらしを守ることについて調べてみたいことやわからないことを考えて，出し合いましょう。
雨や風の中，夜避難するのはとても怖いと思う。
災害が起こったときどうしたらいいのか，逃げる方法をよく考えなければいけないね。
学校なら先生の指示で動くけど，家で揺れたら？
地震の時，まず揺れが止まるのを待つんだよね。

- どこへ逃げたらいいのだろう。
- 親と連絡を取るにはどうするの？
- 夜だったら，停電になるかもしれない。
- 津波がくるかどうかわからないね。

「自然災害が起こったとき，私たちがどうしたらいいのか，安全なくらしをを守る仕組みや仕事がどのようになっているのか，これから調べていきましょう。」

第1時

地震が起きたら

教材研究のポイント　地震が起きたときの基本的な対応方法は，児童が知っていても機会があ

板書例

地しんが起こったら

・建物や道路がこわれる
・津波が起こる
・土しゃくずれが起こる
・水道，電気，ガスが止まる

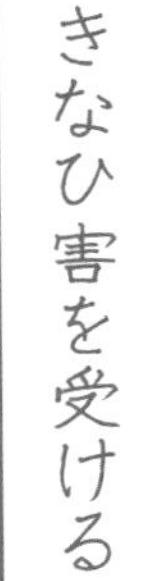
大きなひ害を受ける

本時の学習のめあて

東日本大震災や熊本地震の写真から大地震が起きたらどんな被害が起こるのか読み取り，地震に備える取り組みについて関心を持つ。

準備物

・過去の地震の資料，画像など
・地域のハザードマップ

1 つかむ　地震について知っていることを思い起こそう。

地震の被害について，県内のことだけでなく知っていることはありますか。
一日だけでなく，一ヶ月ほど毎日大きな揺れが続いたそうです。
東日本大震災があったよ。
熊本でも大きな地震がありました。
2011年には東北地方の太平洋側ですごい地震が起きた。「東日本大震災」と思います。

・そのあと東北・関東地方の海側では，津波が海岸に押し寄せ，まちごと海に流されたそうだ。
・たくさんの人が亡くなり，家もまちも無くなり，大きな被害が出ました。

【東日本大震災の被害と影響】
死者15000人以上行方不明者2500人以上，建物の全壊127829戸半壊276000戸，避難者30万人以上仮設住宅54000戸に及んでいる。内閣府は東日本大震災の被害額を約16兆9000億円とする推計をまとめた。17の省や庁と被災3県を含む9県が調べた建築物や公共施設，道路港湾などの被害合計額で，実際の被害状況を踏まえて推計。福島原発関係は別である。

2 調べる　今までの地震から，どんなことが起こるのか調べよう。

地震が起こるとどんなことが起こるのか，写真や教科書などで調べましょう。
新聞社が発行している地震の写真集などがいい資料になる。DVDにも熊本城の石垣崩壊の画像がある。
地面が全部揺れるので大変なことが起こる。
建物が傾いたり倒れてつぶれる。
道路の下の水道管やガス管が破裂し，断水やガスもれになる。
道路の電柱がたおれ，電線が切れて停電になる。

・道路が波打って段差ができたり，橋が落ちる。
・海岸線では，海水が押し寄せる津波が起こる。
・山や崖の近くにいるときは，崖崩れが発生する。

るごとに繰り返し確認しておくようにする。

① 頭と体を守る
② 火の元からはなれる
③ ドアを開ける
④ にげ道をつくる
⑤ 消火をたしかめる
⑥ くつをはく
⑦ 家族の安全をたしかめる
⑧ よしんに注意

地しんにそなえてどのような取り組みが行われているのだろう。

主体的・対話的で深い学び

地震の資料や写真からどんな被害が起こるのか読み取り，地震に直面したときの対応を考え確かめながら，地震に備える取り組みについて関心を持つ。

3 調べる 地震が起こったとき，どうしたらいいのか調べよう

もし万一地震が起こったときには，すぐにどうしたらいいのか調べて確かめましょう。

教科書や消防庁 HP・市役所の地域ハザードマップなどの資料を参照して調べさせるとよい。

まずは，頭を守る事をしなくちゃいけないね。
海の近くでは高い所に逃げなくちゃいけないね。
出口を開ける。
屋内にいるとき→机の下にもぐり靴を履く。

・スーパーなど店→カゴで頭を守り品物から離れる。
・屋外では→かばんで頭を守り，塀や電柱など倒れそうなものから離れる，屋根瓦・ガラスに注意。
・山際では→落石，崖や山から離れた所に逃げる。
・電車・バスでは→手すりにつかまりたおれないようにする。前座席をしっかりとつかむ。

4 まとめる 地震が起こったときどうしたらいいのかまとめよう。

地震が起こったとき，避難訓練だけでなく家の中に居たりどこにいるかで逃げ方はかわりますね。どこにいてもする大事な対応方法をまとめましょう。

まず地震でゆれたら→
①頭と体を守る。
②火の元から離れる。
揺れがおさまったら→
①ドアを開けて逃げ道を作る。
②火の元を閉じる。
1～2分後→
①消火を確かめる。
②靴をはく。
③家族の安全を確かめる
④非常持出品を持つ。
3分後→
①近所まわりの安全。
②余震に注意。

・5分後→①ラジオで情報を確かめる。
②電気（ブレーカー），ガス栓を閉じる。
③避難，子どもお迎え。

第 2 時
地震と私たちの生活（学習計画を立てよう）

教材研究のポイント ハザードマップを始め，防災に関する資料やパンフレットがさまざまな

本時の学習のめあて

地震が起こったときの取り組みについて学習問題を設定し，見学を含めた学習計画を立てる。

準備物

・市発行ハザードマップ
・防災パンフレット

板書例

地しんと私たちの生活（学習問題）

【大きな地しんが起こると】
・家がこわれる
・家に住めない
・道路が通れない
・飲み水がなくなる
・停電が起こる
・食べ物が作れない
・トイレに行けない
・夜明かりのない生活
・ひなん所の生活　など

→

【くらしを守るために予想されること】
・ふだんから「じゅんび」
・地しんの時の身のまもり方
・何が起こっているか知る
・連らく先を決めておく
・くらしを立て直す
いろいろな「協力」
など

1 考える　大きな地震が起こると，くらしがどうなるか考えましょう。

大きな地震が起こると，私たちのまわりにどんなことが起こりくらしはどうなるか，考えて話し合いましょう。

グループごとに一つずつ発表させ，板書していく。

何回も余震が起こり，とても怖いそうだよ。

津波からの避難方法を確かめておくことが必要だね。

家が壊れたり，つぶれて住めなくなる。

塀などが倒れて道路が通れなくなる。

・助けが来るまで時間がかかってしまう。
・飲み水がなくなり，食事もできない。
・停電になり，明かりも食事もトイレもできない。
・学校などが避難所になる。
・みんなで生活するので，大変だ。

2 見つけて話し合う　地震について学習したいことを話し合い，学習問題をつくろう。

いろいろ話し合いましたね。出た意見をもとに学習問題を考えてつくりましょう。
避難所はどこにあるのだろう。もう決めてあるのかな。
いざというときに使うものは，どこかに備えてあるのかな。
避難所は誰がつくるのだろう。
まちのようすを確かめるのは誰だろう。

・いざという時，だれが活動しているのだろう。
・どこでどのようなことをしているのかな。
・私たちはどうしたらいいのだろう。

「出た意見をまとめて，全体の学習問題を“地震の災害からくらしを守るためにどんな人がどのようなことをしているのだろう”にしましょう。」

ところで発行されているので，折にふれ収集しておく。

地震の災害からくらしを守るために
どんな人がどのようなことをしているのだろう

【調べること】
・地しんで予想されるひ害の広がりのようす
・家や学校，地いきのじゅんびのようす
・市役所や県，国などの動きや協力体せい

【調べ方】
・家や学校・市役所で，パンフやインタビュー
・地いきの防災ひなん訓練に参加体験
・市や県，国の対さくについて，
本やインターネットで調べる

主体的・対話的で深い学び

地震について，普段気づいていることからから調べたいことを整理して，学習問題を話し合って設定し，問題に対する予想を立てながら，調査観察活動を計画する。

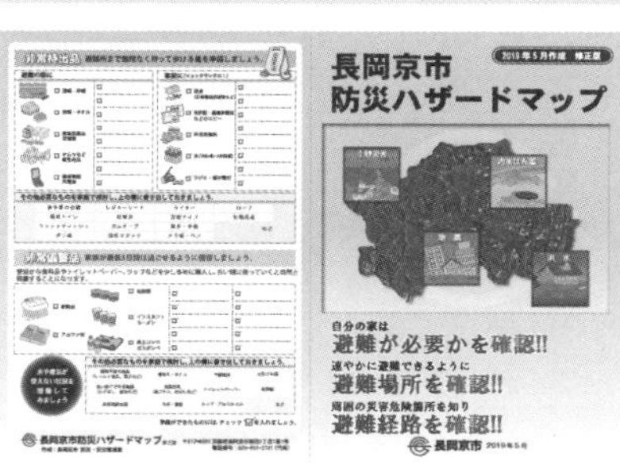
長岡京市
防災ハザードマップ
避難が必要かを確認!!
避難場所を確認!!
避難経路を確認!!

3 見つけて話し合う 学習問題について予想し，調べることの計画メモをつくろう。

それでは，学習問題について『地震が起こる前と後』，『だれが』，『どのような』ということを中心にして，予想してみましょう。
普段から訓練していると思うな。
準備しておくことが，たくさんありそうだね。
地震の前，普段はいつ起きてもいいように「準備」しておくことが必要だとおもう。
市役所から「防災」の本が配られてきたそうだ。

・起きたら，「連絡」して「協力」することだと思う。
・市役所の人たちが準備しているかな。
・学校のように避難訓練を計画しているだろう。
・自治会の人も話し合っていると思うな。
・消防や警察，自衛隊の人が協力していると思う。

4 発表してまとめる 予想から調べることの計画メモをつくろう。

続いて，予想から調べることや調べ方を，黒板や教科書などを参考に話し合い，書いておきましょう。
市役所にどんな資料があるのだろう。
どんな被害が出るのか，調べることも必要だね。
図書館にも資料があるかもしれない。

【調べること】
・地震で予想される被害の広がりのようす。
・家や学校，地域ではどんな準備をしているか。
・市役所や県，国などの動きや協力体制。
【調べ方】
・家や学校・市役所で資料を見つけ，聞いたりする。
・地域の防災避難訓練に参加し，体験する。
・市や県，国の対策について，本やインターネットで調べる。
【まとめ方】調べてわかったことを発表する。

第 3 時 家庭でそなえていること

本時のポイント 事前家庭学習を設定するときには，事前に家庭へのお便りなどでその趣

本時の学習のめあて

自然災害に備えて，家庭ではどのような準備や取り組みをしているのか話し合い，自分のくらしは自分と家族で守っていこうという意欲を持つ。

準備物

・市町村発行のハザードマップ
・防災パンフレット
・家族の防災カード１
・家族の防災カード２

板書例

家庭でそなえていること

家族の防災カード１　（　　　　　）

★防災について家族で話し合って決めよう

○家族でふだんじゅんびすること
○家からのひなん場所
○ひなんの道順
○家族の連絡方法
きん急連絡先(しんせき・しりあい)

【家で取り組んでいること】
○家族でひなんの練習をする。
○家具を固定などする。
○必要な道具の点けんする。
（電池、ラジオ、かい中電とうなど）
○さい害時に持ち出すものを用意。
○家族との連らく方法を決める。
（メール、伝言ダイヤルなど）
○ひなん場所と道順をきめる。
○ひなんするときの持ち物など，
やくわり分たんする。
○そのほか家族で確かめておく。

1 つかむ【事前家庭学習を設定する】 地震に対する家族の取り組みを知ろう。

地震からくらしを守るためにふだんから家族で準備したり取り組んでいることを確かめましょう。家庭学習ですが，できたら家族で話し合ってみてください。

家具などを
固定しよう。
防災について
僕たちで備えておく
事はないかな。

※家族の話し合いの参考となり，記録して確認し合えるようなプリント（DVD 参照）を配布して家族会議を推奨する。
話ができなくても，災害時に必要な物を確認しておくように家庭学習の説明をし，授業時に話し合えるようにする。

○家族で準備したり取り組むこと。
・家具がたおれないようにしっかり止める。
・家族で防災の練習をする。
○災害時に持ち出すものの確認。
・道具（ハザードマップなど参照）
・食料と水（保存食や飲料水用タンク）
○家族との連絡方法
・一番大事なこと＝親戚，近所，友達の家など
・昼の場合と夜の場合
○避難場所と避難の道筋
・津波の危険がある場合＝避難ビルなど（とにかく高いところへ逃げる）
・避難の道筋の確認（行き違い）を防ぐ
・危険箇所や危険物になる物の確認
（実際に歩いて点検）
○避難するときの持ち物など役割分担
・保管場所と持てる量，入れ物など確認
○そのほか，家族で確かめておくこと

いざという時の
連絡方法も必要ね。
避難する道に
危険なところが
ないかな。

旨を説明しておくようにする。

【必要なことと道具】
・ヘルメット
・手ぶくろ
・ひなん場所に行く
・持ち出しふくろ

主体的・対話的で深い学び

社会科の授業をきっかけに，普段から家族と防災について話し合う機会が設定されることで，緊急時の家族の約束と役割を理解し，自分のくらしは自分で守るという意欲を持ち対応できるようにする。

家族の防災カード1
家族の防災カード2

2 確かめて話し合う 地震に対する準備と取り組みの内容を確かめよう。

家で調べたり話し合ったりした事を，グループで話し合ってどんなことが必要なのか確かめましょう。
※家で話ができなかった児童もいるので，調べられたことから話し合うように指導する。
避難するとき家族が集まる場所を決めたよ。
非常持ち出し袋を準備してあるよ。
ヘルメットで頭を守ることをいわれたよ。
家で一番安全な場所を教えてもらった。

・家具が倒れないように対策をしている。
・水道が止まったり停電の時の用意をしている。
・エレベーターには乗らない。
・もしもの時の伝言ダイヤルを教えてもらった。

3 発表してまとめる 学習を振り返り自分のくらしを守るにはどんなことができるのかまとめよう。

自分や家族のくらしを守るためには，どんなことができるのかまとめましょう。
自分や家族を守るためには，ひなんの練習をしたり，防災訓練に参加してわかることが大事と思う。
非常持ち出し品がどこにあるのかわかっておく。
ヘルメットや防災ずきん，手袋などわかりやすいところに置いておく。
自分の命は自分で守ることが一番。

・家族の話し合いでいろいろ決めて，地震の時にはどうすればいいのかよくわかった。

第4時
学校や通学路でそなえているもの

本時の学習のめあて

市の施設や地域，学校などで地震に備えていることを知り，地域の地震対策や工夫など，防災について調べたいことを考えて整理する。

準備物

・備蓄品リストプリント
・備蓄品画像（見学に行かないとき）

教材研究のポイント　防災備蓄倉庫の見学ができないときには，事前に指導者が撮影したり

板書例

学校や通学路でそなえているもの

防災（さい）びちく倉庫の見学

【災害時に使えるもの】
・ヘルメット
・防災頭きん
・ランタン
・かい中電灯（とう）
・かんいトイレ
・毛ふ
・ひじょう用食料
・飲料水

1 つかむ　学校などで，身近にある防災品を見つけよう。

私たちの身近にある地震に備えているようなものを考えて見つけましょう。

防災非常用の「アルファ米」や乾パン，缶詰や水など保管されている物を借りてきて提示する。

こんな物も学校に保管されています。
アルファ米って書いてある。
ご飯かな？
アルファ米

・アルファ米は給食で食べたね。
・賞味期限５年ということは…。
・長い間保存できるということだね。

「私たちの身近にある地震に備えているようなものを考えて見つけましょう。」

・頭を守るヘルメット！
・座布団かわりの防災ずきん。

2 見学して調べる　防災備蓄倉庫を見学してどんなものがあるのか調べよう。

備蓄品を一通り見ましょう。何に使うかわからないものはあとで聞いてください。

見学の時間的余裕がないときは，DVD 所収の画像や，事前に指導者が撮影した画像を使う方法がある

ヘルメットや米がたくさんあるね。
市のマークがついたヘルメットがある。

・懐中電灯やランタンは夜かならず必要だ。
・備蓄毛布がたくさんある。
・消火用バケツや水用タンクがいっぱいある。
・長いはしご寝袋，担架もあるね。
・折りたたみ式リヤカーだって場所を取らないよ。
・組み立て水槽はお風呂だろうか。
・折りたたみ式の便座もある！
・スコップやハンマーもあった。

DVD 収録の画像を教材にする。

【学校地いきのそなえ】
・びちく倉庫
・ひなん場所のかくにん
・ひなん訓練
・地いきの防災訓練

●これから調べること
・国や市の取り組み
・地いきの防災について

主体的・対話的で深い学び

学校や通学路など身近な所にある防災倉庫を見学調査し，防災の備えについて知り，地域の地震対策や工夫など，防災について調べたいことを考えて整理する。

3 考えて話し合う 防災備蓄倉庫にあったものから，対策や備えについて考えよう。

備蓄倉庫にあったものはどのように活用されるのか考えて，グループで話しあいましょう。
水道や電気，ガスが止まっても少しの間なら生活できそうだね。
学校は避難所だから他の人たちも避難してくるよ。
東日本大震災や熊本地震の時も，学校が避難場所になっていた。
夜は明かりがなければ真っ暗で困るよ。

・トイレや更衣室，便座もたくさん必要だ。
・水を運ぶ入れ物もたくさん必要だ。
・地震があったら，すぐに必要になるものばかりだ。

4 整理する 防災について調べたいことを考え，整理しよう。

備蓄倉庫にあるものはいつ使うのでしょう。
地震や災害が起こったとき。
万一あったら困るけど，家が使えないとき。
消防署に防災訓練のポスターがでていたよ。
地震に備えて準備していることがあるのだね。

「話し合ったことから，もっと調べたいことを整理しましょう。」
・市や国の防災の取り組みについて調べたい。
・学校の避難訓練だけでなく，地域の防災訓練についても知りたい。

1995 年の阪神大震災以来，各都道府県単位で急速に学校・公共施設や公園などに，防災備蓄倉庫の設置が増えてきている。学校は災害時には地域の避難場所として設定されるので，即時に行動できるように学校防災委員会が位置づけられている。倉庫内の資機材は，主に避難所用の資機材と，応急救護所の医療資機材や医薬品・非常食料で，別々の保管になっていることが多い。

第5時 市の取り組み

教材研究のポイント ハザードマップの記載内容は毎年更新され年度によって違うので，最新

本時の学習のめあて

地震から住民の安全を守るために，自治体がどのような取り組みをしているのか理解する。

準備物

- 市防災計画パンフレット
- 市ハザードマップ
- 画像（耐震化工事，簡易トイレ）

板書例

市の取り組み

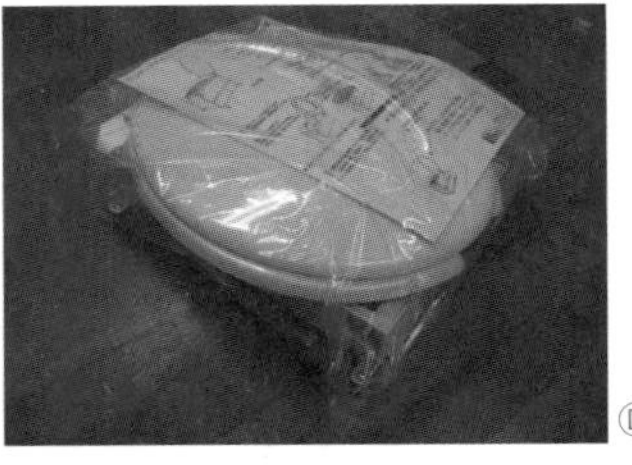

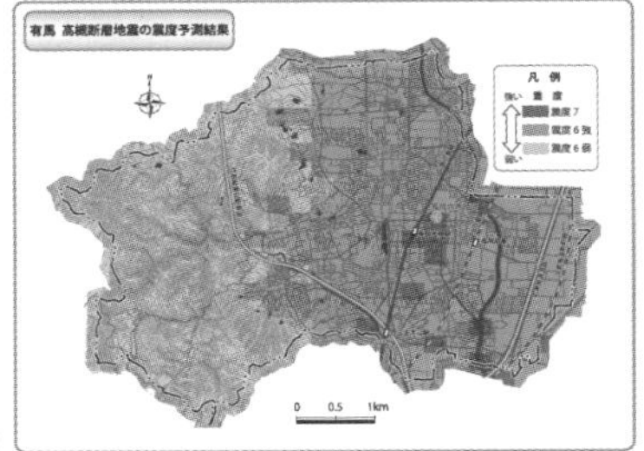

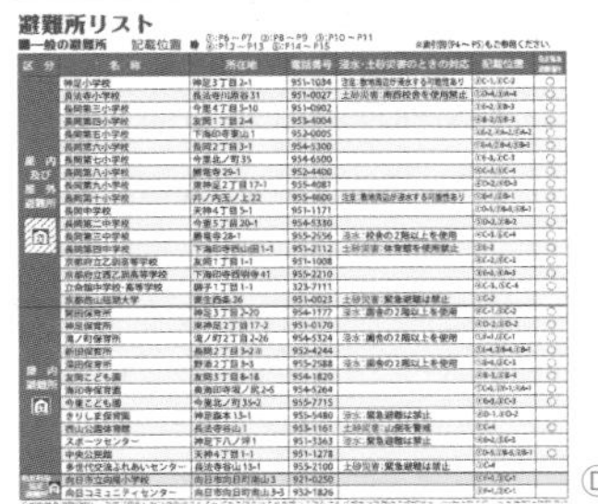

避難所リスト

1 つかむ 身近にある地震対策を思いだして確かめよう。

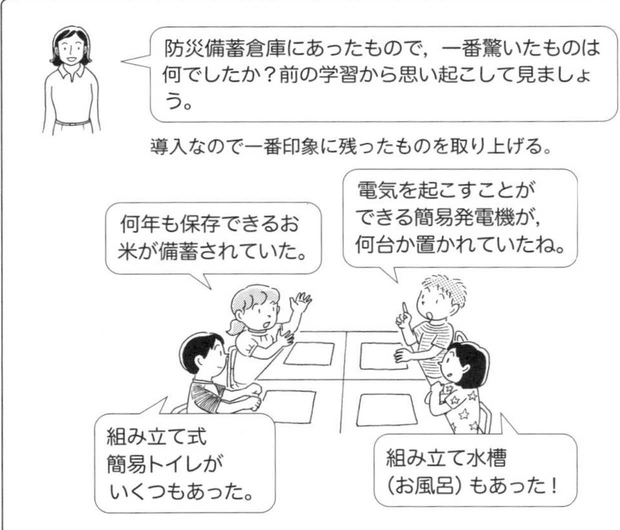
防災備蓄倉庫にあったもので，一番驚いたものは何でしたか？前の学習から思い起こして見ましょう。
導入なので一番印象に残ったものを取り上げる。
何年も保存できるお米が備蓄されていた。
電気を起こすことができる簡易発電機が，何台か置かれていたね。
組み立て式簡易トイレがいくつもあった。
組み立て水槽（お風呂）もあった！

・寝袋やベットも用意されていたね。
・組み立て式のリヤカーがすごい。

「いろいろな物が備蓄されていましたね。では，避難所になる学校は大丈夫でしょうか。」

・避難所になる学校は大丈夫だろう。
・校舎に斜めに柱を通す工事もあった。
・学校など耐震化工事が行われたんだ。
・地震の揺れに対して施設を頑丈にしているね。

2 調べる 地震に対する事前の市の取り組みを調べよう。

地震に対してどんな準備やそなえをしているのか，市が計画的に準備していることを調べましょう。

副読本や市の防災計画資料をもとに，グループの中で手分けして調べていく。

防災計画をつくっているんだね。
私は避難所はどれくらい開かれるのか確かめるね。
学校の耐震化工事を順番に進めているんだ。
消防や警察との協力の仕方を決めている。

・うまく協力できるように避難訓練をしている。
・県や国との協力の仕方も話し合って決めているね。
・震災の大きさや津波によって決めているそうだ。

の版を教材にする。

【市が取り組んでいること】
・防災計画を立て，市民に知らせる。
・ひなん所たいしん工事をすすめる。
・防災道具や水食料をためてそなえる。
・地しんへの対応を市民に知らせる。
（ハザードマップなど）
・けいさつや消防と協力の仕方を決める。
・地いきのひなん訓練を計画してなんども行う。

市と住民の協力

主体的・対話的で深い学び

地震から住民の安全を守るために，自治体（県や市町村）が日頃からどのような取り組みをしているのかいろいろな方法で調べ，「公助」の取り組みへの理解を深める。

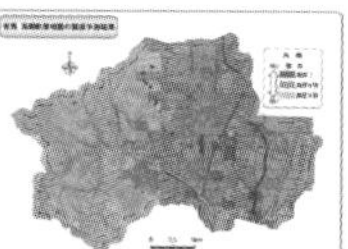

3 調べる 地震が起きた時の市の取り組みを調べよう。

いざ地震が起こったとき，どうすることになっているのか調べます。まず市のどこにどれくらいの地震や津波を予想しているのか，震度予測地図などで調べて見ましょう。

震度６以上の時の予測が載っているね。
駅の近くのターミナルが一番揺れるようだから，どこに逃げたらいいのだろう。
活断層地震の震度予測地図と，南海トラフ地震の予測地図と２つ載っている。
原因によって地震の揺れ方が違うんだ！

・津波はないけど，地面の液状化が載っている。
・川に近い平地の方が揺れが大きく被害が大きそう。

「避難場所はどんな場所にありますか。」
・屋外は少し高台になっている公園が多いね。
・屋内は小中高校がすべて避難所になっているね。
・堤防が切れたりする２次被害が少ない所にあるね。

4 まとめる 地震から住民を守る市の取り組みについてまとめよう。

地震から住民を守るため市はどんな努力をしているか，話し合ってまとめましょう。

避難所以外にもすぐに避難できる所が書かれている。
マップをしっかり見て外出の時に備えよう。
地震が起きたときを予想して，避難場所や急いで逃げられる場所を用意している。
パンフレットを作成して，いざというときの行動ができるように市民に伝えている。

・広域避難所などの案内標識を設置している。
・観光に来た外国人にも安全な場所がわかるように，パンフレットや標識を工夫している。

第6時 市と住民の協力

本時の学習のめあて

地域では防災訓練を行うと共に，各地域などでさまざまな立場の人々の意見を取り入れて避難行動計画が作成されていることを理解する。

準備物

・地域の防災避難訓練などの画像

教材研究のポイント 防災訓練は土日などの実施が多く，授業として参加できないので，実施

板書例

市と住民の協力

【防災（さい）計画】
○予防対さく(日常)
・防災のお知らせ
・防災マップをつくる
・びちく品のせいび
・防災くんれんをする
にげ道を確かめる
ひなん所のせっち
初期消火
○応急対さく(災害時)
・情報を伝える
・初期消火
・きゅう出・きゅう助
・ひなん所のせっち

1 つかむ 前時の学習を振り返り，防災計画の内容を確かめよう。

市では，防災計画を定めていることがわかりましたね。それに基づいて地域ではどのようなことをしているでしょう。
逃げる道を確かめることが大事だね。
地域の住民の避難訓練を計画する。
避難所の設置や，救出・救助の訓練をする。
正確な情報が放送などで伝わるようにする。
学校のように避難訓練をしているのかな。

「市では地震に対してどんな取り組みをしていましたか。」
・防災計画で日常の予防対策を定めている。
・避難所の耐震化を進めている。
・防災のお知らせやハザードマップを作り配布する。
・災害時に必要なものを備蓄している。
・避難所の設置の計画を立てる。

2 見つけて話し合う 地域の防災訓練の写真を見て，気づいたことを話し合おう。

地域の防災訓練の写真などを見て，訓練のようすについて気づいたことを話し合いましょう。

防災訓練は土日などの実施が多いので，授業として参加できないので，実施日などを紹介して自主参加を促し，指導者もその様子を画像や映像にしておくと児童の関心を高めることができる。

避難所の設備でマンホールトイレが設置してあった。
日曜日だから私も参加しました。
車いすの人も参加している。
救命救急の訓練もしていた。

・様々な人たちが真剣に訓練していることがよくわかりました。

日などを紹介して自主参加を促すとよい。

ひなん行動計画作りが大切

○地いきの人が参加したのは，
・いろいろな人が生活
・土地のようす
・ひなん場所のようす
} 地いきによってちがう

↓

市だけにまかせず自分たちで考えることが大切

【まとめ】
・地いきのひなん計画作りへの参加，協力
・災害が起こったときにそなえる防災くんれんが大切

主体的・対話的で深い学び

地域で行われる防災訓練に参加したり画像を見たりして内容を調べ，各地域などでさまざまな立場の人々の意見を取り入れて避難行動計画が作成され，災害時に被害を減らせるように工夫や努力をしていることを理解する。

DVD

3 話し合う 様々な立場の人々が地域の避難行動計画づくりに参加している理由について話し合おう。

この避難計画づくりには，地域の人も協力しています。どのようなことを協力していると思いますか。
細い道までよく知っているからだと思う。
道の様子は住んでいる人がよく知っているものね。
近所に住んでいるお年寄りを知っているからかな。
小さな公園は私たちが知っているよ。
地域の様子にあう避難計画をつくるためだと思う。

「学校の避難訓練と違い，小さな子どもから大人まで参加して真剣に訓練しているのはなぜでしょうね。」
・災害はいつ起こるかわからないから何回も訓練するのだと思う。
・いろいろな機会や場面で，すぐに行動できるようにするためだと思う。

4 発表してまとめる 市と住民の取り組みと協力についてまとめよう。

市の計画に住民の協力などの取り組みについてどんなことが大事なのかまとめましょう。

地域の人たちが参加しているのは，どんなことが大事だからでしょう。
自分たちの避難の計画だものね。
逃げ道が，家より低い所を通るのはおかしいな。
逃げるのに，声かけたり助け合うことが大事だ。

・お年寄りからいろんな人が住んでいることをよく知っているから。
・地域によって様子が違うからだよ。
・役所の人だけに任さないで，自分たちが考えることが大切なんだと思う。
「続いて，市と住民の協力だけでなく，国や県，住民同士の協力などを調べて見ましょう。」

第7時 住民同士の協力

本時の学習のめあて

災害から住民の安全を守るために，市町村自治体や国や県と協力をして，自主防災会や消防団がどのような取り組みをしているのかを理解する。

準備物

・防災避難訓練などの写真画像や映像
・市町村発行の防災ハザードマップやパンフレット

教材研究のポイント 自主防災組織は災害に備えて作られている組織で，災害対策基本法で規

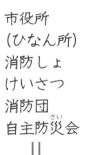

板書例

住民どうしの協力

市役所
(ひなん所)
消防しょ
けいさつ
消防団
自主防災会 → 防災ひなん訓練 ←

‖

きゅう助・手当て　ひなん案内
消火　情報連らく
たき出し　など

1 つかむ 防災訓練の様子を思いだして話し合い，どんな取り組みなのか振り返ろう。

防災訓練の様子を思い出して，どんな取り組みなのか報告しましょう。

※防災訓練は，市町村だけでなく河川や道路に関わる防災訓練があり，河川敷などでいざというときのために訓練がおこなわれている。（DVD 所収）

味噌汁の炊き出しをしていたね。
消火器を使って，消火の訓練をしていた。
道具を使ってブロックをつぶしていた。
地震の時の危なくない避難道を教えてもらった。

・心肺蘇生法の訓練をしていた。
・外に災害用マンホールトイレがあった。
・すわってみたけどテントみたいになった。
・体育館が避難所になるそうだ。

2 調べて確かめる 防災訓練を進める人たちのようすを確かめよう。

防災計画に従って防災訓練を進めていたのは，どんなところでしょう。

家のおじいちゃんも自主防災会に参加して，道案内をしていたよ。
自治会や町内会で，自主的に防災活動を進める所だそうだ。

・自主防災会で活動している人です。
・ハザードマップにも，自主防災会は載っている。
・市役所の人は備蓄倉庫の用意をしていたね。
・消防署や警察の人もいたね。
・自治会の人が味噌汁の炊き出しをしていた。
・消防団や水防団の人たちもいたよ。
・様々な人たちが参加して訓練を成功させるんだ。

定されている地域住民の任意の防災組織。

広い地いきの協力(県や国)

【まとめ】
・災害が起こったときの防災訓練が大切
・地いきの消防団や自主防災会も助け合い、役わりを決めて災害にそなえている。

主体的・対話的で深い学び

防災訓練の様子を思い起こし，教科書や市町村からの防災パンフレット等の資料から，自主防災会や消防団の自主的な参加など防災への協力体制について調べ，その取り組みについて理解する。

3 調べて話し合う 災害に備える自主防災会の取り組みを調べ，気づいたことを話し合おう。

自主防災会の取り組みや活動について，教科書や資料で調べて話し合いましょう。
災害の時にみんなで助け合うところなんだ。
震災の時にはどうしたらいいかわからないものね。
1995 年の阪神・淡路大震災の後，災害の時に地域で活動する防災会が全国にできたそうだ。
災害の時に，市や県と協力して班ごとに活動してくらしを守るそうだ。

・衛生班は応急手当を担当する。
・消火班は初期消火をしたり，見回りする。
・避難誘導班は安全な避難方法を案内する。
・生活班は炊き出しや食料生活用品を配ったりする。
・情報班は避難情報を正確に伝えたりする。
・救助班は救助活動を行う。
・災害時にはいろいろな活動に支えられるんだね。

4 発表してまとめる 地域防災会や消防団，水防団の防災活動についてまとめよう。

災害から安全を守る取り組みについて，気づいたことや考えたことをまとめましょう。
消防団や自主防災会で組を作って，災害が起きたときの役割を決めている。
災害が起こっても落ち着いて動けるように，防災訓練することが大事だと思った。
私たちの家でも地震の時の役割を決めておくことが大切だと思う。

「淀川の河川敷でも水防訓練がありました。その様子を見てみましょう。」
・水防団や消防団の人たちが活躍している。
・子どもも土嚢作りに参加体験している。
・地震や水害でも危険になる所を守る人がいる。

市町村役所で災害対策用に防災パンフレットやハザードマップが発行されている。地震の活断層マップや水害の氾濫想定図と共に，地震や災害時の行動のポイントや避難場所や避難経路が掲載されていて，家族で災害時の行動を話し合っておく際の参考になる。授業用としてもらっておくと，防災教育に役立つ。

第8時 地震からくらしを守る取り組みをまとめる

本時の学習のめあて

地震からくらしを守るために，家庭や市・地域の取り組みを整理して表にまとめながら，自分たちのくらしを考える。

準備物

・家族の防災カード１，２

教材研究のポイント　最近『自助』『共助』『公助』に加えて，ボランティア活動などの『互助』

板書例

地しんからくらしを守る取り組みをまとめる

【家で取り組んでいること】（自助）
○家族でひなんの練習をする。
○家具を固定などする。
○必要な道具の点けんする。
（電池、ラジオ、かい中電とうなど）
○さい害時に持ち出すものを用意。
○家族との連らく方法を決める。
（メール、伝言ダイヤルなど）
○ひなん場所と道順をきめる。
○ひなんするときの持ち物など，やくわり分たんする。
○そのほか家族で確かめておく。

○市や地いき住民は、協力して活動
○市や地いきでやってくれることだ

1 振り返る　地震からくらしを守る自分や家の取り組みについて振り返ろう。

家族の防災カードを見ながら，まず家で取り組んでいることを振り返ってまとめて書きましょう。
取り組みをまとめるワークシートを準備して配布し，まとめて記入していくように指示する。
地震の前に日頃備えることがたくさんあったね。
非常持ち出し品と非常備蓄品に分けて備えておくといい。
家具がたおれないようにしっかり止める。
家族で防災の練習をする。

・机やテーブルの下にもぐる。
・避難リュックに道具や食料・水を準備しておく。
・家族との連絡方法を決めておく。
・昼と夜の場合の連絡も決めた方がいい。
・避難場所と道路を決めておく。
・自分の身は自分で守るようにすることが大事だ。

2 話し合い 整理する　学校や住民の取り組みについて振り返り，話し合って整理しよう。

学校や住民，地域では地震にどのように取り組んでいるか話し合って整理しましょう。
避難備蓄倉庫にあるものを用途別に整理していく。
学校では避難訓練をする。
自分を守るのに，防止やヘルメットを必ずかぶることが大事だね。
保存食料は，地震で避難してきたときに使われる。
学校は広域避難場所だから，耐震工事をしたね。

・避難所で生活できる道具がそなえてある。
・毛布や寝袋などすぐに必要だね。
・夜は停電が怖いから，発電機やランタンもある。
・トイレや更衣室，便座もたくさん必要だ。
・水を運ぶ入れ物もたくさん必要だ。
・けが人用の担架や折りたたみリヤカーもある。
・地震があったら，すぐに必要になるものだね。

という考え方も広まっている。

【学校や住民の取り組み】（共助）
・広いきひなん場所をととのえる。
・ひなん訓練を行う。
・びちく倉庫をととのえる。

【市町村や県・国の取り組み】（公助）
・防災ひなん計画から→ひなん行動計画へ。
・ハザードマップなどで知らせる。
・学校のたいしん化工事を進める。
・自主防災会と住民ひなん訓練を行う。
・びちく倉庫のせいび　など

している。
けでなく，自分にできることを考える。

主体的・対話的で深い学び

地震からくらしを守るために，家庭や市・地域の取り組みについて振り返り，それぞれのつながりを整理して表にまとめ，疑問や考察を加えながら自分たちのくらしを考える。

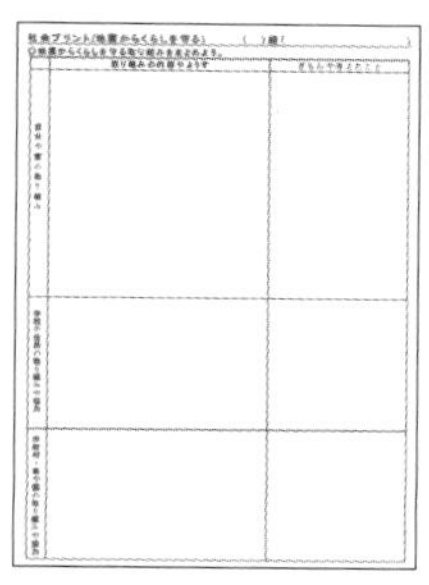

3 話し合い整理する　市町村や県・国の取り組みについて振り返り，話し合って整理しよう。

市町村や県・国では地震にどのように取り組んでいるか話し合って整理しましょう。

副読本や市の防災計画資料などで調べたことを元に，整理していく。

パンフレットや標識をつくって，地震情報を知らせているよ。
震度６以上の時の予測地図が載っているね。
市では防災避難計画を作成していたね。
避難時の行動計画なども細かく決めている。

・毎年ハザードマップで知らせているそうだ。
・自主防災会と協力して住民避難訓練を実施する。
・予算を決めて，市立学校の耐震化工事を推進したり避難所の数を増やし，備蓄倉庫を整備する。
・消防や警察との協力の仕方もきっかり決めている。
・住民避難訓練を実施して，不十分な所を何度も直しているそうだ。

4 考えてまとめる　今まで整理してきたことについて，考えたことや疑問に思うことをだしてまとめよう。

今まで整理してきたことを振り返り，まだできていないことや考えたり疑問に思うことを書いてまとめましょう。

まとめのワークシートの疑問や考えたことの欄に，記録していくように指示する。

他の地域との助け合いがあると思う。

国や県が協力して支援すると思うな。

・家での「自助」は，できていないこともある。
・「自助」は，なにかあったら普段から家族で話し合っておくことが大事だな。
・「共助」は近所に誰が住んでいるのか知っておく必要があると思う。
・大きな災害の時，他の市や町から応援が来るのかな。
・ボランティア活動の受け入れがあると思う。（互助）

第 9 時
市の水害対策について調べる

本時のポイント 風水害の時は，台風や集中豪雨の予報，警報などの情報をしっかりと確

本時の学習のめあて

風水害からくらしを守るために，どのような取り組みをしているのか調べて関心を持ち，理解する。

準備物

・市町村ハザードマップ
・防災パンフレット

板書例

市の水害対さくについて調べる

最近の風水害のようす

日　時	災　害	地いき
2012年 7月	九州北部豪雨	熊本
2013年 10月	台風26号	伊豆大島
2014年 8月	中国地方豪雨	広島
2015年 9月	関東・東北豪雨	東日本
2016年 8月	台風10号	東北・北海道
2017年 7月	台風3号	西日本
2018年 7月	西日本豪雨	西日本
2018年 9月	台風21号	西日本
Ⓓ 2019年 10月	台風19号	関東・東北

防災白書などから作成

毎年
どこかで

【市の取り組み】
・こう水ハザードマップ
・住民ひなん訓練
・ひなん所の整び
・防災メールサービス
・災害対さく本部 など

【県や国の取り組み】
・台風情報
・こう水，ひなん情報
・河川情報
・河川・ダムの管理
・ひなん対さく，救助（きゅうじょ）

1 つかむ 大きな台風や豪雨の被害がどれくらい起こっているのか調べて話し合おう。

ニュースで台風や集中豪雨の様子を報道していますが，近年日本で起こっている風水害の様子を年表などをみて調べ，気がつくことを話し合いましょう。

近年激甚災害に指定されているような代表的な災害の年表を提示して話し合うよう指示する。

毎年何かの災害が襲ってきているね。

どうしてこんなにたくさん風水害が起こるのだろう？

日本のあちこちで被害が起こっているね。

今まで九州から北海道まで被害を受けている。

・台風だけでなく，豪雨というのもある。
・7月から10月にかけて，集中的に起きている。

「毎年起こっていますね。自然の災害なので避けることはできませんが，どんな対策をしているのか調べていきましょう。」

2 調べて話し合う 風水害について事前に備えていることについて調べよう。

台風や豪雨災害については，日頃から事前に情報をつかんで備えています。どんな取り組みをしているのかハザードマップなどで調べて話し合いましょう。

各地域の市町村で発行しているハザードマップや災害パンフレットなどを活用して調べ，予め予測される災害であることを話し合って確かめる。

「風速40mの風が吹く」と予報したりするよ。

天気予報で「1時間何ミリの雨が降るから気をつけて」というね。

テレビなどの情報は大事だね。

天気予報で台風熱帯低気圧の進路を予想している。

・台風が遠く離れた海上でも注意しておくことだね。
・近づくとどこに来るのかはっきりわかる。
・気象庁で台風や集中豪雨の警報を発表している。
・市の地域防災無線で緊急の情報が放送されている。
・携帯に大きな音でメールが入るよ。

認することを理解させる。

【 くらしを守る取り組む人々の願い 】
・大きなひがいが出ないように
・安全にひなんできるように

※地域のハザードマップを
掲示する。

【防災ハザードマップ】
ひなん所，病院，道路，しん水予想など

主体的・対話的で深い学び

風水害からくらしを守るために，天気予報や市町村の防災ハザードマップなどの日頃発表される情報を役立てると共に，どのような取り組みがなされているのか調べて関心を持ち，いざというときの自分たちの行動計画を考える。

最近の風水害のようす

日　時	災　害	地いき
2012年 7月	九州北部豪雨	熊本
2013年 10月	台風26号	伊豆大島
2014年 8月	中国地方豪雨	広島
2015年 9月	関東・東北豪雨	東日本
2016年 8月	台風10号	東北・北海道
2017年 7月	台風3号	西日本
2018年 7月	西日本豪雨	西日本
2018年 9月	台風21号	西日本
2019年 10月	台風19号	関東・東北

防災白書などから作成

3 調べて話し合う　市や校区の風水害についてわかったことや話し合ったことを発表して共有する。

ハザードマップではどんなことがわかるのか，校区や市全体の様子を確かめてみましょう。
お父さんが，鉄道の下を通る道は危ないといっていた。
警報の後の下校の時，川の近くは歩かないで！といっていた。
ハザードマップに浸水予測が詳しく書いてあるね。
洪水や土砂崩れが起きそうなとき，想定される水の深さもだいたいわかっているんだね。

・校区の東側は浸水する可能性があるようだ。
・東の方へだんだんと下り坂になっているものね。
・北の方では土砂崩れの可能性がある。
・雨が降ると小さな川ができているからかな。
・この地域では早めの避難が必要になりそうだね。
・避難するときの道筋も矢印で書かれている。
・マップでしっかり確かめておこう。

4 発表してまとめる　風水害に対する取り組んでいる人々の思いや願いを考える。

風水害の対策に取り組み人々は，どんな思いや願いを持って取り組んでいるいるでしょう。
台風が来ても，大きな被害が出ないようにと考えていると思う。
みんなが安全に避難できるようにと願っていると思う。

「実際に風水害で警報が出たとき，どのような取り組みをしているでしょう。」
・雨の量や風の強さで警戒情報が決められている。
・すぐに指定避難所が準備されるようだ。
・警察は水没道路などの交通整理をしている。
・消防署や消防団は堤防の見回りを続けるそうだ。
・停電やガスの見回りもしているそうだ。
・市役所には災害対策本部が置かれるとある。

ひろげる1

風水害に備えて

教材研究のポイント 国交省の『川の防災情報』サイトなどの情報を授業前に確認して，児童

本時の学習のめあて

風水害からくらしを守るために，どのような取り組みをしているのか調べて関心を持ち，自分たちの行動計画を考える。

準備物

・市町村ハザードマップ
・防災パンフレット

板書例

風水害にそなえて

土砂の堆積、植生繁茂
Ⓓ 2014年16号台風前

Ⓓ 土砂を取った後

【国や県のとり組み】
・河川の改しゅう工事
・しん水じょうほうの書かれたかん板
・インターネットでわかる河川のえいぞう

→ 公助 共助 自助 ←

・防災訓練
・早いひなん
・自治会など連らく

↑
・自分のひなん計画を作成
・「自ら守る」ためのそなえ

1 話し合ってつかむ 桂川の改修前後の写真を見て話し合おう。

京都の渡月橋の写真を見て，気がつくことを話し合いましょう。
川が流れにくくなって川の水位が高くなるようだ。
流れやすくなり川の水位が下がると洪水が少なくなるのね。

・台風の前は土砂がたまって草が茂っている。
・橋に草木が引っかかるほど大きくなっている。
・手前にも砂がたくさん写っているね。
・大雨で川水が増え，堤防を越えてあふれたんだ。
・土砂を取って後は何もなくて流れやすいようだ。
・水位も 50 センチほど低くなったらしい。

写真は，国交省淀川河川事務所ホームページの『平成 29 年 10 月台風 21 号と前線による洪水の概要』に収録の，平成 25 年の 18 号台風前（左）と，洪水を受けて堆積土砂を撤去した後の写真。

2 調べる 水害後，国や県が進めてきた風水害への取り組みについて調べよう。

これらの写真は 2014 年の 18 号台風の被害をきっかけに国や府が取り組んできた対策ですが，教科書や副読本インターネットなどで他にも調べて見ましょう。

桂川では，川の土砂を取り除く工事をしたのだね。
川の中にある堤を取り除くこともしたのだな。
国と県が協力して，川を広げる工事をするそうだ。
堤防を広げるのは，スーパー堤防にする計画だね。

・市内の浸水情報の看板で備えることも大切だね。
・インターネットや地デジで，日本全国の河川の今の状態を見られるようになっている。

国交省の『川の防災情報』サイトは，各河川の現状を雨量や水位などと共にライブで調べることができるので，グループ一台ぐらいで，地域の河川のライブ映像を見るとよい。

の参考になる部分をピックアップしておくようにする。

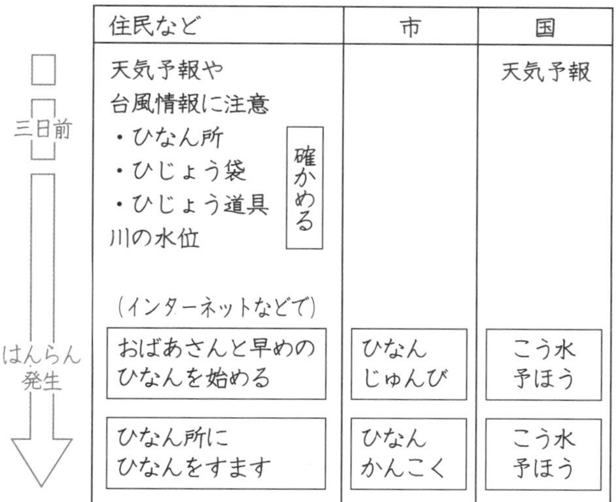

マイ・タイムライン

	住民など	市	国
三日前	天気予報や台風情報に注意 ・ひなん所 ・ひじょう袋 ・ひじょう道具 川の水位 確かめる (インターネットなどで)		天気予報
はんらん発生	おばあさんと早めのひなんを始める	ひなんじゅんび	こう水予ほう
	ひなん所にひなんをすます	ひなんかんこく	こう水予ほう

主体的・対話的で深い学び

風水害からくらしを守るために，天気予報や市町村の防災ハザードマップなどの日頃発表される情報を役立てると共に，どのような取り組みがなされているのか調べて関心を持ち，いざというときの自分たちの行動計画を考える。

DVD

土砂の堆積、植生繁茂

3 話し合う 国や県が進めてきた風水害への取り組みについて話し合い，自分にできることを考えよう。

河川の状況がわかるライブ映像などは，何のためにできたのでしょうね。
普段から河川の水位など気をつけておくようにするためだね。
テレビのように水の量がわかると，早めの避難ができるね。
報道では身近な地域のことがわからないからだよ。
どこが危ないか避難するときに役立つね。

・普段から少しの雨でも知ることができる。
・どうなっているのか知り，安心する。
・国や県，市にまかせるだけでなく，自分たちで守ることが大切だからだと思う。
「他にも県や市が計画している対策はありませんか。」
・自治会が中心になって進める防災訓練がある。
・近所で声を掛け合い，避難することも必要だね。
・訓練して避難が早くなるようにしておきたい。
・風水害について家族でも話し合っておく。

4 まとめる 風水害に対する取り組みをまとめ，もし起きた時の自分たちの行動計画を考えよう。

もし風水害が起きそうな時どうするか話し合いながら，自分たちの行動計画を考えてみましょう。
一人一人の『マイ・タイムライン』を想定して，時系列に行動計画をまとめていくようにする。
台風が来そうな時間の経過で表にしてみるとわかりやすい。
市町村や県，国の動きも付け加えてみようかな。

・天気予報などをよく見ておくようにしないとね。
・非常持ち出し袋を開いて確かめておこう。
・懐中電灯やラジオは，電池がないと使えないよ。
・予備の電池があるか確かめておこう。

国交省の『川の防災情報』サイト
https://www.river.go.jp/portal/#80

ひろげる 2

火山災害からくらしを守る

本時の学習のめあて

火山災害からくらしを守るために，どのような取り組みをしているのか調べて関心を持ち，理解する。

準備物

・火山情報パンフレット
・火山防災マップ（御嶽山）

教材研究のポイント　50 火山に限らず，地域の火山防災マップが各都道府県のホームページ

板書例

火山災害からくらしを守る

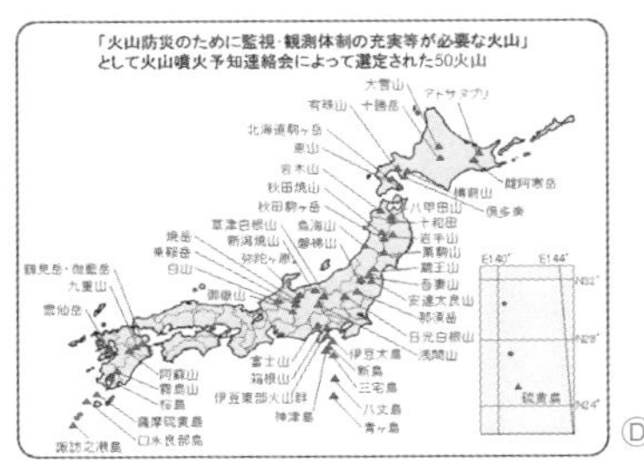
「火山防災のために監視・観測体制の充実等が必要な火山」
として火山噴火予知連絡会によって選定された50火山

北海道……9
東　北…12
関　東…13
中　部……7
関　西……0
中　国……0
四　国……0
九　州……9

火山災害の様子
・観光客がへる
・農作物のひ害
・交通の混乱
・土しゃくずれ　など

1　つかむ　火山の噴火について知っていることを出し合う。

今まで学習した地震や風水害だけでなく，火山の噴火による災害が起こっていることを，次のビデオで見てみましょう。

「NHK for school のクリップ「日本の火山」（5 年社会）を視聴する。https://www.nhk.or.jp/school/clip/

平野でも火山灰が積もるから登山する人は大変だね。

桜島も時々噴火して降ってくる火山灰がすごいんだって。

わあ，ものすごい爆発だね。噴火の煙はどこまで行く。

近くの阿蘇山もいつも噴煙が上がっていると聞いたよ。

・日本には危ない火山がどれくらいあるのだろう。

2　調べて話し合う　噴火などでどのような火山災害が起こっているのか調べて話し合う。

噴火などの危険性から常時観察されている危ない火山がどれくらいあるのでしょう。地図帳や次の表で調べて，どれくらいあるのか地方ごとに整理してみましょう。

資料は火山噴火予知連絡会によって選定された 50 火山を基本にしている。グループで手分けして数えたり，気づいたことを話し合うようにする。

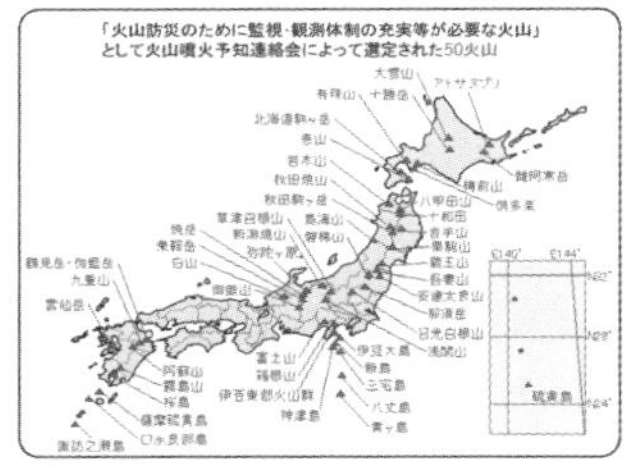
「火山防災のために監視・観測体制の充実等が必要な火山」
として火山噴火予知連絡会によって選定された50火山

中部から富士山，伊豆諸島へ続いているよ。

北海道から東北地方に続いているように見える。

九州地方も多く，南の島へ続いている。

から検索できるので参考になる。

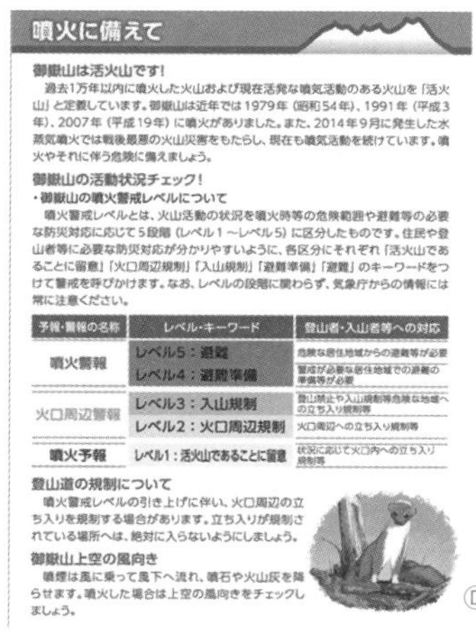

噴火に備えて

御嶽山は活火山です!

過去1万年以内に噴火した火山および現在活発な噴気活動のある火山を「活火山」と定義しています。御嶽山は近年では1979年（昭和54年）、1991年（平成3年）、2007年（平成19年）に噴火がありました。また、2014年9月に発生した水蒸気噴火では戦後最悪の火山災害をもたらし、現在も噴気活動を続けています。噴火やそれに伴う危険に備えましょう。

御嶽山の活動状況チェック!

・御嶽山の噴火警戒レベルについて

噴火警戒レベルとは、火山活動の状況を噴火時等の危険範囲や避難等の必要な防災対応に応じて5段階（レベル1～レベル5）に区分したものです。住民や登山者等に必要な防災対応が分かりやすいように、各区分にそれぞれ「活火山であることに留意」「火口周辺規制」「入山規制」「避難準備」「避難」のキーワードをつけて警戒を呼びかけます。なお、レベルの段階に関わらず、気象庁からの情報には常に注意ください。

予報・警報の名称	レベル・キーワード	登山者・入山者等への対応
噴火警報	レベル5：避難	危険な居住地域からの避難等が必要
	レベル4：避難準備	警戒が必要な居住地域での避難の準備等が必要
火口周辺警報	レベル3：入山規制	登山禁止や入山規制等危険な地域への立ち入り規制等
	レベル2：火口周辺規制	火口周辺への立ち入り規制等
噴火予報	レベル1：活火山であることに留意	状況に応じて火口内への立ち入り規制等

登山道の規制について

噴火警戒レベルの引き上げに伴い、火口周辺の立ち入りを規制する場合があります。立ち入りが規制されている場所へは、絶対に入らないようにしましょう。

御嶽山上空の風向き

噴煙は風に乗って風下へ流れ、噴石や火山灰を降らせます。噴火した場合は上空の風向きをチェックしましょう。

Ⓓ

けいかいひなん体せいが
整びされてきている。

主体的・対話的で深い学び

火山災害からくらしを守るために，火山災害の様子や防災マップなどの情報を読み取り，どのような取り組みがなされているのか調べ，火山災害に対してどう行動するのか関心を持ち，話し合う。

DVD
「火山防災のために監視・観測体制の充実等が必要な火山」
として火山噴火予知連絡会によって選定された50火山
噴火に備えて

3 調べて話し合う 日本の火山の噴火のようすを調べる。

噴火などが起こると，どんな被害がおこるのか調べて話し合いましょう。

噴火の火山灰や石が降り積もって通れなくなる。

農作物が火山灰をかぶり，全滅するね。

登山する人や温泉などの観光客も来なくなる。

雨が降ると，土砂くずれなどが起こるそうだ。

御嶽山の噴火：御嶽山噴火は，2014 年 9 月 27 日 11 時 52 分に発生した。噴火警戒レベル 1 の段階で噴火したため，火口付近に居合わせた登山者ら 58 名がなくなった。日本における戦後最悪の火山災害である。

4 調べてまとめる 火山災害に対する市町村や国・県の対策を，調べてまとめる。

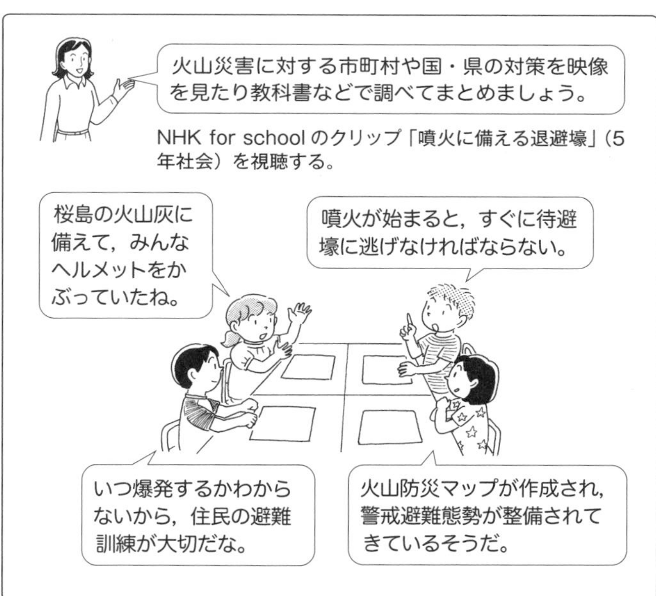
火山災害に対する市町村や国・県の対策を映像を見たり教科書などで調べてまとめましょう。
NHK for school のクリップ「噴火に備える退避壕」（5 年社会）を視聴する。
桜島の火山灰に備えて，みんなヘルメットをかぶっていたね。
噴火が始まると，すぐに待避壕に逃げなければならない。
いつ爆発するかわからないから，住民の避難訓練が大切だな。
火山防災マップが作成され，警戒避難態勢が整備されてきているそうだ。

・登山者などの山小屋の補強がされている。
・近くの市町村で，警戒態勢が整備されている。

残したいもの　伝えたいもの

全授業時間　導入１時間＋９時間

◉ 学習にあたって ◉

◇何を教えるのか　－この単元の特徴－

この小単元は，児童の歴史認識を育てる内容になっています。３年生で学習した「私たちの市のうつり変わり」で培った視点を，県内市町村など地域に残っている建物などの文化財や，昔から続いてきた伝統芸能やお祭りなどの年中行事に向け，歴史が過去から現在に連続的につながるものとして考えられるようにしていきます。

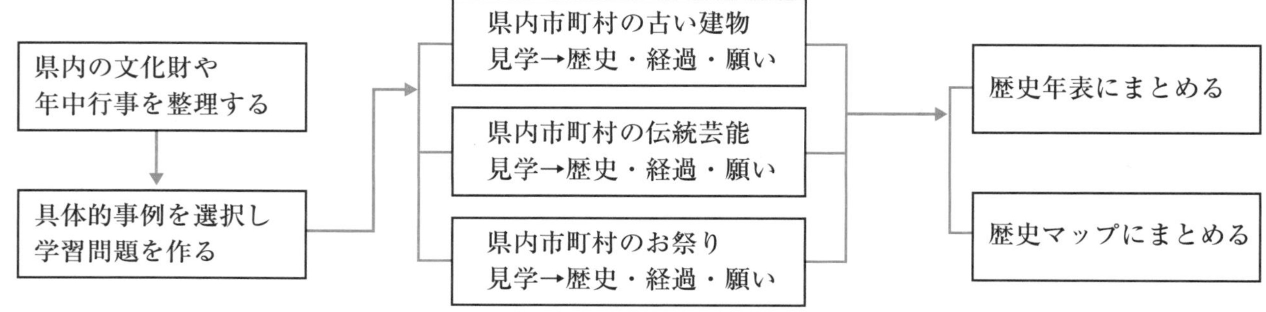
残したいもの 伝えたいもの
県内の文化財や
年中行事を整理する
具体的事例を選択し
学習問題を作る
県内市町村の古い建物
見学→歴史・経過・願い
県内市町村の伝統芸能
見学→歴史・経過・願い
県内市町村のお祭り
見学→歴史・経過・願い
歴史年表にまとめる
歴史マップにまとめる

◇どのように教えるのか　－主体的・対話的で深い学びのために－

その方法としてまず，地域に古くからの文化財が残されており，祭りや郷土芸能が続いてきていることに興味と関心を持たせます。また，そのような文化に児童自らが参加していけることを知ると，歴史を身近に感じとることができるでしょう。さらに，これらの文化財や祭り，郷土芸能を保存･継承している人々への聞き取りなどの活動で，地域の人々の願いや思いに触れられるようにしていきたいものです。

◉ 評　価 ◉

知識および技能

・地域の人々が受け継ぎ伝えてきた有形無形の文化財や年中行事の現状を把握し，それらを保存継承するための取り組みや活動について理解している。
・地域の文化財や年中行事には，地域の生産活動の知恵や工夫，努力の結晶として人々のつながりや振興発展への気持ちが込められていることを理解する。
・調べたことを歴史年表や歴史マップなどの作品にまとめている。

思考力，判断力，表現力等

・地域の人々が受け継ぎ伝えてきた有形無形の文化財や年中行事について，学習問題を考え学習計画を立てて表現している。
・有形無形の文化財や年中行事への人々の気持ちと，地域の人々が受け継ぎ伝えていくための知恵や工夫，努力とを関連づけて考え，適切に表現している。

主体的に学習に取り組む態度

・県内市町村に残されている文化財や年中行事について必要な情報を集め，読み取ったことをもとに自分の意見や疑問をもち，進んで話し合いに参加しようとしている。

◉ 指導計画　導入１時間＋９時間 ◉

時数	授業名	学習のめあて	学習活動
導入	古くから残るもの	・地域に昔からある古いものを見つけ，関心を持ち，それに込められた人々の願いや考えを知り，これからも伝えていくものについて考える。	・地域に伝承されている昔からの有形無形の文化財を見つけて関心を持ち，それに込められた人々の願いや考えを知るため，学習問題や調べる方法などを考え話し合う。
「残したいもの 伝えたいもの」			
1	ふるさとの年中行事を調べよう	・昔から続いている年中行事に関心を持ち，それに込められた人々の願いや考えを知り，一年間のカレンダーに表現する。	・私たちの県や市町村に昔から伝わる年中行事に関心を持ち，それに込められた人々の願いや考えを知り，地域の一年間のカレンダーとして整理して表現する。
2	古くから残る建物１	・地域に古くから残る建物などの文化財について，調べるテーマを話し合い，見学したりインタビューする計画を立てる。	・地域に古くから残る建物などの文化財を調べるテーマを設定し，見学したりインタビューする方法を確かめ，グループ活動をする計画を立てる。
3	古くから残る建物２	・地域に古くから伝わる建物などの文化財について，見学したりインタビューして調べ，今に引きつがれていることを考える。	・地域に古くから残る建物などの文化財について，見学したりインタビューするして調べたことを整理してまとめ，文化財に対する人々の思いを考え話し合う。
4	古くから伝わる芸能１	・地域に古くから伝わる郷土芸能について，調べるテーマを話し合い，見学したりインタビューする計画を立てる。	・地域に古くから伝わる郷土芸能について調べるテーマを設定し，見学したりインタビューする方法を確かめ，グループ活動をする計画を立てる。
5	古くから伝わる芸能２	・地域に古くから伝わる郷土芸能について，見学したりインタビューして調べたことをまとめ，今に引きつがれていることを考える。	・地域に古くから伝わる郷土芸能について，見学したりインタビューして調べたことを整理してまとめ，古くから伝わる芸能に対する人々の思いを考え話し合う。
6	昔から続く祭り１	・地域に古くから続く祭りについて，調べるテーマを話し合い，見学したりインタビューする計画を立てる。	・地域に昔から続く祭りについて調べるテーマを設定し，見学したりインタビューする方法を確かめ，グループ活動をする計画を立てる。
7	昔から続く祭り２	・地域に昔から伝わる祭りについて，見学したりインタビューして調べ，今に引きつがれていることを考える	・地域に昔から続く祭りについて，見学したりインタビューするして調べたことを整理してまとめ，昔から続く祭りに対する人々の思いを考え話し合う。
8	古くから残るものの歴史年表をつくろう	・昔から伝わる生活の知恵や工夫，願いなどが込められた地域の文化財や年中行事を，歴史年表の中に表現する	・昔から伝わる生活の知恵や工夫，願いなどが込められた地域の文化財や年中行事を，場所を確かめながら，絵や写真・コメントなどの方法で歴史年表の中に表現する。
9	古くから残るもの歴史マップをつくろう	・昔から伝わる生活の知恵や工夫，願いなどが込められた地域の文化財や年中行事を，歴史マップの中に表現する。	・昔から伝わる生活の知恵や工夫，願いなどが込められた地域の文化財や年中行事を，場所を確かめながら，絵や写真・コメントなどの方法で歴史マップの中に表現する。

導入

古くから残るもの

本時の学習のめあて 地域に昔からある古いものを見つけ，関心を持ち，それに込められた人々の

単元のめあて

地域に昔からある古いものを見つけ，関心を持ち，それに込められた人々の願いや考えを知り，これからも伝えていくものについて考える。

準備物

・古いものの写真など

板書例

古くから残るもの

形のある古いもの

・寺や神社　・昔の家
・昔の工事の記ねんひ
・地ぞうどう
・お地ぞう・道しるべ

1 つかむ　地域に残る古いものを思い出そう。

３年生の「市のうつりかわり」の学習で，いろいろな古いものを見つけましたね。古い道具のほかにどんなものがあったか思い出しましょう。

地域のいろいろな遺跡や遺構，建物，文化財などの写真を活用して，子どもたちが見聞きしていることを取り上げたい。

古い道具の見学に行った博物館は，昔の家だったね。

お寺の建物は屋根が大きくて，とても古い感じだよ。

昔からの道沿いの，格子窓の古い家もある。

神社も広くて，木に囲まれて建っている古い建物だよ。

2 見つけて話し合う　道具や建物のほかにも，形のある古いものを見つけよう。

道具や建物のほかにも，地域にある古いものを見たことがあったら，話してみましょう。その中から詳しく調べたいことを話し合いましょう。

指導者は，地域の実態に合わせて調べていく対象を調整していくようにする。

ため池をつくった記念の石碑があるそうだ。

石の道しるべに書いてある字が古い字らしい。

道ばたの地蔵様はこけがついているし，古いのではないかな？

地蔵堂はいつも花が生けられて，お参りしている。

・おばあさんがお参りしている地蔵堂を調べたい。
・古い家の中は今と違うのか見てみたい。
・外から見えないけど古い家は二階があるらしい。

願いや考えから学習問題を考える。

形のない古いもの

・初もうで
・お祭り
・おどり(伝とう芸能)
・せつぶん
・年中行事

調べ方・まとめ方

・見学やインタビューをしてまとめていく

主体的・対話的で深い学び

地域に伝承されている昔からの有形無形の文化財を見つけて関心を持ち，それに込められた人々の願いや考えを知るため，学習問題や調べる方法などを考え話し合う。

DVD

3 見つけて話し合う　地域に残る形のない古いものを考えて話し合おう。

建物や遺跡をみてきましたが，ものではないけれど古くから伝わることはないでしょうか。
毎年５月にお祭りがあり，神輿が出ます。
夏祭りの時に盆踊りがある。
５月の端午の節句に鯉のぼりを泳がしている。
３月におばあさんのおひな様を飾ります。

・お盆の時には田舎にいってお墓参りにいくよ。
・ずっと続いているのはすごい。秘密があるのかな。

「昔から続いているいろいろな年中行事がありますね。どのように受けつがれていたのか学習問題にして，これから学習していきましょう。」

4 発表してまとめる　見つけた古いものの中から，調べ方やまとめ方を話し合おう。

見つけたいろいろな古いものについて，調べ方やまとめ方を考えましょう。まず，①古い建物などの調べ方はどうしますか。
市の観光パンフレットやお話を聞きます。
見学に行き，案内板の説明を調べます。

「続いて，調べ方やまとめ方を考えましょう。」

②お祭りなどの調べ方
・やっている人に聞きに行く。
・市役所に聞きに行く。
・いつ，どこで，どんな思いで，何をしているか。

③地域の昔からの踊りなどの調べ方
・踊りををしている人に聞きに行く。
・体験して教えてもらう。

「まとめ方は地図や年表に書き込んでまとめましょう。」

第 1 時
ふるさとの年中行事を調べよう

本時の学習のめあて

昔から続いている年中行事に関心を持ち，それに込められた人々の願いや考えを知り，一年間のカレンダーに表現する。

準備物

・DVD 所収資料〔県や市町村で行われる年中行事プリント，私が選んだ年中行事カレンダープリント，県や市町村観光パンフレットや刊行歳時記など〕

教材研究のポイント 県内の年中行事までは児童が知らない場合が多いので，予め県や市町村

板書例

ふるさとの年中行事を調べよう

見つけた年中行事

（祭り，げいのうも）
- おぼんはかまいり
- はつもうで
- 節分（せつぶん）
- ひな祭り
- こいのぼり
- お花見さくら祭り
- 秋祭り
- 大晦日（みそか）
- 正月どんどやき
- 七五三　・七夕

市の年中行事

1月	どんとやき 十日えびす
2月	初天神
3月	ひな祭り
4月	さくら祭り たけのこフェスタ
5月	こいのぼりフェスタ
6月	お田植え祭（さい）
7月	七夕祭り
8月	天神祭り 地ぞうぼん
9月	秋祭り
10月	菊花展（きっかてん）
11月	もみじ祭り
12月	しまい天神

1 つかむ　昔から続いているいろいろな年中行事を思い出そう。

前の時間，わたしたちの県や市町村に昔から伝わる年中行事を見つけましたね。どんな行事がありましたか。
地蔵盆でお菓子をたくさんもらえるよ
お盆の時には田舎に行ってお墓参りに行く。
三月におばあさんのおひな様を飾ります。
五月の端午の節句に鯉のぼりを流している。

「昔から続いているいろいろな年中行事があるのですね。今日は，県内の年中行事もあわせて調べていくことにしましょう。」

県や市の観光パンフレットや，県や市ホームページの観光歳時記などを印刷して準備しておく。インターネット閲覧環境があれば，キッズサイト閲覧もよいだろう。

2 見つけて話し合う　県や市で，昔から続いている年中行事を調べて，月ごとに整理しよう。

県や市内で昔から続いている年中行事はどんなことをしているのか，グループでパンフレットなどで見つけて調べてみましょう。

県や市町村の年中行事プリントを配布する。

天神さんは毎月２５日にあるけれど，２月と夏と12月が盛んらしい。

4月は背割堤でさくらまつりが開かれている。

鯉のぼりフェスタは，川一杯に広がってたくさん泳いでいてすごいよ。

地蔵盆は，子どもが元気に育ちますようにという願いでおこなわれるそうだ。

・菊花展は，見事な菊の花の展覧会と植木市をかねて開かれているそうだ。

のHPから観光パンフレットや刊行歳時記などを集めておくようにする。

わたしたちの身近な年中行事

1月　はつもうで
　　どんどやき
2月　せつぶん
3月　ひな祭り
　　そつぎょう式
4月　入学式，お花見
5月　こいのぼり
　　神社の祭り
6月　お田植え祭（さい）
7月　七夕祭り
8月　はかまいり
　　地ぞうぼん
9月　おひがん
10月　神社の秋まつり
11月　七五三
12月　クリスマス
　　おおそうじ

主体的・対話的で深い学び

私たちの県や市町村に昔から伝わる年中行事に関心を持ち，それに込められた人々の願いや考えを知り，地域の一年間のカレンダーとして整理して表現する。

市町村でおこなわれる年中行事

月　日　名前（　　　　）

○わたしたちのまちには，どんな年中行事があるでしょうか。市のホームページや，観光パンフレットから調べてみましょう。

月	行事の名前	私たちの身近な行事
1月		
2月		
3月		
4月		
5月		
6月		
7月		
8月		
9月		
10月		
11月		
12月		

わたしがえらんだ年中行事12月

名前（　　　　）

○わたしがえらんだ年中行事12月をカレンダーにしてみましょう

1月	7月
2月	8月
3月	9月
4月	10月
5月	11月
6月	12月

3 見つけて話し合う　私たちのまわりで昔から続いている年中行事を調べて整理しよう。

大々的ではないけれど，私たちのまわりで昔から続いている年中行事をグループで話し合って調べましょう。月ごとに整理して書き込んでみましょう。

子どもたちの年中行事は自由に考えさせ，グループで年中行事かどうか話し合わせて発表させる。

一月は初詣に行く，どんと焼きもある。
二月は節分で豆まきをするね。
三月は給食のひなあられ，ひな祭りと卒業式。
四月は桜吹雪の入学式，お花見だ。
五月は端午の節句のちまき，鯉のぼり。

4 発表してまとめる　私が選んだ昔から続いている年中行事をカレンダーにまとめよう。

グループ順に，みなさんの身近な年中行事を発表してもらいます。付け加えや意見がある時は，あとで話し合いましょう。
発表を板書していく。
七月は七夕，なつやすみだぁ！
六月は随心院のお田植え祭がある。
八月はお盆の墓参り，地蔵盆が楽しみだ。
十月は秋祭りで豊作を祝うんだ。

「いろいろ出ましたね。それでは最後に，一月に一つ，私が選んだ年中行事をカレンダーに書いてまとめましょう。」

“私が選んだ年中行事プリント”Ⓓ(DVD収録)を配布し，記入させる。記入後，順次掲示すると一つの発表になる。

第2時
古くから残る建物1

本時の学習のめあて

地域に古くから残る建物などの文化財について，調べるテーマを話し合い，見学したりインタビューする計画を立てる。

準備物

- DVD 所収資料
- 「建物見学ノート2(メモ)」一人2枚

教材研究のポイント 見学に行く時には発見したことを記録しておくために，グループ1台の

板書例

古くから残る建物1

○月○日

○○○じゅうたく

⇓

見学に行きます

見学のじゅんび

・調べること

今の家とくらべる

↓

今の家にも昔の家にもあると思うもの

1 つかむ 地域にある古くから残る建物を思い出し，調べたいことを話し合う。

「前の学習で，県や市に古くから残る文化財を見つけましたね。どんなところがありましたか。」

- 寺や神社　・地蔵堂
- 3年の時見学に行った博物館は昔の家だった。
- 昔からの道沿いの格子戸の窓の古い家。

これらの建物について調べていこうと思います。どんなことを調べましょう。
今の建物と違うところを調べる。
家がどのように使われてきたのか調べる。
今も残っているのには秘密があるかもしれない。
建物に昔の知恵や工夫があるかどうか調べる。

「では○月○日に○○○○の見学に行きましょう。」

2 見つけて話し合う 古くから残る建物を調べる方法を考えよう。

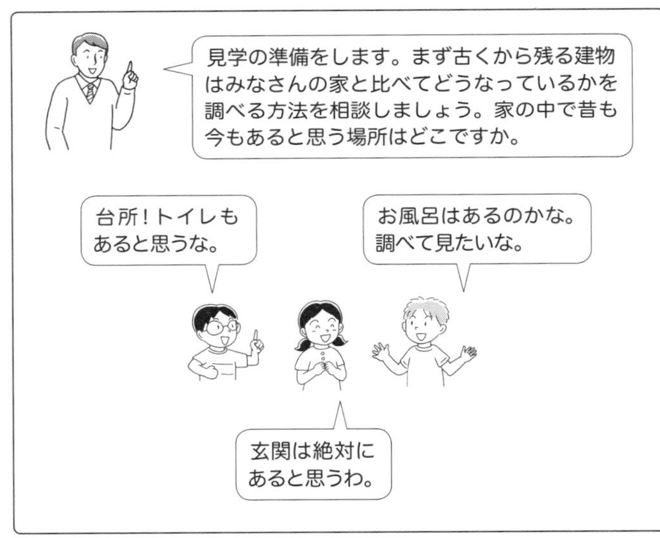

見学の準備をします。まず古くから残る建物はみなさんの家と比べてどうなっているかを調べる方法を相談しましょう。家の中で昔も今もあると思う場所はどこですか。
台所！トイレもあると思うな。
お風呂はあるのかな。調べて見たいな。
玄関は絶対にあると思うわ。

見学ノートを2枚配布し，今も昔もあると思われる場所やものを書き込ませる。Ⓓ（DVD 収録）

古い建物を観察するとき，今の家との比較が児童にと って一番わかりやすい。外観･玄関･部屋数や，畳間･板間の違い仏間や座敷，台所，家具や建具 (戸や障子，襖) の違いなどに気づくだろう。

デジカメなどを用意して使えるようにするとよい。

グループで活動

調べたいことを
グループで
ワークシートに
まとめる

主体的・対話的で深い学び

地域に古くから残る建物などの文化財を調べるテーマを設定し，見学したりインタビューする方法を確かめ，グループ活動をする計画を立てる。

3 見つけて話し合う　見学で調べる内容を話し合ってまとめよう。

それでは見学する昔の建物のそれぞれの部屋で，今と比べる内容をグループで話し合って確かめ，メモしておきましょう。
外から見て，家の大きさや窓の様子を確かめよう。
昔も二階建ての家はあったのかな？
玄関は，ドアの形や広さ，履き物置き場など見ていきたい。
どんな部屋があるのだろう。部屋の数はどれくらいあるの？

・台所の様子は，電気やガスの代わりや水道など，確かめることがたくさんあるね。
・トイレはどうなっているのだろう？

見学ノートの１枚に，話し合って確かめた調べる内容を書き込ませ，見学時に内容を共有しながら活動できるようにさせるといいだろう。

4 発表してまとめる　見学の仕方を確かめよう。

古くから残る建物の見学の仕方や，気をつけなければいけないことを考えましょう。
まずあいさつをします。
わかったことはメモを取ります。

・係の人のお話をしっかり聞きます。
・わからないことは質問します。
・写真を撮ったりさわったりできるか聞きます。
・大きな声や走ったりしないようにします。

古い道具の時と同じように，事情が許せばこの機会に，記録用（まとめ用）としてグループ１台ぐらいのデジタルカメラの使用を経験させたい。

第 3 時
古くから残る建物2

 見学時に撮影した画像は，まとめに使いやすいように小さくプリントして

本時の学習のめあて

地域に古くから伝わる建物などの文化財について，見学したりインタビューして調べ，今に引きつがれていることを考える。

準備物

・DVD 所収資料
・建物見学ノート3（まとめ）
・建物見学ノート2（メモ）見学で調べてきたもの
・見学時児童が撮影してきたプリント画像（２枚ずつ）

板書例

古くからのこるたてもの2

〇〇〇住たくの様子

①外から見て	③部屋の様子	⑤家具やたて具
・とても広い ・まどは少ない ・木と白土の家	・かべがない ・たたみのゆか ・板の間もある	・かいだんがタンス ・ふすま ・しょうじ
②入口やげんかん	**④台所の様子**	**⑥そのほか**
・戸を上にあげる ・げんかんは広くかたい土	・かまど ・まきをもやす ・土間 ・水がめ	・トイレは外 ・ふろは水を運んで入れる

1 つかむ　地域にある古くから残る建物を見学したことを思い出そう。

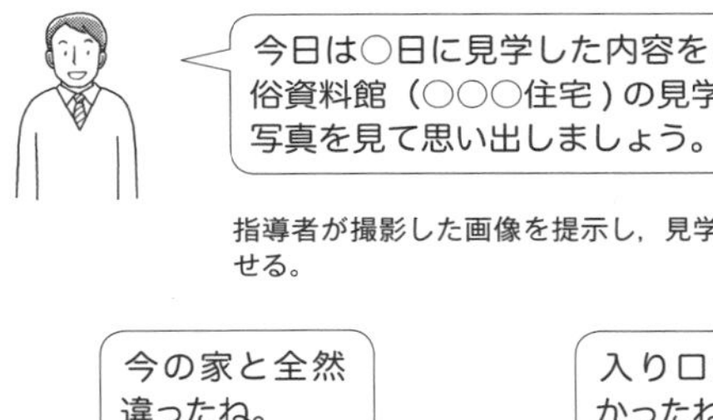
今日は〇日に見学した内容をまとめます。民俗資料館（〇〇〇住宅）の見学に行ったときの写真を見て思い出しましょう。

指導者が撮影した画像を提示し，見学時の様子を思い出させる。

今の家と全然違ったね。
入り口が面白かったね。

「では，見学に行った民俗資料館の“見学ノート１と２”を出して，グループの中で記録し忘れたことがないか確かめましょう。」

特に，グループで“見学ノート２（メモ）”に記録してあることを確かめ合い，発表する準備をさせる。

2 見つけて話し合う　見学して調べたことを整理して発表しよう。

それでは見学してきたことを発表してもらいましょう。まず外の様子から…。

場所ごとに付け足しがあれば発表の後に意見を出させ，板書してつけ加える。

庭があってとても広い。
二階は小さい窓しかないようだ。
窓はほとんどなく，木の格子があった。
木と白い土の壁で囲まれた家。

「入り口や玄関はどうでしたか。」
・入り口の戸を天井へ跳ね上げて止めてあった！
・玄関は広くて堅い土だった。
・荷物が置けるほど広い。
・天井はなく，横に太いむな木がある。

おくようにする。

気づいたこと

- 大きな柱があり，じょうぶそう
- たたみ部屋だけ天じょうがある
- タンスがかいだんになる
- つくえやいすがない
- 水道・電気・ガスがない　など

まとめ

- 古くからのたて物などの文化ざいは昔のちえやくふうをつたえていくために大切にほぞんされている

主体的・対話的で深い学び

地域に古くから残る建物などの文化財について，見学したりインタビューするして調べたことを整理してまとめ，文化財に対する人々の思いを考え話し合う。

3 発表しよう 見学した建物の様子から，気づいたことやわかったことを発表しよう。

それでは，見学ノートにメモした①～⑥の様子から，昔の建物やくらしについて気づいたことやわかったことをグループで話し合ってみましょう。
大きな柱があり丈夫にできている。
玄関は広く台所に通じていた。
天井があるのは畳の部屋だけだ。
部屋がふすまや障子で仕切られていて，取れば大広間になる。

見学ノート3(まとめ)Ⓓを配布し，話し合ったことを記録させる。(DVD収録)

- 外側だけを白い土の壁にしている。
- 明かりが少なく，部屋が暗い。
- 水道やガス，電気がない。

4 話し合い まとめる 古くから残る建物について思ったことや人に伝えたいことなどを話し合いまとめよう。

古くから残る建物のようすや工夫について，思ったことや人に伝えたいことなどを話し合って，見学ノートにまとめましょう。
トイレが外にあるのは不便だね。
タンスが階段になるなんて，昔の知恵だね。
木の建物で古いのに，しっかり建っている。

- 襖や障子を外すと，あっという間に大広間ができるのはすごい。
- 明かり取りの窓が屋根にあり工夫している。

「文化財」という言葉を使い説明し，昔の知恵や工夫を伝えていくために，文化財が大切に保存されていることを見学ノートにまとめる。

教材研究のポイント　あらかじめ伝統芸能のお世話役の方などにアクセスし，ゲストティー

第4時 古くから伝わる芸能1

本時の学習のめあて

地域に古くから伝わる郷土芸能について，調べるテーマを話し合い，見学したりインタビューする計画を立てる。

準備物

・DVD 所収資料
・「芸能調べノート2（メモ）」一人2枚

板書例

古くから伝わる芸能1

○月○日　○○音ど

見学に行きます

＝

ほぞん会会長さんにインタビュー

見学のじゅんび

グループ活動

調べたいことをグループでまとめる

1 つかむ　地域に古くから伝わる芸能を思い出し，調べたいことを話し合おう。

古くから伝わる郷土のお祭りや踊りのことを伝統芸能といいます。今日はこの伝統芸能を調べていこうと思います。調べたいことを話し合いましょう。

伝統（郷土）芸能という言葉を教科書などを使い説明する。

運動会で保存会の人と一緒に踊ったね

神社に踊りの絵馬が飾ってあったよ。

踊りの音楽や踊りの振り付けはどんなだろう。

踊りはいつごろ始まったのかな。

郷土伝統芸能は，地域の保存会や普及委員会などで保存・伝承されてきており，定期の例会などをされている場合が多い。４月新学期の始めから県や市町村ホームページの年中行事の歳時記や観光情報などを活用し，保存会活動の地域行事を調べ，どんな形で行われているか下調べをして連絡を取っておくといいだろう。

2 考える　古くから伝わる芸能について，調べる方法を考えよう。

それでは，伝統（郷土）芸能の“○○音頭”はどのようにして続けられてきたのか，調べる方法を考えましょう。

市役所のホームページで紹介しているらしい。

踊りををしている人に聞きに行こう。

去年の運動会で姉が踊ったから聞いてみよう。

体験して教えてもらえといいね。

学習前に，あらかじめ神社や祭りのお世話役の方などにアクセスし，ゲストティーチャーやインタビューについて依頼し，日時などの調整をしておくことが重要になる。

チャーやインタビューについて依頼しておくようにする。

調べたいこと
（インタビューすること）

・おどりがつたわる地いき
・おどりはどんなときにおどっているのか
・いつごろ始まったのか
・音楽や歌し，ふりつけ
・どんなとくちょうがあるのか
・長くつづいている理由
・どんな思いでさんかしているのか

主体的・対話的で深い学び

地域に古くから伝わる郷土芸能について調べるテーマを設定し，見学したりインタビューする方法を確かめ，グループ活動をする計画を立てる。

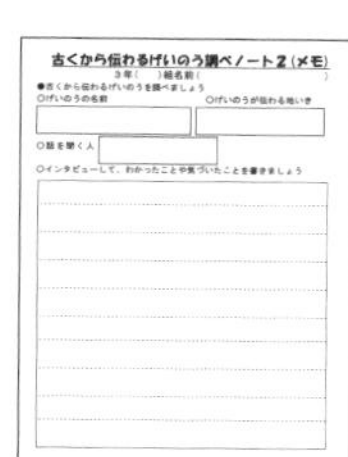

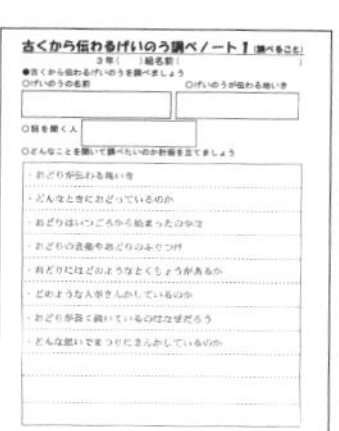

3 計画を立てる　見学したりインタビューする計画を立てよう。

古くから伝わる芸能について，どんなことを調べるのか，グループで話し合って確かめ，メモしておき，計画をたてましょう。
郷土芸能芸能調べノート (DVD 収録) の１枚に，話し合って確かめた調べる内容を書き込ませ，見学時に内容を共有しながら活動できるようにさせるといいだろう。
踊りの名前と保存されている地域について調べよう。
踊りはどんなときに踊っているのかな。
踊りはいつごろ始まったのかな。
踊りの音楽や歌詞，踊りの振り付けを知りたい。

・踊りにはどのような特徴があるか知りたいな。
・どのような人が参加しているのかな。
・踊りが長く続いているのはなぜだろう。
・どんな思いで踊りに参加しているのかな。

4 確かめる　インタビューや記録の方法を確かめよう。

「どんなことを聞きとりするのか，グループ順に発表してください。発表を聞いてグループの質問になければ書き加えましょう。」

踊りについてのインタビューで，気をつけなければいけないことを考えましょう。
発表させて板書し，書き加えさせる。
まずあいさつをしっかりします。
しっかりお話を聞きます。

・わかったことは，メモを取ります。
・わからないことは質問します。
・踊りの写真を撮ったりできるか聞きます。

記録用 (まとめ用) としてグループ１台ぐらいのデジタルカメラの使用を経験させたい。

第5時

古くから伝わる芸能2

本時の学習のめあて

地域に古くから伝わる郷土芸能について，見学したりインタビューして調べたことをまとめ，今に引きつがれていることを考える。

準備物

- DVD 所収資料
- 芸能調べノート3(まとめ)
- 見学で調べてきた「芸能調べノート2(メモ)
- 見学時児童が撮影してきたプリント画像(2枚ずつ)

板書例

古くから伝わる芸能2

見聞きしたこと

- ○○市内どこでも
- 市民運動会やお祭り，イベントなどで
- 70年くらい前　市になったときから
- 一年間の様子を歌っている
- だれでもすぐにおどれるふりつけ
- 市の人たちが元気で活気が
  出るようにという気持ち

1 つかむ 見学・インタビューした内容を思い出そう。

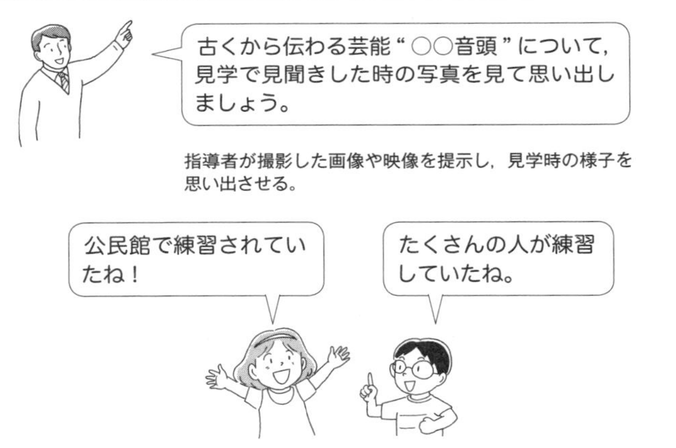
古くから伝わる芸能“○○音頭”について，見学で見聞きした時の写真を見て思い出しましょう。
指導者が撮影した画像や映像を提示し，見学時の様子を思い出させる。
公民館で練習されていたね！
たくさんの人が練習していたね。

「では，“○○音頭”について見聞きした時の“芸能調べノート1と2”を出して，グループの中で記録し忘れたことがないか確かめましょう」

特に，グループで“見学ノート2(メモ)”に記録してあることを確かめ合い，発表する準備をさせる。

2 整理して発表する “○○音頭”について，調べたことをことを整理して発表しよう。

それでは“○○音頭”の踊りについて見聞きしてきたことを，グループ順に発表してもらいましょう。
市民運動会や祭り，市内のイベントなどで踊っています。
70年ぐらい前，○○市になった時から始まった。
市内の一年間の様子を歌っています。
若い人向けの曲(リミックス)も作られている。

- だれでもすぐ踊れる振り付けになっている。
- 人が集まる所で一緒に踊ることができて楽しい。
- 市の人たちが元気で活気が出るようにという気持持ちで伝えていきたい。

見学時の写真を掲示
まとめ
・古くからつたわる芸能は，地いきがよいところだという思いをつたえながら大切に守られている

主体的・対話的で深い学び

地域に古くから伝わる郷土芸能について，見学したりインタビューして調べたことを整理してまとめ，古くから伝わる芸能に対する人々の思いを考え話し合う。

DVD

古くから伝わるげいのう調べノート３（まとめ）

3 考える “〇〇音頭”の歌詞の内容や意味を考えよう。

“〇〇音頭”のおどりの歌詞（音楽の言葉）から，音頭がどんなことを表しているのか，みんなで考えてみましょう。
場所は１番は天神さん，２番は西山竹林，３番は粟生の光明寺，４番は柳谷観音さんだね。
１番春，２番夏，３番秋，４番冬だよ。
５番は，“みんな輪になりゃ心は一つ，まるく仲良く長岡京”だって，おもしろいね。
“ソレ長岡長岡エートコナ”って，長岡はいいところやゆうてるよ。

郷土芸能の音曲は，地域の名所などを取り上げながら，郷土を誇りに思い発展を願う内容のものが多いので，難しい歌詞をわかりやすく説明したい。

4 まとめる 古くから伝わる芸能について思ったことや人に伝えたいことなどを話し合いまとめよう。

古くから伝わる芸能について，思ったことや人に伝えたいことなどを話し合って，郷土芸能調べノートにまとめましょう。
古くから続く芸能はふるさとのことをとても大事にしている歌だと思う。
みんなが仲良くするようにという願いを込めている踊りなんだな。
保存会や市の人たちは，ふるさとがいいところだという思いを持って，踊りを大切に守り，広めていこうとしていると思う。

「古くから伝わる芸能“〇〇音頭”は，地域がよいところだという思いを伝えながら大切に守られているんですね。」

第 6 時
昔から続く祭り1

教材研究のポイント 祭りはいろいろな季節が考えられるので，県内市町村単位の大祭などの

本時の学習のめあて

地域に古くから続く祭りについて，調べるテーマを話し合い，見学したりインタビューする計画を立てる。

準備物

- DVD 所収資料
- 「祭り調べノート2（メモ）」一人2枚）

板書例

昔から続く祭り1

○月○日○○まつり

見学に行きます

‖

お祭りの会長さんに
インタビュー

見学のじゅんび

グループで

活動

⇓

調べたいことを
グループで
まとめる

1 つかむ 地域に昔から続く祭りを思い出し，調べたいことを話し合おう。

前の学習で見つけた県内市町村の祭りについて，今日は学習します。どんなお祭りだったかな。調べたいことを話し合いましょう。

祭りの名前と神輿行列が歩く場所はどこだろう。
祭りはいつ頃始まったのかな。
誰が参加しているのだろう。
長く続いているわけは何だろう。

祭りは地域の神社や氏子会，保存会や実行委員会で催され，年中行事なのでいろいろな季節が想定される。4月から県内の地域行事を把握し，授業時と季節が合わない時には，下調べの写真や動画などを作成しておくといいだろう。何もない場合は，県内市町村単位の大祭などのパンフレットなどを活用して学習計画を立てる必要がある。

2 考える 調べる方法を考えよう。

それでは，この祭りはどのようにして続けられてきたのか，それを調べる方法を考えましょう。
祭りのお世話をしている人に聞くとわかるかな。
神社で増えたいこの練習をしているから，神社で聞いてみよう。
市役所のホームペ ージにも祭りがあるらしいよ。

「それでは，○月○日に神社を見学して，お祭りの会長さんにインタビューしに行きましょう。」

学習前に，あらかじめ神社や祭りのお世話役の方などにアクセスし，ゲストティーチャーやインタビューについて依頼し，日時などの調整をしておくことが重要になる。

パンフレットも用意しておく。

調べたいこと
(インタビューすること)

・祭りの日時
・祭りの場所
・祭りはいつごろから行われているのか
・どのような人がさんかしているのか
・長くつづいている理由
・祭りに使う道具やみこし

主体的・対話的で深い学び

地域に昔から続く祭りについて調べるテーマを設定し，見学したりインタビューする方法を確かめ，グループ活動をする計画を立てる。

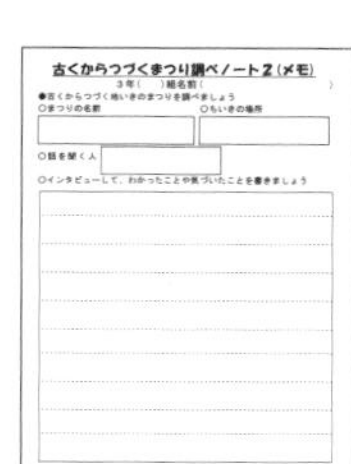

古くからつづくまつり調べノート2（メモ）

3年（　）組名前（　）

●古くからつづく地いきのまつりを調べましょう

○まつりの名前　○ちいきの場所

○話を聞く人

○インタビューして，わかったことや気づいたことを書きましょう

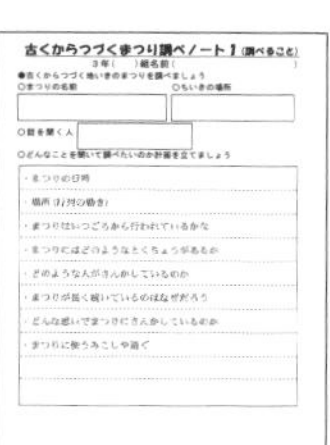

古くからつづくまつり調べノート1（調べること）

3年（　）組名前（　）

●古くからつづく地いきのまつりを調べましょう

○まつりの名前　○ちいきの場所

○話を聞く人

○どんなことを聞いて調べたいのか計画を立てましょう

3 計画を立てる　見学したりインタビューする計画を立てよう。

昔から続く祭りについて，どんなことを調べるのかグループで話し合って確かめ，メモしておき，計画をたてましょう。
祭りインタビューノートの１枚に，話し合って確かめた調べる内容を書き込ませ，見学時に内容を共有しながら活動できるようにさせるといいだろう。
祭りはいつ頃からおこなわれているのか。
祭りの日時と場所（神輿行列の動き）は？
祭りにはどんな特徴があるのだろう。
どんな人が参加しているのかな。

・祭りが長く続いているのはどうしてだろうか。
・どんな思いで祭りに参加しているのか。
・祭りにはどんな御輿や道具が使われるのだろう。

4 確かめる　インタビューや記録の方法を確かめよう。

「どんなことを聞きとりするのか，グループ順に発表してください。発表を聞いて，自分のグループの質問になければ書き加えましょう。」

祭りについてのインタビューで，気をつけなければいけないことを考えましょう。
発表させて板書し，書き加えさせる。
わかったことは，メモを取ります。
まずあいさつをしっかりします。
わからないことは質問します。
祭りの道具の写真を撮ったり，触ったりできるかどうか聞きます。

第7時
昔から続く祭り2

本時の学習のめあて

地域に昔から伝わる祭りについて，見学したりインタビューして調べ，今に引きつがれていることを考える。

準備物

・DVD 所収資料
・「祭り調べノート3(まとめ)
・見学で調べてきた「祭り調べノート2(メモ)
・見学時児童が撮影してきたプリント画像(2枚ずつ)

板書例

昔から続く祭り2

見聞きしたこと

・5月3日～4日
・3日はおたび所
・神社のうじ子さんの町
・200年くらい前から
・今年も作物がよく育つようにねがうためにつづく

1 つかむ 見学・インタビューした内容を思い出そう。

今日は祭りのことについて見学した内容をまとめます。見学してインタビューした写真などを見て思い出しましょう。

指導者が集約した画像を提示し，見学時の様子を思い出させる。

神社の森はこんもりしているね。

祭りの時の道具がいろいろあったよ。

「では，見学に行った神社の祭りの“祭り調べノート1と2”を出して，グループの中で記録し忘れたことがないか確かめましょう。」

特に，グループで“祭り調べノート2(メモ)”に記録してあることを確かめ合い，発表する準備をさせる。

2 整理して発表する 昔から続く祭りについて，調べたことを整理して発表しよう。

それでは祭りについて見聞きしてきたことを，グループ順に発表してもらいましょう。

内容ごとに付け足しがあれば発表の後に意見を出させ，板書してつけ加える。

毎年5月3日～4日の2日間です。

3日は公民館が御旅所になっています。

神社の氏子さんが居る町を神輿行列が回ります。

200年ぐらい前から続いているそうです。

・神社の氏子さんや子供会が参加します。
・今年も作物がよく育ち豊作を願うため続くそうです。
・行列はないですが，秋祭りもあります。
・豊作でみんな健康に過ごせるようにという気持ちで参加すると聞きました。

祭りの道具など

Ⓓ Ⓓ Ⓓ

まとめ

・祭りはほう作やけんこうなどのねがいをこめられていて，祭りをささえる人たちによって続いている

主体的・対話的で深い学び

地域に昔から続く祭りについて，見学したりインタビューするしして調べたことを整理してまとめ，昔から続く祭りに対する人々の思いを考え話し合う。

DVD

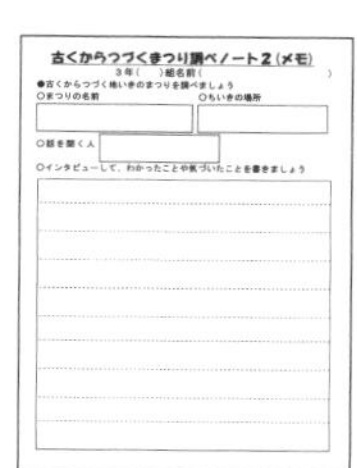

古くからつづくまつり調べノート2（メモ）

古くからつづくまつり調べノート3（まとめ）

3 発表する　祭りで使う道具などについて，わかったことを発表しよう。

写真を撮ってきた祭りの行列の様子や道具について，どんなことがわかりましたか。グループで話し合い祭り調べノートにまとめて発表しましょう。

まつり調べノート３を配布する。Ⓓ (DVD 収録)

行列が通る町には，祭り旗が立ててあります。
神輿を中心にして，行列します。
子供会で，太鼓や鼓笛隊の演奏に参加します。
昔の衣服で天狗に扮する人がいます。

・獅子舞があります。

・手ぬぐいを頭に巻き，はちまきにします。

写真は，グループ用のサムネイル版と板書掲示用の大判をプリントして活用する。

4 話し合いまとめる　昔から続く祭りについて思ったことや気づいたことを話し合いまとめよう。

古くから続く祭りのようすについて，思ったことや人に伝えたいことなどを話し合って，祭り調べノートにまとめましょう。

祭りは，田畑の作物が豊作になることをお願いしたり，お礼をすることなんだね。
一年間，みんなが健康で元気に過ごせるようにという気持ちを込めて，祭りをするんだよ。

・毎年祭りを支える人たちがいてできるんだな。

「そうですね。この地域の祭りは，豊作や健康などの願いが込められていて，祭りを支えている人たちによって続いているんですね。」

第8時 古くからある残るものの歴史年表をつくろう

教材研究のポイント　8時間目の歴史年表づくりと，9時間目ひろげるの歴史マップづくりは

本時の学習のめあて

昔から伝わる生活の知恵や工夫，願いなどが込められた地域の文化財や年中行事を，歴史年表の中に表現する。

準備物

・古くから残るもの白年表（グループ用）
・いろいろなプリント画像など

板書例

古くから残るもののれきし年表をつくろう

○学習してきたこと

地いきにのこる古いもの

① 古い道具
② 文化ざい
③ 祭り
④ きょう土げいのう
⑤ 年中行事

それぞれれきし年表にまとめよう

1 振り返る　これまで調べた文化財や年中行事を思い出そう。

今まで調べた地域の古いものの様子を写真や絵のカードに表し説明文を加えて年表にはり，グループの歴史年表をつくろうと思います。①文化財，②祭り，③ 郷土芸能，④年中行事の中で，グループの中でやりたいものを相談してください。

グループの中でやりたいことを出して担当を決める

古い建物などの文化財の歴史をやってみいな。

古くから続く祭りの様を絵に描いてみたい。

この時間に使う写真は，大きい歴史年表を作る場合も想定しながらプリントしておくようにする。単元指導計画を立てるときに決めておくとよいだろう。
（この指導案はグループ案）
・グループの数分，調べた内容に基づいて準備するようにしたい。

2 確かめる　これまで発見した文化財や年中行事の写真や様子を表した絵，説明を準備しよう。

グループで担当することが決まりましたね。では，今までの調べ学習のボードやノート，プリントを点検して，撮影した写真を元に絵や説明をかきます。

踊っている様子をかいてみよう。

この写真はどこかな？

ここかな
ふせんを
つけて

「それを歴史年表のどこにいれるのかグループで確かめます。確かめたらその場所に写真や絵の名を書いた付箋をつけておきましょうね。」

・これはこの場所で大丈夫かな。

グループで時代を確かめながら，白年表につける場所を確かめさせたら，次の写真や絵カードと説明メモ作りに取りかかるようにさせる。

どちらかを選択学習にするとよい。

れきしマップのつくり方
① 写真や絵をえらぶ
② 場所をかくにんする
③ カードに写真をはり
せつめいをつける
④ かくにんした場所にはる

まとめ
・文化ざいや年中行事には，昔の人のちえやくふう，ねがいがたくさんつまっている

主体的・対話的で深い学び

昔から伝わる生活の知恵や工夫，願いなどが込められた地域の文化財や年中行事を，場所を確かめながら，絵や写真・コメントなどの方法で歴史年表の中に表現する。

古くから残るもの年表

3 表現する これまで発見した文化財や年中行事のカードと説明メモを加えよう。

グループで取り組む文化財や年中行事の写真を色紙にはりカードを作成します。写真のないものは簡単な絵，説明を加えましょう。

写真がなく絵が難しい場合などは，個別にパンフを切り抜いたり，コピーしたりして対応する。
①～⑤のジャンルで使用する。カードの用紙や付箋を色分けするとわかりやすい。
例①道具（黄色），②文 化財（ピンク）など

説明をふせんに書いてっと。
色紙に写真を貼って…。

「続いて，付箋メモに説明の言葉を書いていきましょう。たくさんあるときにはいくつかの付箋に分けましょう。説明には，古いものを保存する取り組みや人々の願いも付け加えるとよいでしょうね。」

4 まとめる 地域に伝わる古い道具や文化財，年中行事の歴史年表を完成させよう。

写真と絵カード・説明メモができあがったら，目印の付箋と取り替えて白年表につけていきましょう。いくつもチャレンジする人は続けて新しい物をつくってください。
たくさんあるね。
できあがってきたね！
よいしょっと

「みなさんの調べたことをまとめた歴史年表を見て気づいたことや思ったことを話しましょう。」
・古くから続いてきていることがわかるね。
・文化財や年中行事には昔の人の知恵や工夫がいっぱい詰まっている。
・私たちもしっかり残していきたいな。

第9時 古くから残るもの歴史マップをつくろう

教材研究のポイント　8時間目の歴史年表づくりと，9時間目の歴史マップづくりはどちらか

本時の学習のめあて

昔から伝わる生活の知恵や工夫、願いなどが込められた地域の文化財や年中行事を、歴史マップの中に表現する。

準備物

・県または市町村地域白地図（グループ用）
・いろいろなプリント画像など

板書例

古くから残るもののれきしマップをつくろう

○学習してきたこと
地いきにのこる古いもの
① 古い道具
② 文化ざい
③ 祭り
④ きょう土げいのう
⑤ 年中行事

それぞれれきしマップにまとめよう

1 振り返る　これまで発見した文化財や年中行事を思い出そう。

たくさん見つけた地域の古いものを写真や絵のカードに表し説明文を加えて地図にはり，クラスの歴史マップをつくろうと思います。①文化財,②祭り,③郷土芸能,④年中行事の中で,グループでやりたいものを相談してください。

後で全体で希望を出してグループの担当を決める。

古い建物などの文化財や郷土芸能があったよ。

形はないけど古くから続く祭りがあった。

・この時間に使う写真は，クラス全体で大きい歴史マップを作製するときにはL判で，グループで歴史マップを作製するときにはサムネイルなどの縮小判でプリントしておくとカードを作成しやすい。単元指導計画を立てるときに決めておくとよいだろう。
（この時間はグループ案）
・グループの数分担当する内容を設定するようにする。

2 確かめる　これまで発見した文化財や年中行事の写真や絵を準備しよう。

グループで作るものが決まりましたね。では、つくっていきましょう。まず、今までの調べ学習のボードやノート、プリントを点検して、撮影した写真を出します。

いっぱいあるね。

この写真はどこかな？

「それを歴史マップのどこにいれるのかグループごとに確かめます。確かめたらその場所に写真名を書いた付箋をつけておきましょうね」

・これはこの場所で大丈夫かな。

グループ順に白地図のカードをつける場所を確かめさせたら、次の写真や絵カードと説明メモ作りに取りかかるようにさせる。

を選択学習にするとよい。

れきしマップのつくり方
① 写真や絵をえらぶ
② 場所をかくにんする
③ カードに写真をはり
せつめいをつける
④ かくにんした場所にはる

まとめ
・文化ざいや年中行事には，昔の人のちえやくふう，ねがいがたくさんつまっている

主体的・対話的で深い学び

昔から伝わる生活の知恵や工夫、願いなどが込められた地域の文化財や年中行事を、場所を確かめながら、絵や写真・コメントなどの方法で歴史マップの中に表現する。

3 表現する これまで発見した文化財や年中行事のカードと説明メモをつくろう。

グループで取り組む文化財や年中行事の写真を色紙にはりカードを作成します。写真のないものは簡単な絵を加えましょう。

写真がなく絵が難しい場合などは、個別にパンフを切り抜いたり、コピーしたりして対応する。
①～⑤のジャンルで使用する。カードの用紙や付箋を色分けするとわかりやすい。
例①道具（黄色）、②文 化財（ピンク）など

色紙に写真を貼って…。
説明をふせんに書いてっと。

「続いて、付箋メモに説明の言葉を書いていきましょう。説明には、古いものを保存する取り組みや人々の願いも付け加えるとよいですね。」

4 まとめる 地域に伝わる古い道具や文化財，年中行事の歴史マップを完成させよう。

写真と絵カード・説明メモができあがったら、目印の付箋と取り替えて白地図につけていきましょう。いくつもチャレンジする人は続けて新しい物をつくってください。

たくさんあるね。
できあがってきたね！

「みなさんの調べたことをまとめた歴史マップを見て気づいたことや思ったことを話しましょう。」
・市のいろいろなところに根付いているね。
・文化財や年中行事には昔の人の知恵や工夫がいっぱい詰まっている。
・私たちもしっかり残していきたいな。

きょう土の発展につくす

全授業時間 12 時間＋ひろげる 1 時間

◉ 学習にあたって ◉

◇何を教えるのか　－この単元の特徴－

この単元は，地域社会の願いの実現と生活の向上に尽くした先人たちの働きについて，その歴史的な足跡を見学したり，古地図や古い写真などの資料を活用して調べ，先人たちの努力や工夫，苦労を考えてイメージ化し，表現していく単元です。この単元の具体的事例は全国各地に存在し，地域の副読本で取り扱われている教材だといえ，その際「用水路の開削や農地の開拓を行って地域をおこした人」に該当する内容が，都道府県単位の事例になってしまう場合もでています。しかし用水路を開削する際は必ず排水路も考えなければならず，とくに古来より日本の平野部の低地の大部分が，特有の天井川に苦しみ湖沼化している状況をいかに克服するかが，重要課題であったと思われます。

◇どのように教えるのか　－主体的・対話的で深い学びのために－

本書ではその一例として，大阪平野の北，北摂淀川右岸の低地部の排水路開発の具体的事例を教材化して紹介しています。日本の平野部では農業の利害関係が入り組んでおり，小学生の学習では若干高度な学習になるかもしれませんが，現在では存在感が薄くなっている学校の横を流れる水路が，どこから来てどこに流れて行くのかを探検していくことで，土地に刻まれた歴史を感じながら，見学調査活動をフルにできる教材になると考えます。

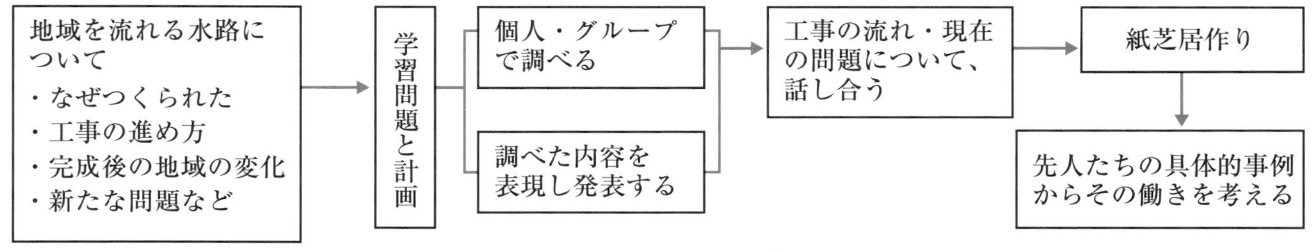
用水を開いた人
地域を流れる水路について
・なぜつくられた
・工事の進め方
・完成後の地域の変化
・新たな問題など
学習問題と計画
個人・グループで調べる
調べた内容を表現し発表する
工事の流れ・現在の問題について、話し合う
紙芝居作り
先人たちの具体的事例からその働きを考える

◉ 評　価 ◉

知識および技能

・用排水路を開いて地域の発展に尽くした先人たちの働きを理解している。
・地域の人々の生活の向上は，人々の願いや努力と先人たちの働きや苦労によるものであることを理解している。
・今も残る用排水路の様子や見学・調査，古地図，写真，年表そのほかの資料を活用して，必要な情報を集めて読み取り，その時代や活動の様子をイメージ化できている。

思考力，判断力，表現力等

・用排水路を開発した先人たちの働きについて，学習問題を考え計画を立てイメージをつくって表現する。
・地域社会の願いを実現させていくために，先人たちの不断の働きや努力，苦労があったことを関連づけて考え，適切に表現している。
・用排水路を開くのに尽くした先人たちの働きや苦労を，白地図や紙芝居などの作品にまとめている。

主体的に学習に取り組む態度	・用排水路を開いた人について必要な情報を集め，読み取ったことをもとに自分の意見や疑問をもち、進んで話し合いに参加しようとしている。

◉ 指導計画　12 時間 + ひろげる 1 時間 ◉

時数	授業名	学習のめあて	学習活動
1	川の下を通る川	・川の堤防の下を横切る水路を観察して，その水路を作った人々の働きに関心を持つ。	・川の堤防の下を横切る水路の写真や資料及び地図を観察して，資料を読み取り，気づきや疑問を話し合い，地域の遺跡の成立の経過に関心を持つ。
2	地域の地形の特ちょうを調べよう	・大阪平野の淀川流域の地形について調べ，北摂地域淀川右岸の特色についてわかったことを話し合う。	・北摂地域の地形的特長について資料から読み取り，その特徴から発生する災害などの地域的課題を考えて話し合い，昔からの課題について関心を持つ。
3	人々の願い（学習問題をつくる）	・昔，北摂淀川右岸の高槻近辺に住んでいた人々の願いについて考え，学習問題をつくる。	・昔の地図などの資料から地域の土地の昔の様子を読み取り，洪水の様子から淀川低地の排水問題という課題を見つけ，学習問題をつくる。
4	いらない水を流すには	・昔 350 年ほど前に，北摂淀川右岸の高槻近辺に住んでいた人々の願いについて考え，いらない水をなくした方法を理解する。	・昔 350 年ほど前に，北摂淀川右岸の高槻近辺に住んでいた人々が，いらない水をなくす具体的な方法を考えつき，計画を進めたことを調べて理解する。
5	水路を見学しよう	・地図や図で確認した水路を見学に行き，現在の番田水路からその規模をつかみ，水路建設の様子を想像する。	・地図や図で確認した水路を見学に行き，気づいたことやわかったことを記録し，整理して地域の様子をつかんで想像する。
6	川の下に水路をつくる	・水路を見学してきたことをもとに，地図や図を見ながら，番田の大樋 (地下水路) の建設の過程を理解する。	・見学してきた現在の姿に，断面図や図や模型などの資料を読み取って昔の姿を重ねて想像し，大樋 (地下水路) の建設の過程を理解する。
7	排水の出口を求めて	・完成した排水路におこった新たな問題について，困難に立ち向かう人々の様子を知る。	・完成した排水路におこった新たな問題について年表や地図を読み取り，困難に立ち向かう人々の考えや努力の様子を話し合い，どのように解決していったのかを考える。
8	働く人々の仕事と工夫	・昔の水路の建設で働く人々の様子や道具について資料で調べ，人々のくろうや工夫，努力について理解する。	・昔の水路の建設で働く人々の様子や道具について，本やインターネット資料で調べ，現在とちがう苦労や工夫，努力について考えて理解する。
9	土地利用の変化ときょう土の人々	・番田水路の開発によって、水田が広がり，人 々の生活が豊かに変わっていったことを理解する。	・番田の大樋をはじめとする番田水路の開発によって，水田が広がって収穫量が増え，人々の生活が豊かに変わっていったことを理解する。
10～12	紙しばいにまとめる	・大樋をはじめとする番田水路を開発した先人の働きや苦労の様子を，紙芝居に表現する。	・大樋をはじめとする番田水路を開発した先人の働きや苦労によって，人々の願いが実現し、地域の発展があったことを考え，グループで協力して紙芝居に表現する。
ひろげる	地域の文化を受け継ぐ	・地域の中で今も残る伝わる遺跡など歴史を伝えるものや文化を探し，関わりの深い人物と結びつけながら関心を持つ。	・市のパンフレットや博物館の資料を調べ，地域の歴史や文化を解明して伝えた人たちの仕事を知り，郷土に与えた影響を考え，関心を持つ。

第1時 川の下を通る川

単元の学習のめあて

川の堤防の下を横切る水路を観察して，その水路を作った人々の働きに関心を持つ。

準備物

- 市の紹介パンフレット
- 遺跡の紹介パンフレット
- 手書き地図写真（記念館より）

教材研究のポイント 地域に残る用水や排水，川の付け替えなど開発の教材は実際に見学が

板書例

川の下を通る川

↑番田大樋（おおひ）入口

番田水路説明板

大樋

↑昔の出口

1 つかむ 水路の写真を見て気づいたことを発表しよう。

水路の写真を見て，気づいたことを発表しましょう。

対象となる事物の写真画像を準備しておき，ICT 機器などで画像を拡大しながら提示すると，さらに集中してさまざまな発見と共に関心を持つことができる。

奥の土手は堤防の土手だね。
入り口は堤防より低い。
あれ？ 堤防の下に水が流れるトンネルがあるのかな。

- 川の堤防はかなり上だね。
- 流れ込む水は堤防の中で芥川に合流するのかな？
- でも堤防の川の反対側に出口があるようだ。
- 川の下を横断している川なの？
- 昔の写真ではレンガで作られていたようだ。

2 調べる 石碑をみて気づいたことや，わからないことを調べよう。

石碑を見て気づいたことはありませんか。

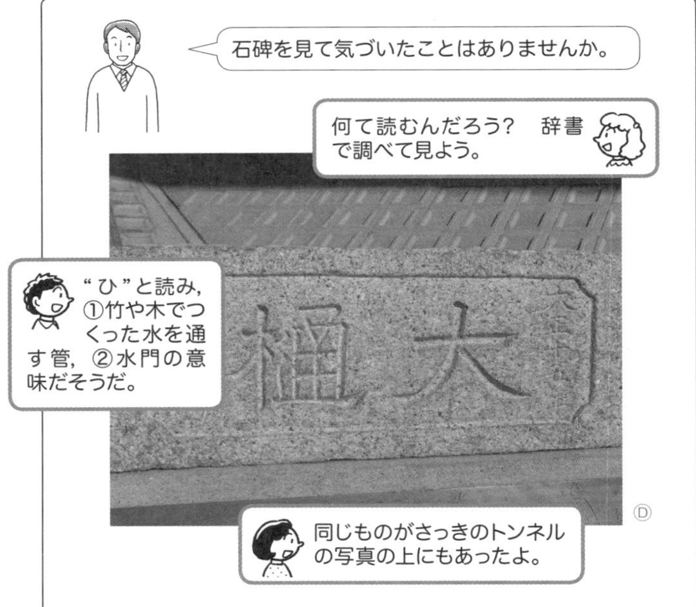

何て読むんだろう？ 辞書で調べて見よう。
“ひ”と読み，①竹や木でつくった水を通す管，②水門の意味だそうだ。
大樋
同じものがさっきのトンネルの写真の上にもあったよ。

- 昔の言葉だから，右から読んで“大樋”かな。
- そうか川の下に水の管を通しているんだね。
- 大きい水路と水門があるということだ。
- 大正十五年三月，次は読めないな。

「竣功しゅんこうと読んで工事の完成を意味します。」

- 大正って昭和の前かな。

可能なので，教材化して活用する。

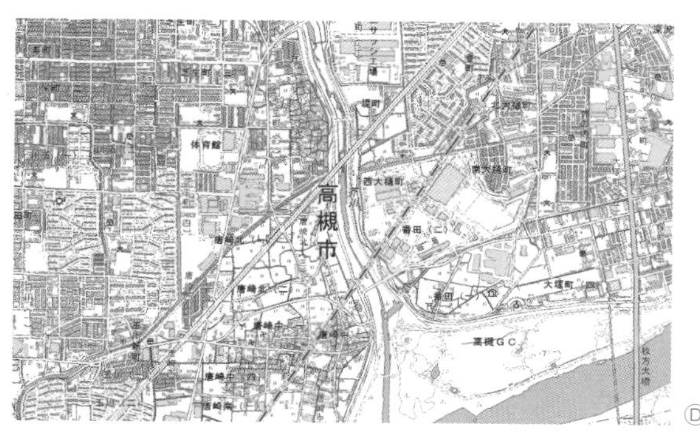

高槻市

【番田の大樋（おおひ）】
・芥川の下を横切って水路が通っている
・大樋は何回もつくりかえられている

主体的・対話的で深い学び

川の堤防の下を横切る水路の写真や資料及び地図を観察して，資料を読み取り，気づきや疑問を話し合い，地域の遺跡の成立の経過に関心を持つ。

3 話し合う 地図から気づいたことや，思ったことを話し合おう。

この大樋は土地の名を取って番田大樋といいます。地図で確かめましょう。
まわりにはまだ田があり，建物は少ないね。
淀川と芥川の合流点より，北に上がった所だ。
確かに右と左で水路が分かれている。
もしかして大きな川の下を流れているのかな。

・大樋の左右の水路は，どちらもまっすぐ流れているようだけど，自然の川はそう流れないと思う。
・芥川の堤防のはばは 100m くらいあるよ。その下に番田大樋があるんだね。
・人が作った水路かも知れない。
・川の下に川なんて，いったいどうしてつくったのかな。

4 話し合って考える なぜこのような水路を作ったのか考え，話し合おう。

昔の人は，なぜこのような大樋をつくったのか考えて話し合いましょう。
何のためにつくったのだろう。
この辺りの土地の様子に理由があるかも知れない。
洪水などの災害になるよ。
水が溜まるとどんなことがあるかな。

・芥川と合流して水を流せなかったのだろうか。
・どうしてこんな場所につくったのだろう。
・一番南の淀川近くではない。
・芥川下流の半端なところだね。
・村の境だったところかな。
・もっと番田大樋について調べてみたいな。

第2時 地いきの地形の特ちょうを調べよう

本時の学習のめあて

大阪平野の淀川流域の地形について調べ，北摂地域淀川右岸の特色についてわかったことを話し合う。

準備物

- 高槻市白地図（地域白地図）
- 地域写真など
- 地域ハザードマップ

教材研究のポイント　地域のハザードマップは市町村役所で発行しているので，できたらクラス

板書例

地いきの地形の特ちょうを調べよう

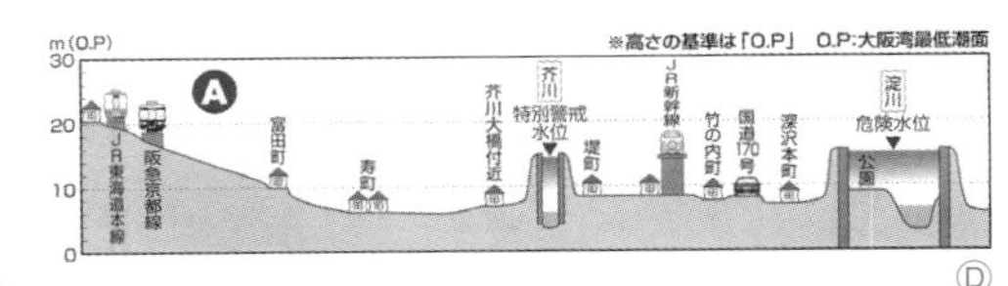
m(O.P)
30
20
10
0
※高さの基準は「O.P」 O.P:大阪湾最低潮面
A
JR東海道本線
阪急京都線
富田町
寿町
芥川大橋付近
芥川
特別警戒水位
堤町
JR新幹線
竹の内町
国道170号
深沢本町
淀川
危険水位
公園

【地形の様子】
- 真ん中から南にかけて平地が広がっている
- 平地に家や工場が広がっている
- 東から南にかけて淀川（よどがわ）が流れている
- 淀川は大きい川なので，川の中の河川敷（かせんじき）が広い
- 北の方に山が広がっている
- 山のふもとにもまちが広がっている

1 つかむ　私たちが住んでいる地域の特徴について，地図や写真を見て考えよう。

私たちが住んでいる地域はどんな地形なのか，白地図の川に色をつけ，市の写真を見て考えましょう。
けっこう平地が多いね。
東から南へかけて淀川が流れている。
淀川は大きい川なので，川の中の河川敷が広い。
真ん中から南にかけて平地が広がっている。

地域の白地図を配布して，淀川など主要河川に色づけさせる。

- 平地に家や工場が広がっている。
- 北の方に山が広がっている。
- 地図では山が京都府との境まで広がっている。
- 山の間から芥川や女瀬川，檜尾川が流れてきて，淀川に流れ込んでいる。
- 山の麓にもまちが広がっている。

2 見つけて話し合う　地形から考えられる私たちの地域の特色を話し合おう。

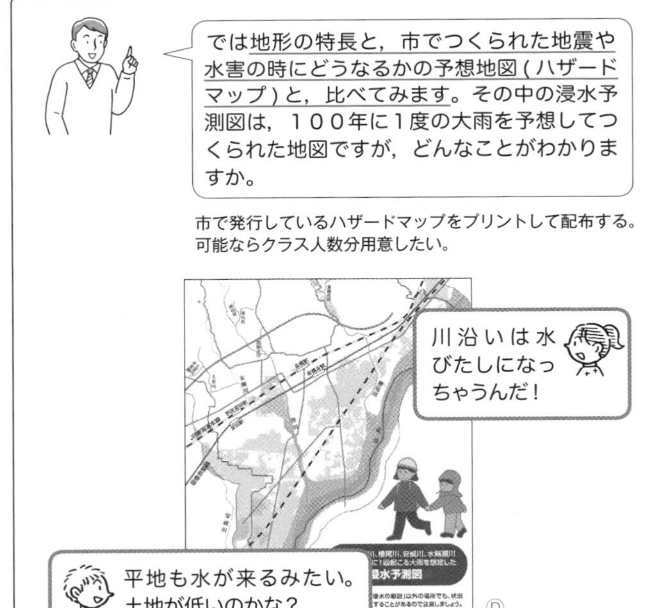
では地形の特長と，市でつくられた地震や水害の時にどうなるかの予想地図（ハザードマップ）と，比べてみます。その中の浸水予測図は，１００年に１度の大雨を予想してつくられた地図ですが，どんなことがわかりますか。
川沿いは水びたしになっちゃうんだ！
浸水予測図
平地も水が来るみたい。土地が低いのかな？

市で発行しているハザードマップをプリントして配布する。可能ならクラス人数分用意したい。

- 国道 171 号線の南側が水びたしになりそうだね。
- 新幹線もあぶないよ！
- 芥川と如是川に挟まれた地域も色が濃いね。
- 土地が低いのかな。

人数分ほど分けていただき，学校に常備しておく。

【長所や短所】

・平地は移動するのに楽
・鉄道の駅も近くにあり，交通の便がいい
・平地が広いと田畑がやりやすい
・道をまっすぐにすれば，自動車やトラックが走りやすい
・水害が起こると水につかるときもある

水につかったとき，昔の人はどうしたのだろう？

主体的・対話的で深い学び

北摂地域の地形的特長について資料から読み取り，その特徴から発生する災害などの地域的課題を考えて話し合い，昔からの課題について関心を持つ。

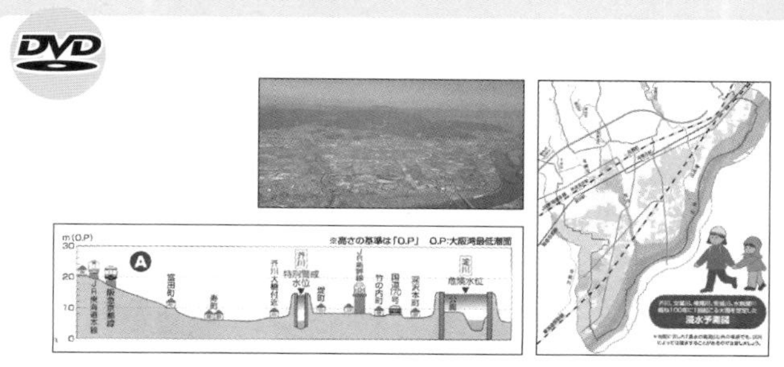

DVD

3 調べる 川沿いの地域の災害の可能性について調べよう。

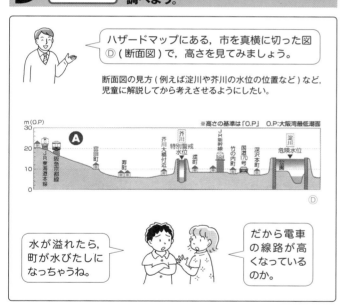

ハザードマップにある，市を真横に切った図Ⓓ（断面図）で，高さを見てみましょう。

断面図の見方（例えば淀川や芥川の水位の位置など）など，児童に解説してから考えさせるようにしたい。

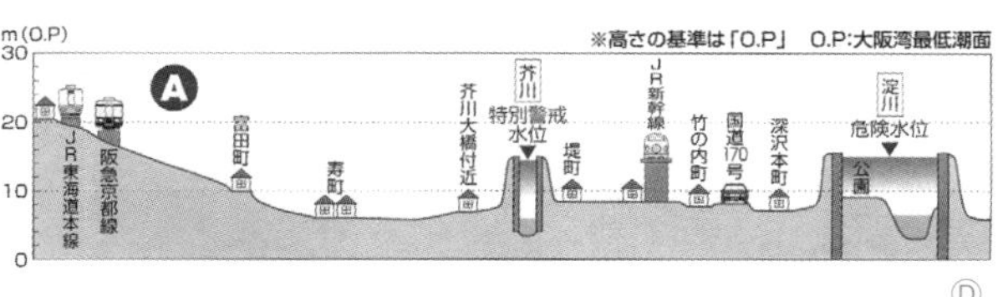

m(O.P)
30
20
10
0
※高さの基準は「O.P」 O.P:大阪湾最低潮面
Ⓐ
JR東海道本線
阪急京都線
宮田町
寿町
芥川大橋付近
芥川
特別警戒水位
堤町
JR新幹線
竹の内町
国道170号
深沢本町
淀川
危険水位
公園
Ⓓ

水が溢れたら，町が水びたしになっちゃうね。

だから電車の線路が高くなっているのか。

・よかった！ふだんは淀川や芥川の水位は低いよ。
・でも大雨が降ると堤防の高さ 15m ぐらいまでくるんだね。
・平らな土地は 8 ～ 10 mの高さだから，堤防が切れたら水が溢れることになる。

「土地の低いところを白地図の中にかいておきましょう。」

4 まとめる 地域の地形から考えられる長所と短所をまとめよう。

市の地形の特長から考えられる長所や短所を，話し合ってまとめましょう。
平地が広いと田畑がやりやすい。
道をまっすぐにすれば，自動車やトラックが走りやすい。
平地は移動するのに楽だ。
鉄道の駅も近くにあり，交通の便がいい。

・山は道が曲がりくねって移動に時間がかかる。
・低地では水害が起こると水びたしになる可能性がある。
・水がついた時，昔の人はどうしたのだろう。

市町村役所で災害対策用に防災パンフレットやハザードマップが発行されている。地震の活断層マップや水害の氾濫想定図と共に，地震や災害時の行動のポイントや避難場所や避難経路が掲載されている。家族で災害時の行動を話し合っておく際の参考になる。災害に対して地域で何が課題なのかはっきりわかるマップなので，中高学年での資料として常備して活用したい資料である。

第3時 人々の願い（学習問題をつくる）

本時の学習のめあて

昔，北摂淀川右岸の高槻近辺に住んでいた人々の願いについて考え，学習問題をつくる。

準備物

・高槻市白地図（地域白地図）
・地域写真など
・地域ハザードマップ
・地域の古地図

教材研究のポイント 昔の地図は，それぞれの時代の社会のようすを示している。折りに触れ

板書例

人々の願い（ねが）

【学習問題】
“低地にたまるいらない

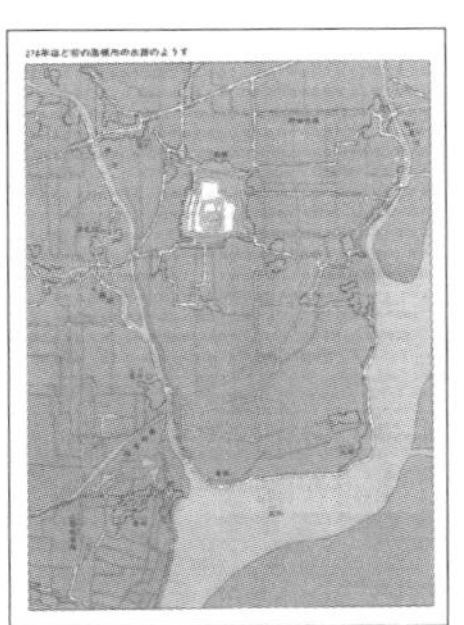

浸水予測図

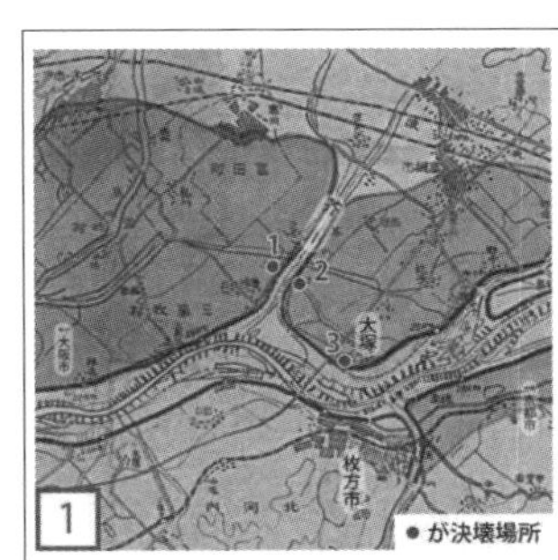
1
●が決壊場所
枚方市

1 つかむ 昔，高槻に住んでいた人たちの様子を考えよう。

「ハザードマップから地形はどういう特徴がありましたか。」
・淀川が大きく流れて，平地はそこに流れ込む川の底よりも低いところが多いです

今から 250 年ほど前の昔，この地域はどんな様子だったのか，昔の地図を見ながら調べてみましょう。

江戸期の簡単な略図があればよいが，明治期の地図でも 100 ～ 150 年前の村落を浮かび上がらせてくれるので，活用したい。

新幹線や高速道路がないね。
すごい！田んぼだらけだね。

・わぁ鉄道の線路がない。
・国道 171 号線や 170 号線がないよ。
・枚方大橋もないね。

2 比べて調べる 今と昔の土地の高さを比べて調べよう。

・町が田の広がりの中にぽつんとあるようだ。
・田が大部分を占めて広がっている。
・お城がとても広い土地に広がっていた。
・道と水路が村々をつなげているように見える。
・芥川を斜めに横切る水路があるのかな？

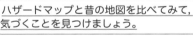

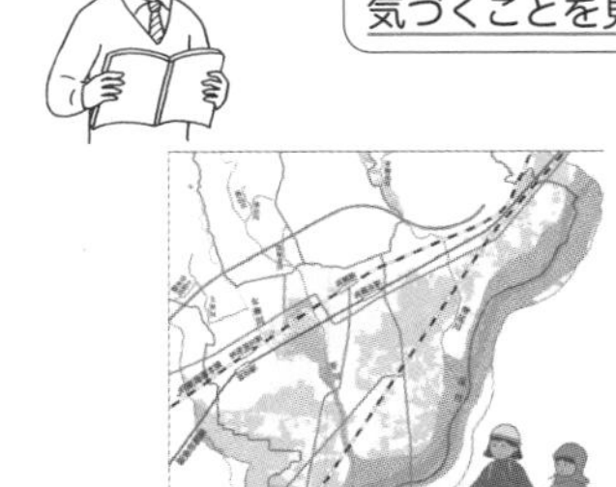
ハザードマップと昔の地図を比べてみて，気づくことを見つけましょう。

浸水予測図

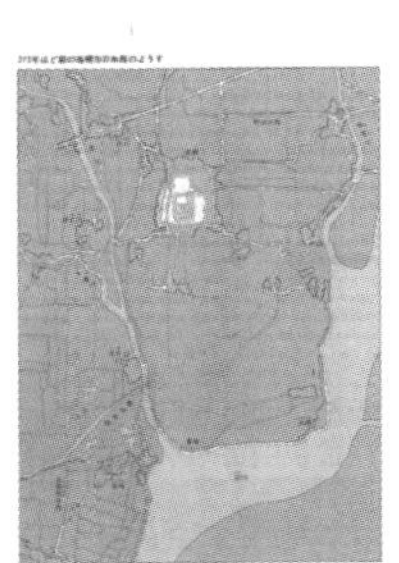

川と堤防の方が平地より高いんだ。
“浸水予測地”は昔の田んぼが広がっていた所だね。

・淀川と芥川の堤防の中はやはり低地だろうね。
・わかった。まちは堤防のそばとかちょっと小高いところにあると思う。

昔の地図を点検して，変化の様子を見つけておく。

水をなくすのにどうしたのだろう”

【昔の土地の様子】

・お城がとても広い
・土地の大部分が田んぼで，広がっている
・まちはていぼうのそばとか，小高いところにある
・淀川と芥川のていぼうの中は低地になっている
・川やていぼうの方が高い
・ていぼうに囲まれている

主体的・対話的で深い学び

昔の地図などの資料から地域の土地の昔の様子を読み取り，洪水の様子から淀川低地の排水問題という課題を見つけ，学習問題をつくる。

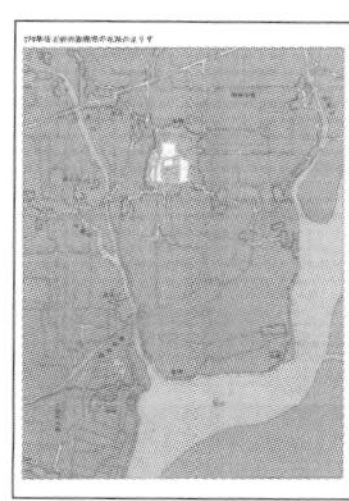

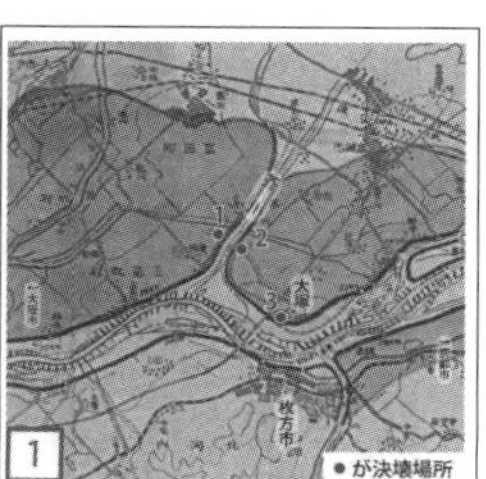

1
● が決壊場所

3 考える 洪水のようすから土地の特徴を考えよう。

今から 100 年ほど前大洪水があり，大阪市内も水没した災害がありました。そのときの地図を見てみましょう。

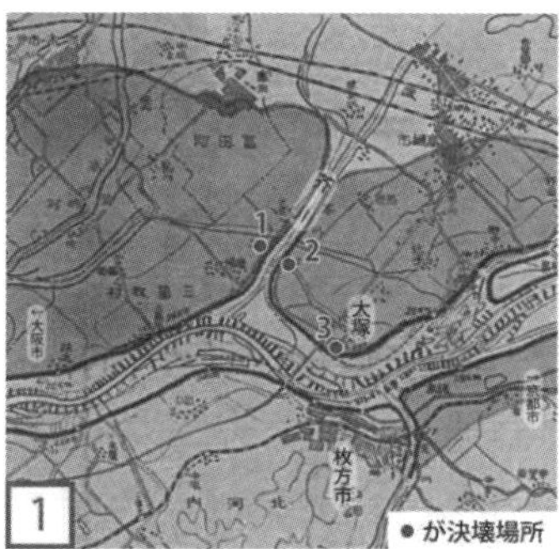

1
2
3
1
● が決壊場所

市の中心まで水が広がったんだね。

川より低い平地は水をどうやって引かせたのかな？

・高槻町から阪急の線路の向こうまで水が行ってる。
・お城の横まで水が行ってる！
・芥川右岸も富田から茨城まで水没しているんだ。
・一度堤防が切れると低い所に水が押し寄せる。
・ふだんでも田の水は多かったのかな。

4 学習問題をつくる 地域の課題をもとに，学習問題をつくろう。

今まで見てきたようように，昔からふだんでも池のような水たまりが多く，うまく排水できない地域だったのですね。
今でも困る問題だね。
雨が降ったとき水をすぐに流してしまえばいい。
どこに流すの。川の水も増えてくるよ。
いらない水を減らするにはどうしたのだろう。

・芥川を斜めに横切る水路があるようだ？
・水路だとしても下流の村はもっと水が増えて困ると思うよ。

「それでは，“低地にたまるいらない水をなくすのにどうしたのだろう”という学習問題を，みんなで調べることにしましょう。」

第4時 いらない水を流すには

本時の学習のめあて

昔350年ほど前に，北摂淀川右岸の高槻近辺に住んでいた人々の願いについて考え，いらない水をなくした方法を理解する。

準備物

・高槻市白地図（地域白地図）
・地域ハザードマップ

教材研究のポイント 地域の古い地図で明治・大正期に作製された地図を町と村の田畑に色分け

板書例

いらない水を流すには

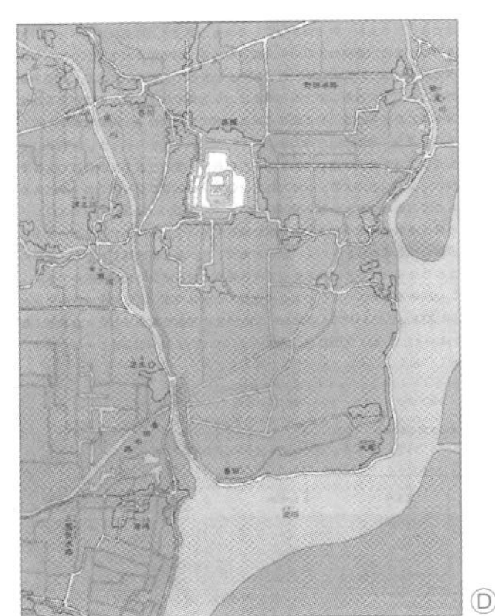

Ⓓ

【350年前の出来事】
①まわりの川底（淀川・芥川・桧尾川）に土しゃがたまり低地より高くなる
②低地のはい水口にも土しゃがたまりはい水できなくなる
③はい水みぞの土しゃをさらうと河川の水がぎゃく流する
④淀川のていぼうが切れ平地の半分以上が沼になる

1 つかむ どうして淀川や芥川に水を流せないのか調べよう。

「前回考えた学習問題を確かめましょう。」
・“低地に溜まるいらない水をなくすのにどうしたのだろう”でした。
・だけど，どうしていらない水を淀川や芥川に流すことができないのだろう。

どうしてなのか，３５０年ほど前の水害の時にタイムスリップして，その様子を探ってみましょう。

この時の様子を副読本などで調べて確かめる。
①まわりの川底（淀川・芥川・檜尾川）に土砂がたまり，低地の標高より高くなる。（天井川）
②低地の排水口にも土砂がたまり排水できなくなる。
③排水溝の土砂をさらうと河川の水が逆流する。
④淀川の堤防が切れ平地の半分以上が沼になる。

大きな川の川底に土砂がたまって川底が高くなるんだ。

川の底が排水路より高くなって逆流してしまうんだね。

2 考える いらない水をなくす方法がないか考えよう。

いらない水をなくす方法はないでしょうか。
もっと下流の川に流せばいいんだけど。
芥川が邪魔で流せないね。
確か270年前の地図に斜めの水路があったと思う。
でも芥川にぶつかっているよ。

「その斜めに流れる水路は番田水路といって，芥川の下を横切っている水路なのです。」
・えっ！川の下に水路を作れるのかな。
・堤防の底が抜けないのかな。
・すごいね！芥川の底でぶつからないのかな。
・いったいどうやってつくったのかな。

すると，昔の土地利用の様子がよくわかる。

【いろいろな問題点】
・つくるぎじゅつとお金
・下流の村の反対

はい水路をつくろう

【決まったこと】
①芥川の底（そこ）を横切る樋（ひ・トンネル）をつくる
②大冠（おおかんむり）・大塚（おおつか）・番田（ばんだ）の水を西の右岸に送る
③同じ高槻藩（たかつきはん）の柱本（はしらもと）で淀川に流し出す
④水門のかぎは下流の村があずかる
⑤水路でつぶれる土地の代金（かわりの土地）は下流の村にはらう

主体的・対話的で深い学び

昔350年ほど前に，北摂淀川右岸の高槻近辺に住んでいた人々が，いらない水をなくす具体的な方法を考えつき，計画を進めたことを調べて理解する。

DVD

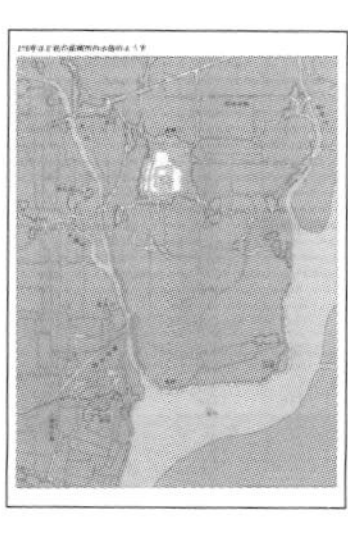

3 考える 水路をつくる計画を立てたとき，起こった問題を考えよう。

でもこの水路を作る前に大きな問題がありました。グループで話し合ってみましょう。ヒントは“自分はよくても”です。
このあたりは土地が低いから下流の人も流されては困るよ。
確かに！それに水路を作る工夫も必要だね。
川の地下に水路をつくる技術があったのかな。
右岸が水が溢れてしまうんじゃないかな。

・この場所は元々低い土地だから，下流の人も排水はいらないのじゃないかな。
・そんな水路ができたら下流の人は反対するよ。
・水路になる土地も必要になる。

「問題が見つかりましたね。下流に住む人たちも，水はあまりいらなかったのです。」

4 まとめる どのようにして問題を解決したのかな。

このように上流と下流の村で利害がぶつかったので，願いを高槻藩（お城）に出し，お城は次のような決まりをつけて工事の許可を出しました。

①芥川の底を横切る樋（トンネル）をつくる。
②大冠・大塚・番田の水を西の右岸に送る。
③同じ高槻藩の柱本（名）で淀川に流し出す。
④水門の鍵は下流の村が預かる。
⑤水路でつぶれる土地の費用（代替地）を下流の村に払う。

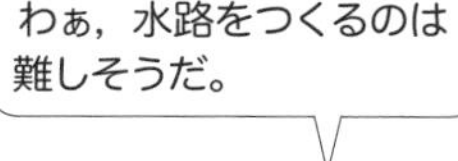
わぁ，水路をつくるのは難しそうだ。
難しい決まりだけどそれでも作ったんだね。

・水門の鍵がないと自分が開けたい時に開けない。
・それでもつくらないと，安心して住めなかったんだね。

第 5 時 水路を見学しよう

授業研究のポイント 見学ができないときには，児童の質問などを想定しながら現地のビデオ

本時の学習のめあて

地図や図で確認した水路を見学に行き，現在の番田水路からその規模をつかみ，水路建設の様子を想像する。

準備物

- 水路見学カード
- 高槻市白地図 (地域白地図)
- 地域の古地図

板書例

水路を見学しよう

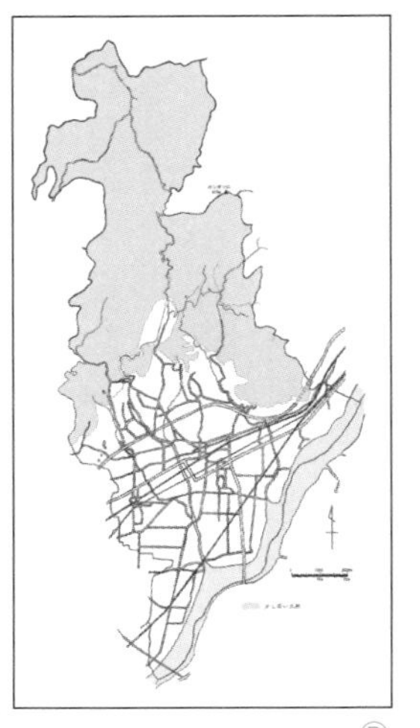

高槻市

【地図でたしかめる】
- 北西に人家があり，ていぼうの左右には人家がない
- ちょうど水路の上を道路が走っている
- 3本の水路が合流して1本で出る

1 つかむ 水路の見学で確かめたいことをメモに書こう。

実際に現在の番田水路を見学に行き，地域の様子を調べてこようと思います。拡大した地図で，水路が作られた場所を確かめましょう。

水路の左岸と東岸を示した地図を配布して確かめさせ，前々時に用いた市の白地図に書き入れさせる。

堤防の左右にはあまり人家がないね。
まわりには北西に家がある。

- ちょうど水路の上を道路が走っているね。
- 3本の水路が合わさって1本になっているようだね。

2 整理する 水路の見学で確かめたいことを整理しよう。

水路の見学で調べて確かめたいことをグループで考えて，プリントに書いておきましょう。

大きさはどれくらいか知りたいな。
どんなつくりなのか見てみたいな。
水門のようすはどうなっているのだろう。
堤防から水面までどれくらいの高さがあるのか。

- 堤防の入り口と出口の様子はどうかな。
- 左岸の3本の水路が集まってくる様子を知りたい。
- 右岸の1本になって流れ出ている様子を知りたい。

「デジタルカメラを写す当番など，グループで分担を決めて準備してください。」

今までの見学と同じく，見学の日程や持ち物の準備物などを連絡しておく。

撮影をしておき，視聴しながら学習を進めるとよい。

【見学のまとめ】
・芥川のはばは100m ぐらい
・大樋はごみでつまらないように入り口をフェンスやネットで囲ってある
・左岸は水路も田んぼも深そうでよどんでいる
・左岸のまわりは田んぼばかりで何もなかった。

⋮

・左岸は水が深くたまっている地いき
・水路は100m ぐらいある

主体的・対話的で深い学び

地図や図で確認した水路を見学に行き，気づいたことやわかったことを記録し，整理して地域の様子をつかんで想像する。

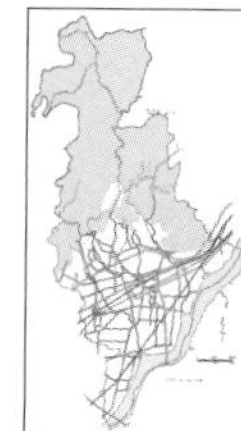

高槻市

3 話し合い整理する 水路を見学してきて気づいたことやわかったことを話し合おう。

水路を見学してきて気づいたことやわかったことを話し合って整理しましょう。
～見学後～
大きな水門があったね。
まわりは家がなかったね。
３本の水路が一つになって排水溝に入っていた。
水門には大きな扉がついていた。

・水門の入り口にごみを取るネットがあったね。
・左岸には昔のレンガの出口が残されていた。
・右側から“大樋”って書いてあった。
・出口は下からわき出るように水が排出されていた。
・出口からの水路は幅が 10m 以上ありそうだった。

4 まとめて発表する 水路を見学してきて気づいたことやわかったことをまとめよう。

水路を見学してきて気づいたことやわかったことをまとめて，発表しましょう。
左岸は水路も田んぼも深そうでよどんでいる。
芥川の幅は 100m ぐらいありそうだ。
排水した後，途中から２筋の水路になった。
水路の堤防はまわりより高かった。

第6時 川の下に水路をつくる

本時の学習のめあて

水路を見学してきたことをもとに，地図や図を見ながら，番田の大樋（地下水路）の建設の過程を理解する。

準備物

- 水路見学カード
- 水路断面図
- 水路想像図

教材研究のポイント　郷土に関係する書籍や写真などは，学校にも寄贈されている場合がある

板書例

川の下に水路をつくる

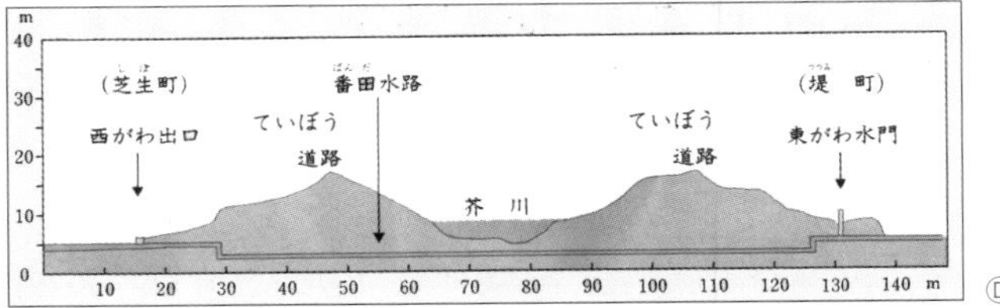

（芝生町）
番田水路
（堤　町）
西がわ出口
ていぼう
道路
ていぼう
道路
東がわ水門
芥　川

【今の大樋の様子】

- 長さ130mぐらいある
- 水路の水面の高さは5mぐらい
- 芥川の水面は6m〜10mぐらい
- 水路より高い
- 東側の入り口に水門
- まわりの水路はコンクリート

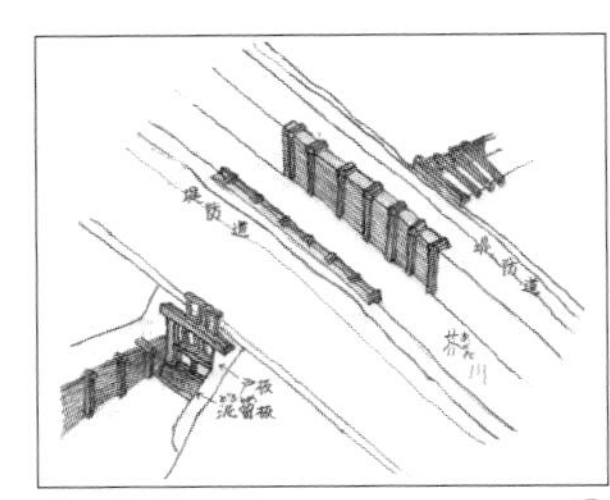

1　つかむ　水路の長さや地形の様子を確かめよう。

水路の見学で気づいたことやわかったことをもとに，昔の工事で疑問に思うことを出しましょう。
芥川の下を横切るトンネル水路が広い！
ただ土を掘ってトンネルを作っただけなのかな。
どうやって川の底に作ったんだろう？

- 上を流れる川の水は漏れなかったのかな。

「番田の大樋（地下水路）がどれくらいの長さがあるか，地図で調べましょう。」

- 実際に見たところでは１００ｍぐらいかな。
- 地図の縮尺を当てると長さがわかるね。
- 500 mで 25 目盛だから割って 1 目盛 20m だ。
- 7 目盛ぐらいあるから，140 mぐらいあるよ。

2　調べる　水路がどのように作られたのか調べよう。

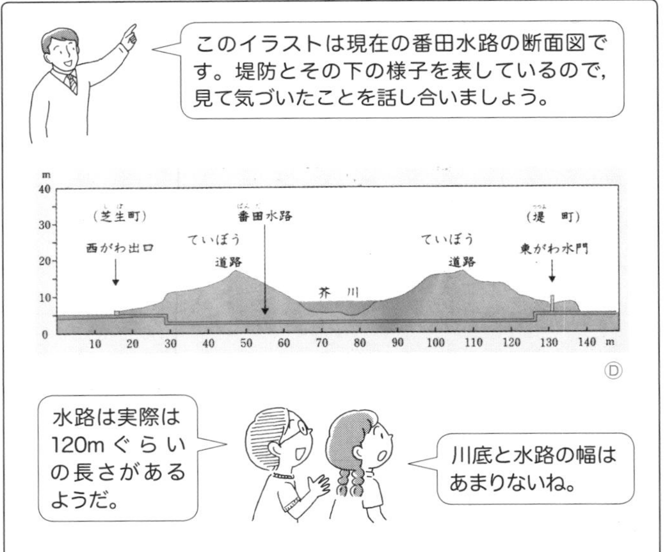

このイラストは現在の番田水路の断面図です。堤防とその下の様子を表しているので，見て気づいたことを話し合いましょう。
（芝生町）
番田水路
（堤　町）
西がわ出口
ていぼう
道路
ていぼう
道路
東がわ水門
芥　川
水路は実際は120mぐらいの長さがあるようだ。
川底と水路の幅はあまりないね。

- 水路の水面の高さは 5m ぐらいの高さだ。
- 芥川の水面は 6m 〜 10m ぐらいで水路より高い。
- 周りの水路はコンクリートでしっかりしている。
- 地下水路もコンクリートだから水漏れはないだろうけれど，昔はどうしただろう？
- お城の石垣みたいに石を積み上げて作ったと思う。
- でも沼地のようなところだからズブズブ沈んでしまわないかな？

ので，校長室や図書館の蔵書も点検するとよい。

【水路の建せつでわかったこと】
●木や板で水路がつくられた

① トンネルをほる
② くいを打ちこんで板でかべをつくる
③ ゆかと天井をはる
④ 水路の両側(りょうがわ)の土手をつくる
⑤ 川のていぼうの土手にかべをつくる

360 年前，川底の下を
横切る木と板のはい水路がつくられた

主体的・対話的で深い学び

見学してきた現在の姿に，断面図や図や模型などの資料を読み取って昔の姿を重ねて想像し，大樋(地下水路)の建設の過程を理解する。

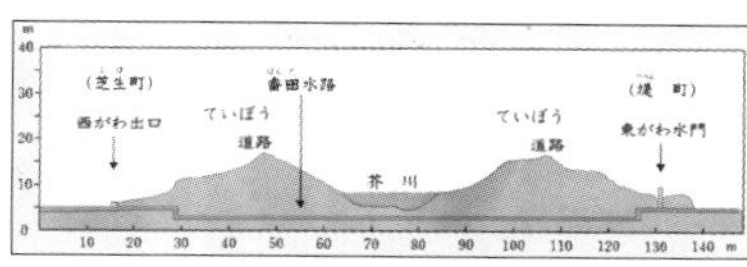

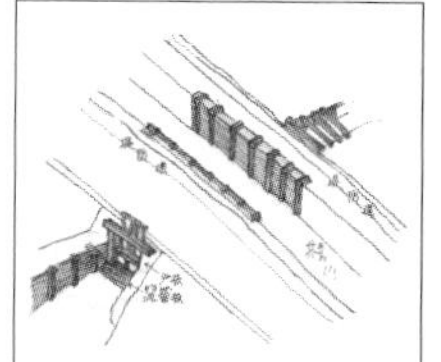

3 見つけて話し合う 工事の進み方や工夫していることをを調べよう。

昔の水路などを作る工事計画の絵と，再現した模型の図があるので，それを見ながら工事の様子を考えてみましょう。
芥川の堤防も板で補強しているね。
水門の所に扉板があるんだ。
泥留め穴と板がついている。
杭を打ち込んで板で壁を作っているんだ。

この図は「神安水利史」伏越樋の図を参考に作成した図で，畿内の平野の伏越樋の一般的な構造。

・かなりの土砂が入ってきたのだろうな。

郷土の歴史に関する本は，たいてい公立図書館の郷土関係書庫にある場合が多い。“ふるさとの思い出写真集シリーズ 328 巻”(国書刊行会発行) は，全国 328 都市の明治大正昭和の写真を 1 都市 1 巻ずつ発行しているので，参考にするとよい。

4 発表してまとめる 工事の完成までの様子をまとめよう。

工事の完成までの様子をまとめましょう。
板で水路を作ったんだね。
一年もかかったんだね…すごい工事だね。
トンネルの中も箱のように板で囲っている。
木の板で作った水路に水を流すなんて思わなかった。すごい技術だね。

「川底を横断する工事の竣工は翌年の 1651 年でした。」

1651 年に竣工した番田大樋は，長さ 57 間 (約 102 m) 内法 5 尺 2 寸 (約 156cm) 四方の大きい樋だった。江戸初期慶安期の幕藩体制を固める譜代大名永井氏の支配領であったとはいえ，大規模な工事で水路全体は 3 年後に完成した。この後 1704 年には樋を二艘 (樋は艘で数える) にするが，種々の水論の結果，1713 年に 1 艘に戻し，内法を 6 尺 3 寸 (約 189cm) 四方に拡大して実利を取っている。

第 7 時

排水の出口を求めて

本時のポイント 地図の中で縮尺などを使って距離を計測するときには，その方法を書画

本時の学習のめあて

完成した排水路におこった新たな問題について，困難に立ち向かう人々の様子を知る。

準備物

・排水路の地域地図
・新排水路の地域地図

板書例

はい水の出口を求めて

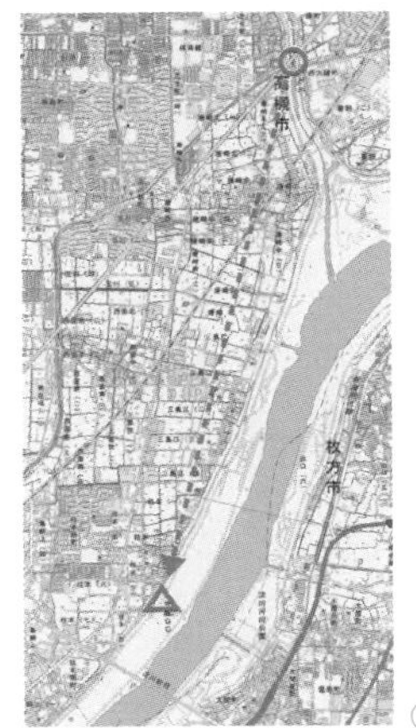

番田水路地図

【1650 年以後の水がい表】

1653	番田水路完成
1655	淀川・芥川切れ
1658	安威川こう水
1660	安威川こう水
1674	淀川こう水
1687	番田井路切れ
1688	安威川こう水
1690	安威川こう水
1699	（　　　　）

※安威川は西側の川

1 振り返る 大樋ができた後の工事の手順を思いだそう。

大樋はできましたが，まだ問題が残っていました。どんなことでしたか。

① 芥川の底を横切る樋（トンネル）をつくる。⇒完成
② 大冠・大塚・番田の水を西の右岸に送る。
③ 同じ高槻藩の柱本で淀川に流し出す。

どれくらいの距離があるのか縮尺で計ってみよう。

川までの水路がまだだよ。

・水を右岸に送るには大樋から下流の水路を作らなければならない。
・淀川の水位と同じ高さの“柱本”まで水路を作る。
・直線でも柱本まで 4200m ＝約 4.2km ぐらいだ。
・淀川の中の水路はどれくらい掘ったのかな。
「淀川の川べりまで 800m 程掘り進めています。」

2 調べる 地域におきた新たな問題について調べよう。

「この水路建設には時間がかかり，工事の開始から 3 年後の 1653（承応 2）年にやっとでき上がりました。」

この水路が通る四カ村の田地が水路床になったので，四カ村には代わりの田地が渡されました。時間がかかった理由は，どう思いますか。

大樋より水路の建設の方が時間がかかっている。

下流の村に，水路の底になる田地を出してもらう話し合いに時間がかかったのだろう。

その土地が米作りの途中で，刈り取るまで待ったりしたのだろうな。

水路建設で働く人たちも農業で生活しているから，工事ばかりできなかったと思う。

カメラなどから大型テレビへ拡大提示して共有するとよい。

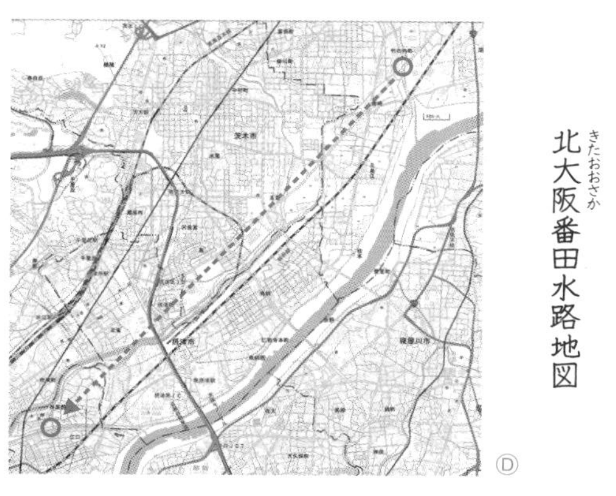

北大阪番田水路地図

新しくはい水路を約3倍にのばす
努力をして，新水路を完成させた

主体的・対話的で深い学び

完成した排水路におこった新たな問題について年表や地図を読み取り，困難に立ち向かう人々の考えや努力の様子を話し合い，どのように解決していったのかを理解できるようにしたい。

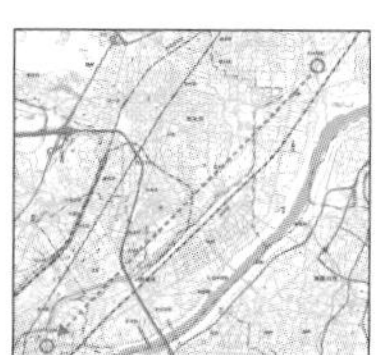

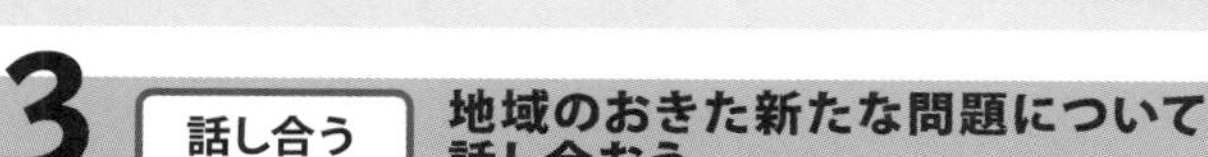

3 話し合う 地域のおきた新たな問題について話し合おう。

ところがせっかくできた番田水路にまた問題が出てきます。どんな問題なのか，次の年表を見て話し合いましょう。
すごい！洪水がいっぱい起きてるね。
これじゃあ安心して暮らせないよ…！

17世紀後半の地域の洪水年表を提示する。

1653	番田水路完成
1655	淀川・芥川切れ
1658	安威川 こう水
1660	安威川 こう水
1674	淀川 こう水
1687	番田井路切れ
1688	安威川 こう水
1690	安威川 こう水
1699	（　　　）

・3年から10年おきに洪水が起こり，水害の被害にあっているんだね。
・みんな仕事を安心してできなかっただろうね。

「安威川は，芥川の西どなりの川で，左岸の堤防が切れるので番田の水路も被害が出ました。さらに番田の水路の淀川の出口に，どんどん流されてきた土砂が溜まってしまったのです。」

・わぁ排水できない！
・土砂を取れば淀川の水が逆流してくるんだ！

4 まとめる 地域のおきた新たな問題をどうしたのかまとめよう。

「地域の人々はどうしたでしょうか。」

・無理に掘れば反対に水が入ってきちゃうね。
・掘らなければ沼になってしまうよ。

地域の状況を見た高槻藩は，頻繁に洪水が起っていた西どなりの安威川と玉川の川幅を広げる工事を始め，同時に番田水路を玉川につなげる工事を始めます。地図で確かめましょう。

縮尺で確かめると500mの32個分，約16km！

前の距離の約3倍だよ，よくできたなぁ。

よく見ると市の境を流れているみたいだね。

「新しい水路は1701(元禄14)年に完成したのです。」

17世紀後半，大阪平野の北摂低地の淀川右岸の村々は，毎年のようにどこかで起こる洪水の被害に悩まされていた。少し雨が続けば田畑は池のようになり，高槻では番田水路が完成しても新たに新川排水路を建設するような状況だった。番田水路も50年後には淀川の排水出口が詰まり，淀川から分水して流れる神崎川の同水位口まで新水路を掘り抜いた。全国の低地でも同じような状況だったといえる。

第 8 時
働く人々の仕事と工夫

本時の学習のめあて

昔の水路の建設で働く人々の様子や道具について資料で調べ，人々のくろうや工夫，努力について理解する。

準備物

・イラスト水路建設の様子
・プリント「昔の道具①②③」

教材研究のポイント 昔の工事などに使う道具は，使い方だけでなく地方によりいろいろな呼び方

板書例

働く人々の仕事とくふう

【働いている人の様子】

・土を運んでいる　・土を集めている
・くいを打っている　など

1 つかむ 昔の水路の建設の様子を想像しよう。

今堤防などの建設工事はどのようにしていますか。グループで話し合い，発表しましょう。
ブルトーザーで土を削り，ならす。
ショベルカーが土を掘ったり集めたりしている。
ダンプカーに乗せて土を運ぶ。
ローラー車で土を固める。

・ベルトコンベアーで土や砂，石を少しずつ運ぶ。
・杭打ち機で杭を打ち込む。

「今のような機械のない昔，人々はどのようにして水路を作ったのでしょう。」

・クワで土を掘るしかないよ。
・スコップで土を運ぶのかな。
・みんな人の手でやったのかな。大変だ！

2 話し合う イラストを見て働いている様子を話し合おう。

イラストを参考にして人々の仕事の様子を調べましょう。まずプリントに書いてから，グループで話し合って整理して発表しましょう。
たくさんあるので全員が発表するようにグループで話し合わせたい。
土を運んでいる人がいるけど，何という道具を使っているのかな？
土を集めている。
つるはしや鍬を使って土を掘っている。
三本鍬で土を掘っている。

・杭を打っている。
・水路の岸壁を整えている。
・工事を指導している。
・土つき（たこ）で土を固めている。
・材木を運んでいる。

があるので，博物館などで調べるとよい。

いろいろな道具

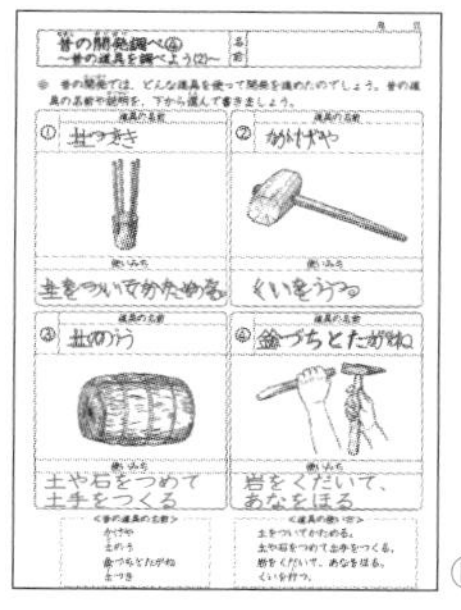
昔の開発調べ④
～昔の道具を調べよう(2)～

道具の名前	使いみち
① 土つき	土をついてかためる
② かけや	くいをうつ
③ 土のう	土や石をつめて土手をつくる
④ 金づちとたがね	岩をくだいて、あなをほる

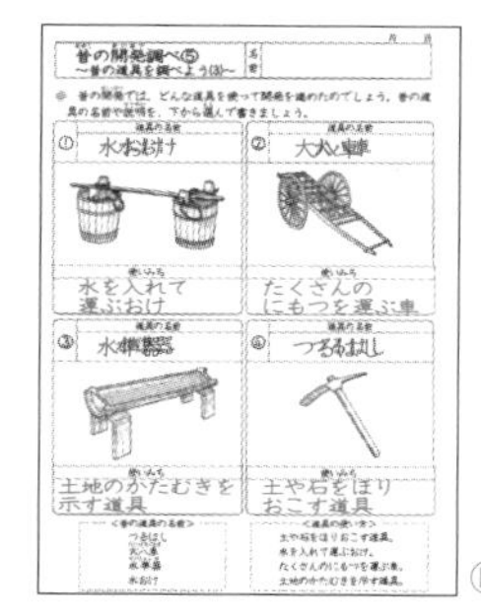
昔の開発調べ⑤
～昔の道具を調べよう(3)～

道具の名前	使いみち
① 水おけ	水を入れて運ぶおけ
② 大八車	たくさんのにもつを運ぶ車
③ 水準器	土地のかたむきを示す道具
④ つるはし	土や石をほりおこす道具

・今のような機械などない。
・すべて人間の手作業の力で完成させた。

主体的・対話的で深い学び

昔の水路の建設で働く人々の様子や道具について，本やインターネット資料で調べ，現在とちがう苦労や工夫，努力について考えて理解する。

3 調べる どんな道具が使われていたのか調べてみよう。

名前を知らない道具がありますね。教科書やインタ ーネット，図書館の本などで調べてみましょう。

図書館の本はあらかじめピックアップして，学年で授業時に回すようにする。インターネットは，その環境で許す限り，キッズページなどで検索させたい。
板書欄のようなプリントを使って調べていき，名前を確認する方法もある。

防災訓練の時，土つきを見たよ！
つるはしは石も掘ることができるんだ。
石を運んでいるのは「もっこ」というんだね。
つるはしやくわは今もあるね。

・教科書には“たこ”とある。いろいろ名前があるけど，どうしてだろう？
・杭を打つのにも使っていた。

4 まとめる 昔の水路の建設の様子をまとめよう。

昔の水路の建設について様子をまとめましょう。
昔はどれくらい働いたのだろう。
日が昇ったら始めて日が落ちたら終わると思う。
食事を用意している人たちもいる。
計画から３年もかかるということは，すごい人数と費用がかかったと思う。

・機械などなく，全部人間の手作業で完成させた。
・大樋の建設は土砂と水との戦いだったと思う。
・よく間違えずにトンネルが作れたと思う。
・水害が少なくなるという目標を持って仕事をしたのだろうな。

昔の道具の名前については，地方によって様々なよび方が残っている。たとえば，「もっこ＝ふご」「土つき＝たこ」「箕＝さど箕」などは典型的な例である。また同種類のものでも大きさによってよび名が違う場合もある。そこで，図書館の本やインターネットのキッズサイト（ここから入るとフリガナつきで検索することが多い）で検索すると，各地の教育研究所などのサイトで紹介しているので，ぜひ調べ学習をさせたい。

第9時 土地利用の変化ときょう土の人々

教材研究のポイント 地域の用排水路は，災害時には一変して水害などの被害に直結するので，

本時の学習のめあて

番田水路の開発によって，水田が広がり，人々の生活が豊かに変わっていったことを理解する。

準備物

・シーボルト旅行日記プリント

板書例

土地利用の変化ときょう土の人々

体育館
堤町
西大樋町
高槻市
番田
唐崎北

【土地利用の様子】

- 今は人家がいっぱい建っている
- 国道ぞいには工場がいっぱいならんでいる
- スーパーマーケットやいろいろな種類の大型店がならんでいる
- 田畑もほんの少し残っている
- 田畑からまちへ変わってきている

1 つかむ 市周辺の土地利用の変化を見つけよう。

今の高槻市南部の地図や写真から，土地利用の様子はどのように変わってきたのか考えましょう。

国道沿いには工場がいっぱい並んでいる。

田畑もほんの少しある。

- 50年前は水田がいっぱい広がっていたそうだ。
- 水がいっぱいの土地や沼地では，お米かレンコンしか作れなかったそうだ。
- 番田水路は低地に集まるいらない水を流せるようにしたので，米作りが安心してできたんだね。

2 調べる 番田水路の完成によってかわったことを調べよう。

番田水路の完成によってかわったことを調べてみましょう。
やはり，低地に溜まるいらない水をなくすことができたことが一番だと思う。
高槻南部の村々で，1年間に6000石(約900トン)の米がとれるようになったそうです。
水害が減ったお陰で，お米がたくさん取れたんだ。
安心して暮らせるようになったんだね。

「高槻藩の領地の取れ高は三万石ですから，その五分の一に当たるぐらいの取れ高が増えたといわれています。」

【お話　シーボルトの旅行日記より】
「淀川は、琵琶湖と連なっているので、時として大こう水を起こすことがある。
　ことに田畑が川よりも甚だ低いので、それを防ぐために高い堤防を作っている。その堤防のあちこちに１８尺(54cm)の深さのみぞがつらぬいて作られている。これは入り樋といわれた用水の取入口で、水門を作って、水量を調節して取り入れ、稲田に流している。」

(1826年今から190年ほど前、シーボルトが江戸参府の途中、枚方宿を通ったとき淀川の灌漑について記している)

Ⓓ

番田水路は，何回もしゅう理されて，低地に集まるいらない水を流し続けている

主体的・対話的で深い学び

番田の大樋をはじめとする番田水路の開発によって，水田が広がって収穫量が増え，人々の生活が豊かに変わっていったことを理解する。

3 調べる　人々の願いは実現できたのか，先人の働きや工夫を調べよう。

北大阪のほかの地域でも，排水路だけでなく用水(水を引いてくること)の方法として，大樋のようにトンネルを利用するようになりました。資料を見て調べましょう。

他の地域でも同じようなトンネルを作って傷んだね。
排水だけではなく，用水にも利用されていたんだね。
今から 200 年ぐらい前に，そんなトンネル水路ができていたんだ。
淀川の堤防にトンネルを開けて水を取り入れているんだ。

・高いところから低いところに流れる水の性質を，十分利用して生活していたんだな。

4 考える　番田水路は現在どのような役割を果たしているのか考えよう。

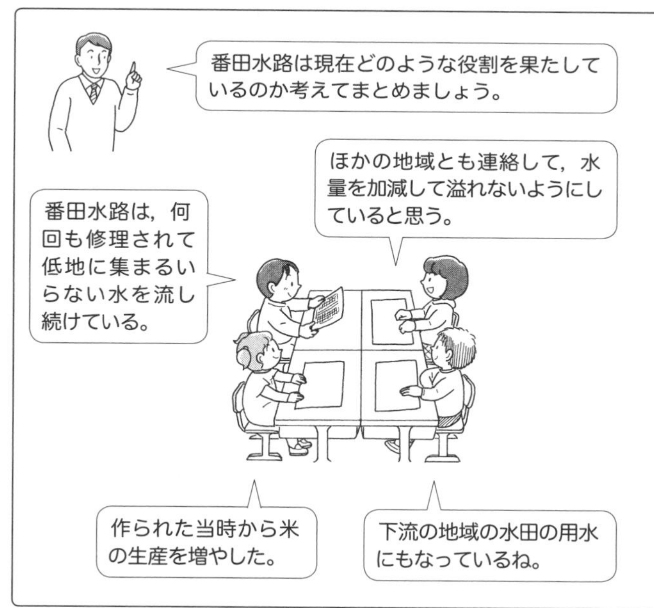
番田水路は現在どのような役割を果たしているのか考えてまとめましょう。
ほかの地域とも連絡して，水量を加減して溢れないようにしていると思う。
番田水路は，何回も修理されて低地に集まるいらない水を流し続けている。
作られた当時から米の生産を増やした。
下流の地域の水田の用水にもなっているね。

　淀川低地の地域では，今でも昔からの農家の納屋に田船が残されている。低地で深田のため農道が整備されていない時代，大八車や軽トラックは何の役にも立たず，川筋の田の耕作には船が不可欠だった。農具をはじめ，田植えの苗や昼の弁当，赤ん坊まで乗せられて運ばれていた。秋には脱穀した籾がカマスに詰められ運ばれた。洪水のときの避難用や連絡用の交通手段としても重要であった。

第10~12時 紙しばいにまとめる

本時の学習のめあて

大樋をはじめとする番田水路を開発した先人の働きや苦労の様子を，紙芝居に表現する。

準備物

・紙芝居製作ワークシート

授業研究のポイント 紙芝居などの発表会を企画するときには，クラスでの発表だけでなく，

板書例

紙しばいにまとめる

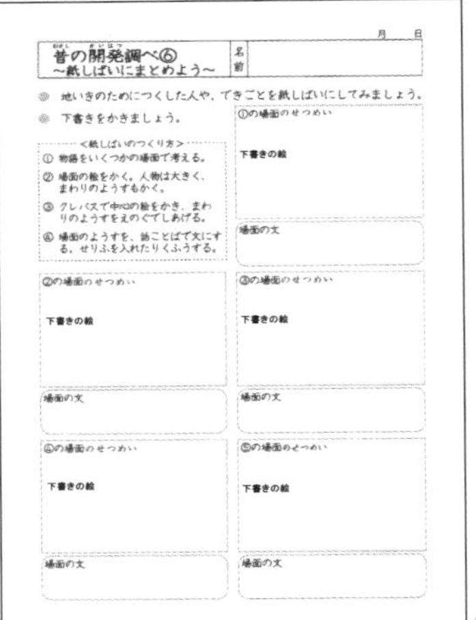

月　日

昔の開発調べ⑥
～紙しばいにまとめよう～

名前

◎ 地いきのためにつくした人や，できごとを紙しばいにしてみましょう。

◎ 下書きをかきましょう。

<紙しばいのつくり方>

① 物語をいくつかの場面で考える。
② 場面の絵をかく。人物は大きく，まわりのようすもかく。
③ クレパスで中心の絵をかき，まわりのようすをえのぐでしあげる。
④ 場面のようすを，話ことばで文にする。せりふを入れたりくふうする。

①の場面のせつめい　下書きの絵　場面の文

②の場面のせつめい　下書きの絵　場面の文

③の場面のせつめい　下書きの絵　場面の文

④の場面のせつめい　下書きの絵　場面の文

⑤の場面のせつめい　下書きの絵　場面の文

Ⓓ

【時間の予定】

1時間　場面の相談
　　　　絵の下書き
2時間　絵を仕上げ，文を書く
3時間　発表会

1 考える　水路開発の物語をいくつかの場面で考えよう。

水路開発の紙芝居で，どんなことを伝えたいのか確かめましょう。
水害が減ったことです。
大変な工事だった事です。
溜まったいらない水をなくすことができたことを伝えたい。
350年前の開発で，大雨で水害が起こることが減ったことを伝えたい。

・川の底に，木や板の樋の水路を作った技術がすごいと思う。

「どのような場面を作るとわかりやすいか，みんなで相談しながら考えましょう。」

紙芝居製作ワークシートⒹを配布する。(DVD 収録) 場面が多くなることなどを予想し多めに渡しておく。

2 話しいながらつくる　下書きの絵をかき相談してから，紙芝居の台紙にかいていこう。

場面を決めていくとき，お話のあらすじを考えてから，それぞれの場面にわけて，分担を決めるようにしましょう。

それぞれの場面について，
① 場面の題と説明
② 下書きの絵（おおまかにかく）
③ 登場人物の気持ちや考え，工夫など
を，ワークシートに書き込んでいくようにさせる。

私は水害で困っている所を描くわ。

ぼくは大樋を作っている所を描こうかな。

先生が，写真の説明で，農道がないので船で田んぼに行くといっていたね。

私は，村の人がお米も作れず水害で困っているところをかこうと思う。

いろいろな機会を設定するとよい。

〈紙しばいのつくり方〉

① 物語をいくつかの場面で考える
② 場面の絵をかく。人物は大きく，まわりの様子もかく。
③ クレパスで中心の絵をかき，まわりの様子を絵の具で仕上げる。
④ 場面の様子を，話ことばで文にする。せりふを入れたり工夫する。

主体的・対話的で深い学び

大樋をはじめとする番田水路を開発した先人の働きや苦労によって，人々の願いが実現し，地域の発展があったことを考え，グループで協力して紙芝居に表現する。

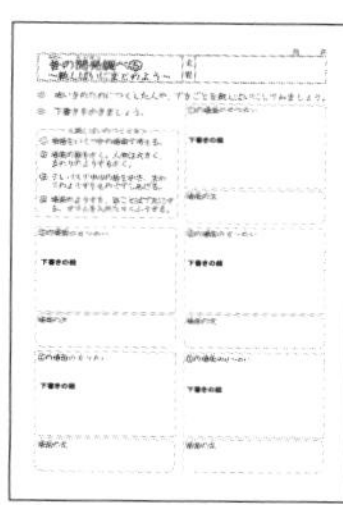

3 話しいながらつくる 場面の様子を考えて文を書き，相談してから台紙の裏にかこう。

「絵を描いていくとき，昔の道具や村の様子などは，昔の写真などいろいろなものを参考にしましょう。」

指導者は副読本や教科書の振り返りだけでなく，昔の村の写真集などを提示して，場面のイメージを膨らましていくようにさせる。

絵が仕上がってきたら，紙芝居の台詞の文を考えましょう。文の内容は，絵の説明だけでなく，
・登場人物の気持ちや願いをせりふにする。
・自分の思ったことや感じたことを付け加える。
・台詞をいう担当をみんなで分担する。
など，グループで工夫して見ましょう。

“もっこ”は写真を見て描こう。
水路ができた時の気持ちを描こう。

4 発表する 紙芝居を発表しよう。

では，紙芝居を発表しましょう。
水路開発は大変な工事でした。

●紙芝居の発表会は，クラスでの発表だけでなく，いろいろな機会を設定するのもいいだろう。
・クラス参観
・お世話になっている地域の人との交流会
・他学年との交流発表会
など，地域の願いや思いを学習した内容として発表することが大切だと考える。

●最後に，資料や紙芝居づくりと発表を振り返り，単元を学習した感想を書かせるようにする。調べたことを，水路建設に力を注いだ人々の気持ちや願い，人々の協力と工夫などと関連させて考えさせたい。

ひろげる

地いきの文化を受けつぐ

教材研究のポイント 地域の教材については，日頃から博物館や郷土資料館などを巡り，取材

本時の学習のめあて

地域の中で今も残る伝わる遺跡など歴史を伝えるものや文化を探し，関わりの深い人物と結びつけながら関心を持つ。

準備物

・市の紹介パンフレット
・遺跡の紹介パンフレット
・手書き地図写真
（記念館より）

板書例

地いきの文化を受けつぐ

長岡京市
Nagaokakyo City
四季の移ろい 時間の流れ
あなただけの長岡京市がここにある

わたしたちの住む町は1230年前
日本の都でした
今・昔

1 つかむ わたしたちの地域の名前について考えよう。

私たちの市の名前や JR の駅の名前はなんですか。
長岡京市です。
JR 長岡京です。

「JR の駅は昔神足（こうたり）といいましたが，この名前にかわったのです。」

・“ 京 ” がついているから京都に関係あるかな。
・へぇ，知らなかった。
・昔からある土地の名前かな？

「どうしてこの名前なのか，市のパンフレットをみてみましょう。」

導入資料として，市の関わった人々が出てくるパンフレットなどを準備しておく。数が足りない場合はプリントしておく。

2 見つけて話し合う 長岡京の名前の由来を調べよう。

私たちの住んでいるところは，約 1200 年ほど前に都が置かれ “ 長岡京 ” として栄えました。京都のように日本の政治の中心として都がおかれたところなので，“ 京 ” がついているのです。

昔の “ 都 ” の名前から取ったんだね。

幻の都だって。どうして “ 幻 ” だったのかな？

「年表で整理すると

・710 年 奈良の都 (平城京) が置かれる。
・784 年 長岡京が置かれる。
・794 年 京都に都 (平安京) が置かれる。
・1869 年東京に都が置かれる。

となります。10 年間の都であった長岡京はだんだん忘れ去られていき，“ まぼろしの都 ” になってしまいました。」

しておくとよい。

【おもな都のうつり変わり】

710 年　奈良の都（平城京）がおかれる
784 年　長岡京がおかれる
794 年　京都に都（平安京）がおかれる
1869 年　東京に都がおかれる

主体的・対話的で深い学び

市のパンフレットや博物館の資料を調べ，地域の歴史や文化を解明して伝えた人たちの仕事を知り，郷土に与えた影響を考え，関心を持つ。

長岡京市
Nagaokakyo City

わたしたちの住む町は1230年前
日本の都でした

3 見つけて話し合う　まぼろしの都を発見した中山修一さんについて調べよう。

その“まぼろしの都”を発掘したのが中山修一さんです。どのようにして発掘していったのか，そのようすを調べましょう。

中山修一記念館を見学して，その生涯や長岡京研究のようすなどを図面やインターネットで調べることができる。指導者があらかじめ見学して資料を採取し，児童に提示する方法もある。

ひとりの人が調査したんだね。

こんな人が地元にいたなんて知らなかった！

学校の先生をしながら，研究を進めていたんだ。

仕事の行き帰りも，長岡京の手がかりをつかもうと土器や瓦のかけらを探したり，石を探していた。

・長岡京都の全体を表す，大きな手作りの地図がつくってある。
・1955 年とうとう宮殿の門跡を発見したんだ。

4 発表してまとめる　長岡京の発掘後どうなっただろう。

宮殿の発見の後，どうなったと思いますか。

地面を掘り起こして，予想が当たっているかどうか確かめるというのもすごいね。

ほかの遺跡も発掘されたとおもう。

新聞に載ったかな？

地域の人が“自分たちは長岡京に住んでいるんだ”という気持ち（誇り）を持ってくれると思う。

「新聞どころか教科書にも載るようになり，今では 2000 回を超える発掘調査で，次々と都の様子が明らかになっています。地域のみなさんが誇りを感じるような市の名前になっていったのですね」

"発掘"は，主に埋蔵文化財の出土の可能性がある場所に道路や建物を建てるとき，地面下に昔の遺跡（歴史上の建物・事件のあった跡）がないかどうか調査をするために掘り進めて確認する作業である。中山修一氏は，在野の郷土研究者でありながら，手書きの長岡京復元図を元に，発掘調査があれば東奔西走してその成果を調べ，とうとう朝堂院南門の「会昌門」を発掘し，長岡京の存在を実証した。日本のシュリーマンたる所以である。

丹後ちりめんのまち・京都府与謝野町

全授業時間７時間＋導入１時間＋ひろげる１時間

◉ 学習にあたって ◉

◇何を教えるのか　－この単元の特徴－

児童が生活している都道府県内から特色ある地域を選び，伝統的な地場産業の生産の様子や，それらを守ろうとする人々の活動について学習します。教科書では，具体的な地域（宮城県など）を教材例として取り上げています。実際の授業では，自分たちの住んでいる都道府県を取り上げることになり，教科書や本書を参考にして教材を作っていかなければなりません。

本書では，より幅広く参考例を提示できるように，この小単元では京都府を取り上げ，他の小単元では兵庫県，岡山県，宮城県の3県をそれぞれ取り上げています。

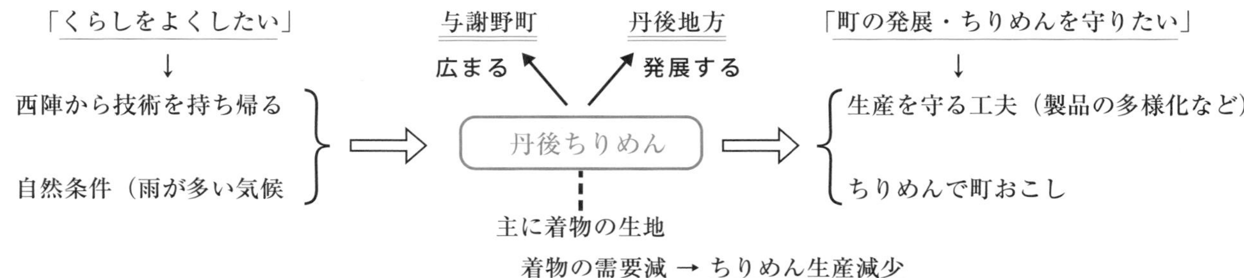
「くらしをよくしたい」
西陣から技術を持ち帰る
自然条件（雨が多い気候
与謝野町
広まる
丹後地方
発展する
丹後ちりめん
主に着物の生地
着物の需要減 → ちりめん生産減少
「町の発展・ちりめんを守りたい」
生産を守る工夫（製品の多様化など）
ちりめんで町おこし

◇どのように教えるのか　－主体的・対話的で深い学びのために－

児童が住んでいる都道府県のまちを取り上げて学習します。実際に足を運んだ地域や身近に感じている地域もあるでしょう。児童の気づきや体験を対話でつないでいくことで学習に対する関心を高め，学びに深みがでるものと考えられます。この学習では，各種の資料が大切です。①「友だちと対話」し，②「資料と対話」し，③できれば「とりあげた教材に関わる人との対話」ができれば，より深い学びへと向かっていけるものと考えられます。

◉ 評　価 ◉

知識および技能

・自然環境や位置，伝統的な地場産業の生産活動など特色ある地域の様子を理解し，人々が協力してまちづくりや産業の発展に取り組んでいることが理解できる。
・地図帳，画像や映像，統計資料，インターネットなどの資料を活用し，特色ある地域の位置や自然環境，産業活動，人々がまちづくりや産業の発展のための取り組んでいる様子を調べている。

思考力，判断力，表現力等

・県内の特色ある地域の位置や自然環境，人々の活動や産業の歴史的背景や協力関係などに着目して，地域の様子，課題，未来について考え判断している。
・対話の中で自らの意見を述べ，学習したことを４コマ CM などにまとめ発表している。

主体的に学習に取り組む態度

・特色ある地域の様子や伝統的な地場産業に関心を持ち，主体的に調べたり考えたりしている。
・他の児童の意見をよく聞き，進んで意見を述べるなど対話に積極的に参加している。

◉ 指導計画　7時間 ＋導入１時間 ＋ひろげる１時間 ◉

時数	授業名	学習のめあて	学習活動
導入	京都府内の特色ある地域（「特色ある地域と人々のくらし」単元の導入）	・府（県）内の特色ある地域に関心をもち，学習問題を考えることができる。	・府（県）内の地域について経験交流する。 ・クイズ問題の地域の特色を話し合う。 ・府（県）内の調べたい地域を選び，調べたい内容をまとめる。
丹後ちりめんのまち・京都府与謝野町			
1	丹後ちりめんって何だろう？	・丹後ちりめんと与謝野町の人々のくらしについて関心をもち，調べたいことを考えることができる。	・与謝野町の位置をや周辺の様子を調べる。 ・丹後ちりめんはどんな物か調べる。 ・与謝野町と丹後ちりめんについて知りたいことを話し合う。
ひろげる	丹後ちりめんの始まりと広がり	・丹後ちりめんが盛んになってきた過程について調べ，その概要がわかる。	・丹後地方の絹織物の始まりを調べる。 ・丹後ちりめんの始まりを調べ，西陣から技術を持ち帰ったことについて話し合う。 ・ちりめん生産の広まりを調べる。
2	ちりめん生産と丹後地方の気候	・丹後地方の気候がちりめん生産に適していることがわかり，自然条件も伝統的な産業に影響を与えることが理解できる。	・雨が多い丹後の気候の特色と，ちりめん生産の関係について確かめる。 ・調べて分かったことをもとに，丹後ちりめんについて考えたことを話し合う。
3・4	丹後ちりめんを織る	・丹後ちりめんができるまでの過程と仕事の内容がわかる。	・丹後ちりめんの製造工程について調べる。 ・調べて分かったことや感想を交流する。 ・ちりめん生産について知りたいことを話し合い，機屋へ質問の手紙を送る。
5	丹後ちりめんを守る ーいろいろな ちりめん製品ー	・生産の減少に対して，丹後ちりめんを守るため，様々工夫がなされていることがわかる。	・丹後ちりめんの生産量を調べる。 ・生産減の対策を考え話し合う。 ・着物用の白生地以外にどんな材料でどんな製品が作られているか調べる。
6	丹後ちりめんとまちづくり	・丹後ちりめんを生かしたまちづくりの取り組みが行われていることがわかる。	・ちりめん街道について調べる。 ・ちりめん街道でどんな取り組みがされているか調べる。
7	学習をふりかえり，４コマ CM をつくろう	・学習したことを４コマ CM で表現し，発表することができる。	・学習したことを振り返る。 ・丹後ちりめんと与謝野町を４コマ CM にまとめ，発表する。

導入

京都府内の特色ある地域

本時の学習のめあて　府（県）内の特色ある地域に関心をもち，学習問題を考えることができる。

単元の学習のめあて

自分たちが住む都道府県内の伝統産業，国際交流，自然，歴史や文化で特色のある地域について調べ，地域の特色を守り生かそうと工夫し取り組んでいる人々の願いや活動わかる。

準備物

・府内の特色ある地域の画像６枚（大型画面で見せる＋板所用）
・ワークシート「クイズここはどこだろう？」

板書例

京都府内の特色ある地いき

綾部市（あやべし）
久美浜（くみはま）
京都市（きょうとし）
和束町（わつかちょう）

↑
行った
知っている

Ⓓ
福知山市（ふくちやまし）

Ⓓ
京都市

Ⓓ
八幡市（やわたし）

Ⓓ
美山町（みやまちょう）

Ⓓ
京丹後市（きょうたんごし）

Ⓓ
よさの町

地いきによって　ちがい・特色

1　体験交流　行ったことのある町・よく知っている町を発表しあって，交流しよう。

ここでは，京都府を例に取り上げるが，それぞれ子どもたちが住んでいる都道府県を取り扱うようにする。

「京都府の中でよく知っている町や，行ったことのある町を発表しましょう。」

・綾部市はお母さんのいなかで，よく行きます。
・久美浜へ海水浴にいったことがあります。
・京都市には，世界遺産がたくさんあります。
・和束町へドライブに行ったことがあります。

どんな特徴のあるところか，印象にのこっているのはどんなことか言いましょう。

京都市のお寺は，とても広くて，観光客がいっぱいでした。

和束町は，茶畑が広がっていて，のんびりとしたいいところでした。

久美浜は，広い砂浜があって，海もきれいでした。近くに景色のよい海岸もあります。

2　話し合う　クイズに答え，問題に出た地域の特色を話し合おう。

「クイズここはどこだろう？」Ⓓを配り画像を順に見せる。

クイズをします。写真Ⓓを見て，ここはどこか答えの欄から選んで下さい。

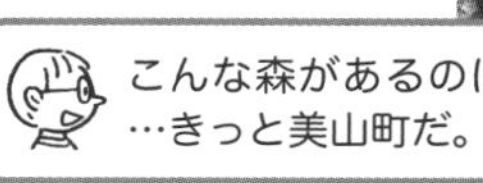
こんな森があるのは…きっと美山町だ。

Ⓓ

答えの中で，海があるのは，京丹後市だけだわ。
Ⓓ

ここ知っている！流れ橋よ。八幡市かな…。
Ⓓ

正解を伝える時に，簡単に写真の説明をしておく。

「写真を見て，思ったことを発表しましょう。」

・京都市のお寺や宇治の平等院には，たくさん観光客が来ます。
・芦生の原生林に行って，歩いてみたいです。
・ちりめんって，どんな織物なのかな？

＜　調べてみたい　＞

＝伝統工業＝

・なぜさかんになったのか

・どんな製品か

・作り方

＝自然・れきし・文化＝

・生かし方

・くらしとの関わり

・ほぞん

主体的・対話的で深い学び

府（県）内の各地について，知っていることを出し合って交流し，府(県)についての知識を広げ関心を持たせるようにする。さらに，クイズで子どもたちを引きつけ，府（県）内の地域差に目を向けさせる。これらをもとにして，調べたい地域や調べたい内容について話し合わせ，決定させていく。

3 選ぶ　調べたい地域を選ぼう。

「写真を比べて，気付いたことはありませんか。」

・同じ京都府でも，地域によって違いがあります。

・地形や気候などが違うから，地域によって特色がでてくるのかな。

気付いたことや思ったことなどを交流させ，調べてみたい・知りたいという意欲を持たせるようにする。

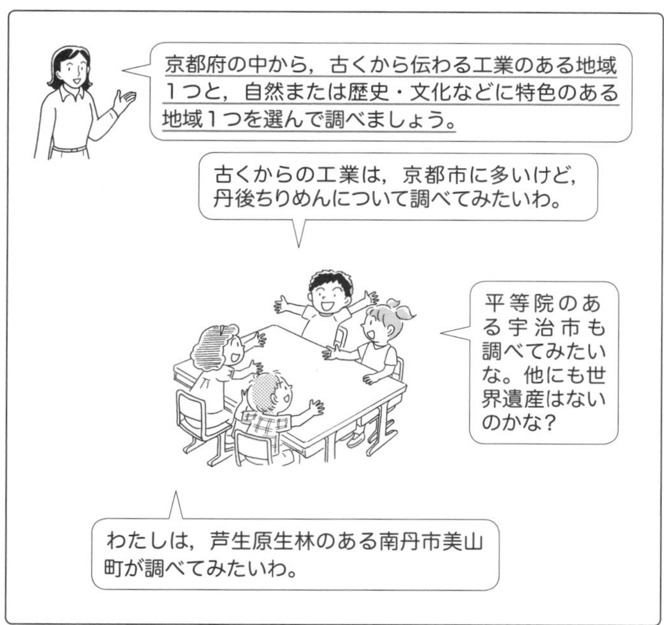
京都府の中から，古くから伝わる工業のある地域1つと，自然または歴史・文化などに特色のある地域1つを選んで調べましょう。
古くからの工業は，京都市に多いけど，丹後ちりめんについて調べてみたいわ。
平等院のある宇治市も調べてみたいな。他にも世界遺産はないのかな?
わたしは，芦生原生林のある南丹市美山町が調べてみたいわ。

伝統工業の町（地域）と，自然または歴史･文化に特色のある町（地域）という選ぶ視点は，教師の方から提示するのでよい。

4 まとめる　調べる内容について話し合い，まとめよう。

選んだところについて，どんなことを調べて見たいと思いますか？
ちりめんってどんな布か，作り方も知りたいな。
どうして丹後でさかんになったのか調べたい。
着物も見たいけど，他にもどんな製品がつくられているのか知りたいわ。

「宇治市の歴史や文化については，何が調べたいですか。」

・どうして世界遺産になったのか理由が知りたい。

・世界遺産が，人々の暮らしとどんな関係になっているのか知りたい。

出された意見を取り入れて学習していくことを確認しておく。次時の予告。

授業研究のポイント　クイズは選択肢を設けることで，児童が知らないことでも出題でき，

第1時 丹後ちりめんって何だろう？

本時の学習のめあて

丹後ちりめんと与謝野町の人々のくらしについて関心をもち，調べたいことを考えることができる。

準備物

・地図帳　・ワークシート
・（ちりめんの端布　繭　絹糸 木綿糸）
・画像

板書例

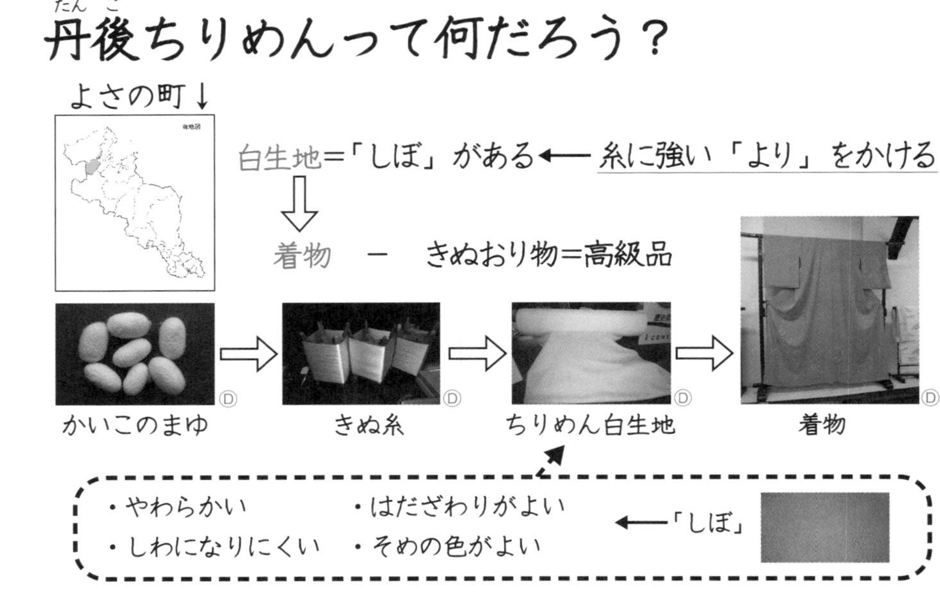

丹後（たんご）ちりめんって何だろう？
よさの町↓
白生地＝「しぼ」がある←糸に強い「より」をかける
着物　－　きぬおり物＝高級品
かいこのまゆ
きぬ糸
ちりめん白生地
着物
・やわらかい　・はだざわりがよい
・しわになりにくい　・そめの色がよい
←「しぼ」

1 見つける　与謝野町の位置を地図で見つけよう。

「地図帳で京都府と与謝野町を探しましょう。」

・見つけました。京都府の北の方にあります。

ワークシート「市町村境界入り京都府白地図」Ⓓを配り，与謝野町を色鉛筆で塗りつぶし，地図帳と合わせて位置や形などを確認させる。

周りに何があるか，地図を見て気付いたことを言いましょう。
丹後半島の付け根のあたりにあります。少しだけ海にも面している。
となりには，宮津市や京丹後市，福知山市があります。
地図に丹後ちりめんの記号が書いてあります！

「京都府以外のところとはどうでしょう。」

・西隣は，兵庫県です。

自分たちの町との位置関係も確かめさせる。

2 確かめる　丹後ちりめんとはどんなものか確かめよう。

丹後ちりめんの白生地の写真Ⓓや端切れを見せる（できれば実際に手にした感触も確かめさせたい。）

・布の表面にしわのような凸凹があります。
・柔らかくて，さわると気持ちがいいです。

「これが丹後ちりめんの白生地です。凸凹は『しぼ』といって，糸に強い撚りをかけてできるのです。」

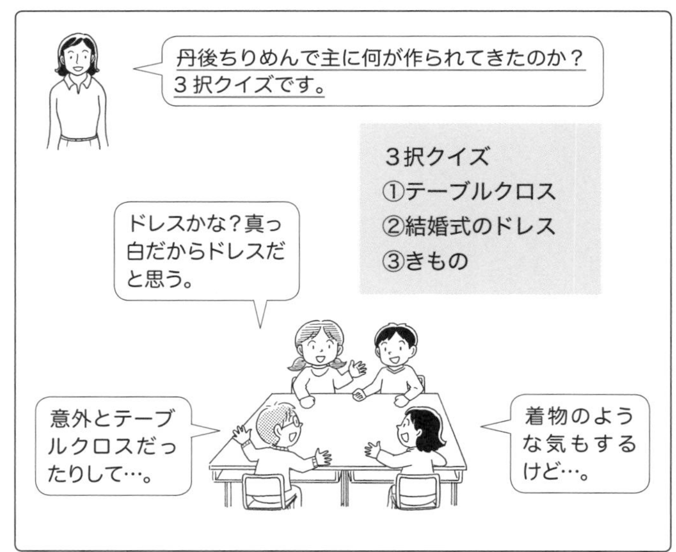

丹後ちりめんで主に何が作られてきたのか？3択クイズです。
3択クイズ
①テーブルクロス
②結婚式のドレス
③きもの
ドレスかな？真っ白だからドレスだと思う。
意外とテーブルクロスだったりして…。
着物のような気もするけど…。

「正解はこれです。」

着物の写真Ⓓを見せる。

・やっぱり着物だった！

「白生地を染めて，着物が作られていたのです。」

問題の範囲を広げられる。

＜ 調べたいこと ＞

・いつごろから どうして ｝さかんになった

・仕事のようす、喜び、苦労

・「より」のかけかた

・着物以外の製(せい)品

主体的・対話的で深い学び

画像，クイズ，実物などを対話の材料として提供し，丹後ちりめんとはどのようなものなのかを具体的に捉えさせていく。その上で，丹後ちりめんや，その産地である与謝野町についての学習課題を持たせ，進んで学習に取り組んでいく姿勢を持たせる。学習の始めの時間なので，個々の児童に丹後ちりめんや与謝野町に関心を持たせることがポイントになる。

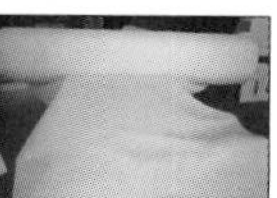

3 調べる 丹後ちりめんの原料や特色を調べよう。

繭の写真Ⓓまたは実物を見せる。

「これは何でしょう？」

・蚕の繭です。

「この繭と丹後ちりめんとの関係が分かりますか。」

・え～…。何だろう？

「この繭から，丹後ちりめんを織る絹糸ができるのです。」

絹糸の画像Ⓓまたは実物を見せる。できれば実物の絹糸と木綿糸と比べさせたい。

・絹糸は，つやがあって，きれいな糸です。

絹織物は，昔から高級品だったのです。ちりめんには「しぼ」がありますが。どんな特色が出せるのでしょう。

やわらかい感じがする。

じゃあ，肌触りもいいよね。

しわになりにくいような気がする。

みんないいところに目をつけていますね。他には，染めたときの色もよいのだそうです。

4 課題を持つ 与謝野町のちりめん生産について，調べたいことを話し合おう。

「与謝野町と丹後ちりめんについて，分からないこと，疑問に思ったこと，調べてみたいことを発表しましょう。」

ぼくは，どのようにして糸に強い撚りをかけるのか知りたい。

丹後ちりめんを織っている人の仕事の様子や，喜びや苦労などが知りたいです。

いつ頃から，どうして，丹後ちりめんの生産が与謝野町で盛んになったのかな。

着物の他にも，何か作っているのか知りたい。

「いろいろ意見が出ましたね。次の時間から，調べていきましょう。」

丹後ちりめんは，緯糸（よこいと）に1mあたり3000回ぐらいの強い撚りをかけて織る。織り上がった布を精錬（熱湯の中で生糸のタンパク質や汚れなどを洗いとる）すると糸が収縮して撚りが戻り，生地に細かい凹凸ができる。これを「しぼ」と呼んでいる。

ひろげる

丹後ちりめんの始まりと広がり

本時の学習のめあて

丹後ちりめんが盛んになってきた過程について調べ，その概要がわかる。

準備物

・資料
・画像2枚

授業研究のポイント　丹後ちりめんについてインターネットで調べる場合は，京都府のHPの

板書例

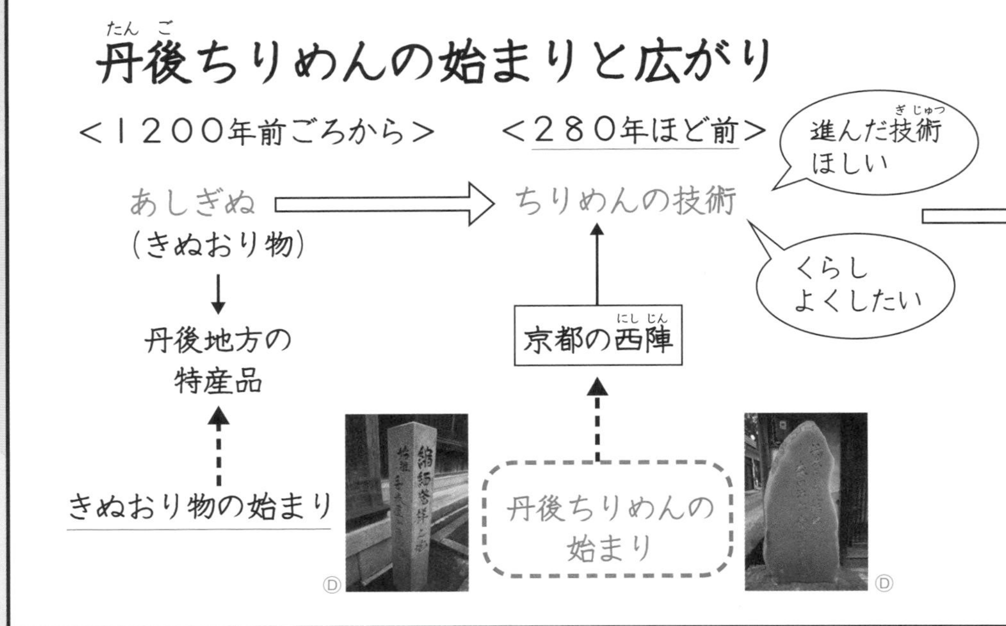

丹後ちりめんの始まりと広がり
＜1200年前ごろから＞
＜280年ほど前＞
進んだ技術ほしい
あしぎぬ（きぬおり物）
ちりめんの技術
くらしよくしたい
丹後地方の特産品
京都の西陣
きぬおり物の始まり
丹後ちりめんの始まり

1 課題をつかむ　丹後地方では，いつ頃から絹織物が作られていたのか調べよう。

「今日は，丹後ちりめんの歴史について学習します。まず，丹後地方で絹織物が作られるようになったのは，いつ頃からか，予想してみましょう。」

・100年ぐらい前かな？
・もっと古いと思う。500年ぐらい前かな？

または，DVD収録の資料「丹後ちりめんの歴史」Ⓓの始めの4行から読み取らせる。（事前に課題を出しておいてインターネットなどで調べて来させるのでもよい。）

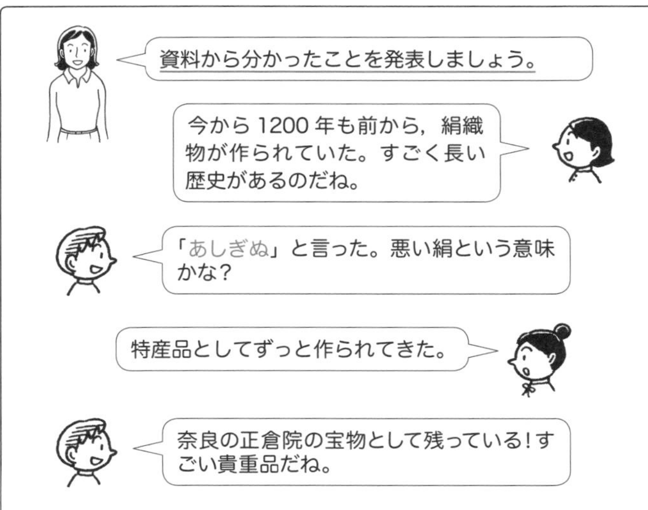

資料から分かったことを発表しましょう。
今から1200年も前から，絹織物が作られていた。すごく長い歴史があるのだね。
「あしぎぬ」と言った。悪い絹という意味かな？
特産品としてずっと作られてきた。
奈良の正倉院の宝物として残っている！すごい貴重品だね。

絁（あしぎぬ）：太い糸で粗く織られた絹布。
「悪しき絹」→「あしぎぬ」となった。

2 調べる　丹後ちりめんは，いつからどのようにして始まったのか調べよう。

「資料の次の段落を読みましょう。丹後ちりめんの始まりは，いつ頃ですか。」

・280年ほど前の江戸時代です。
・1200年前と比べたら，割と今に近いね。
・でも，それでもすごく昔だよ。

どのようにして丹後でちりめん生産が始まったのですか？
今の京丹後市峰山の絹屋佐平治という人が，京都の西陣からちりめんの技術を持ち帰りました。
与謝野町の3人も，西陣から技術を持ち帰りました。
丹後ちりめんの織り方は，京都の西陣から伝わったのが始まりなんだね。

「発祥の地」の記念碑の画像Ⓓを見せる。

「京都の伝統産業」や，丹後織物工業組合 HP 等で調べられる。

・丹後地方に
広まる
大生産地
↓
・景気がよい時（昭和）
高級品として人気
1000万反（たん）も生産
↓
・着物を着ない生活
生産がへる

主体的・対話的で深い学び

資料「丹後ちりめんの歴史」から読み取りながら，丹後ちりめんの歴史を確かめさせる。読み取ったことを出し合い，意見も交えて話し合うことを通して，丹後の人々の暮らしや願いに目を向けさせていきたい。

DVD

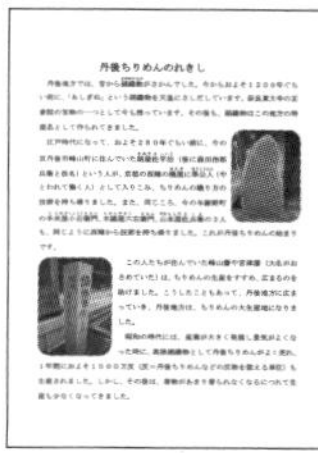

3 話し合う 西陣からちりめんの技術を持ち帰ったことについて話し合おう。

「絹屋佐平治たちは，ちりめんの技術を手に入れるためにどうしましたか。」

・西陣の機屋に奉公人として入り込みました。

「技術を手に入れるまでを想像してみましょう。」

・何かスパイみたいだね。
・西陣の機屋も，簡単には技術を教えてくれなかったかもしれないね。
・長い間，苦労して技術を手に入れたのだと思います。

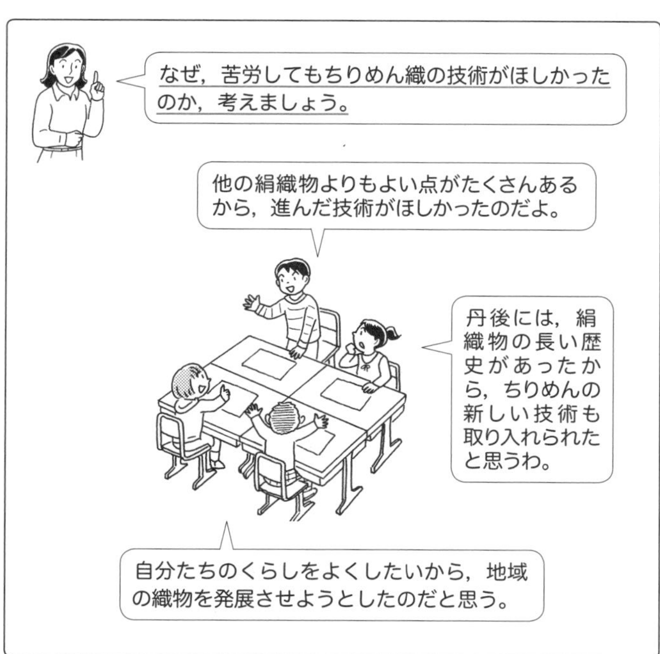
なぜ，苦労してもちりめん織の技術がほしかったのか，考えましょう。
他の絹織物よりもよい点がたくさんあるから，進んだ技術がほしかったのだよ。
丹後には，絹織物の長い歴史があったから，ちりめんの新しい技術も取り入れられたと思うわ。
自分たちのくらしをよくしたいから，地域の織物を発展させようとしたのだと思う。

4 ひろげる 丹後地方でちりめん生産がどのようにして広まったのか調べよう。

「ちりめんの生産が広まっていった丹後地方とは，今のどの辺りのことでしょう。」

・京都府の一番北の方です。
・丹後半島とその近くの辺りです。
・今の京丹後市，宮津市，与謝野町，伊根町です。

大体の範囲を白地図や地図帳で確かめておく。

ちりめん生産が丹後地方にどのようにして広まっていったのでしょう。資料の続きを読んで，話し合いましょう。
峰山藩や宮津藩が，広まるのを助けました。農民たちにちりめん織りを進めたんだよ。

昭和の時代の景気がよくなった時にも，よく売れたから，一層盛んになった。
藩だけでなく，丹後の人たちも，ちりめんを作って生活を楽にしたいと思ったことが大きいと思うよ。

「その後は，どうなっていったのでしょう。」

・着物が着られなくなると生産も減ってきました。

第2時 ちりめん生産と丹後地方の気候

授業研究のポイント 伝統産業とそれらの生産に携わる人たちの生活の関係と併せて，自然

本時の学習のめあて

丹後地方の気候がちりめん生産に適していることがわかり，自然条件も伝統的な産業に影響を与えることが理解できる。

準備物

板書例

丹後(たんご)ちりめんと人々のくらし

丹後ちりめんがさかんになった理由

「自然条件(じょうけん)から考える」

＝予想＝

雪が多い

すずしい

海に近い

べんとう　わすれても

かさ　わすれるな

↑

冬の季節風

〔雨が降ったり止んだり／てき当なしめり気〕

⇩

ちりめん生産にちょうどよい

1 課題をつかむ 丹後でちりめん生産が盛んになったわけを考えよう。

「前の時間の復習です。丹後でちりめん生産が盛んになったのはなぜでしたか。」

- 絹屋佐平治らが苦労して技術を持ち帰ったから。
- 峰山藩と宮津藩がちりめんの生産を助けた。
- 昔から，絹織物が盛んだったから。
- 暮らしをよくしたいという人々の願いがあった。

前時に「ひろげる:丹後ちりめんの始まりと広がり」を扱わなかった場合は，資料「丹後ちりめんのれきし」を読ませ（読み聞かせてもよい），簡単に説明をしておく。

他に，盛んになった理由はないでしょうか。今度は，自然条件から考えてみましょう。
予想をたてて意見を出させる。
冬は，雪が多いから，それも関係がありそうな気がする。
京都府の北部で涼しいだろうから，それも関係があるかな…。
海に近いことも理由かもしれないよ。

2 考える 丹後のことわざから気候の特色を考えよう。

「丹後地方には，次のようなことわざがあります。

『［　　　］忘れても［　　　］わすれるな』。

［　　　］の中に入る言葉を予想してみましょう。」

- 何かなあ。
- ぼくだったら，「宿題忘れても朝ごはん忘れるな！」

いろいろ自由に意見を出させて，あれこれ想像させてから答えを教える。

このことわざから，どんな気候が分かりますか。
弁当忘れても
傘忘れるな
弁当より傘の方が大事なんて…。急に雨が降り出すことがよくあるのだね。
傘を絶対に忘れるなということだから，雨がとても多いんだ。

丹後地方では，秋から冬にかけて，「うらにし」と呼ばれる季節風が雪や雨を降らせる。湿気をともなった雨が降ったりやんだりする日が続くことからこんなことわざも生まれた。

条件を考えることも大切な視点である。

まとめ

西陣の技術　「しぼ」
よさの町でさかん　　人々の願い
雨が多くしめった気候

ちりめん生産が広まる

長い間の願いがこもる
絹屋佐平治たちの働き
西陣の人たちの思いは？

主体的・対話的で深い学び

丹後でちりめん生産が盛んになり広まった理由を，気候条件の視点からとらえ，伝統的な産業の発展について学習を深めていく。ことわざをヒントにして話し合わせ，気候が関係していることに気付かせていく。最後は，丹後ちりめん・丹後の気候・人々の暮らしの関係に目を向けて話し合い，考えを深めさせたい。

3 確かめる　丹後の気候とちりめん生産の関係を確かめよう。

さあ，もう丹後ちりめんの生産と，丹後の自然条件について気がついた人がいるんじゃないですか。

雨の多い気候が，丹後ちりめんの生産に向いている！

雨が降ったりやんだりする，湿気の多い気候がちりめんを織るのにちょうどいいのだと思います。

「そうです。冬の季節風がもたらすこの気候が，丹後ちりめんの生産にちょうどあっているのだと言われています。」

・まさか，お天気がちりめん生産に関係があるなんて思わなかった。
・なぜ，雨が多い気候の方がいいのですか。

「そんな疑問もでてきますね。興味のある人は，調べてみましょう。」

すべて教師が答えてしまわず，課題として児童に返すことも必要である。

4 話し合う　調べて分かったことをもとにして，丹後ちりめんについて考えたことを話し合おう。

「ここまでの学習を思い出して，丹後ちりめんについて分かったことをまとめましょう。」

・丹後ちりめんは，西陣から技術を持ち帰って広まった。
・与謝野町では丹後ちりめんの生産が盛んでした。
・盛んになったのには，人々の暮らしをよくしたいという願いもありました。
・丹後の雨が多い気候も生産に関係がありました。
・ちりめんは布に凸凹の「しぼ」がある。

分かったことをもとにして，丹後ちりめんについて考えたことを出し合いましょう。
丹後ちりめんには，くらしをよくしたいという人々の長い間の願いも込められていると思うよ。
糸を撚って布を凸凹にするちりめんを織る技術がすごい。
雨や雪が降って湿気が多い気候は住むには嫌だろうけど，ちりめんの生産には必要なんだね。

グループ討議→全体討議にしてもよい。

第 3・4 時

丹後ちりめんを織る

本時の学習のめあて

丹後ちりめんができるまでの過程と仕事の内容がわかる。

準備物

・動画２本
・画像５種類

授業研究のポイント　動画は実際の作業の様子を捉えさせるには有効である。NHK for school

板書例

丹後ちりめんを織る

丹後ちりめんができるまで（予想 → たしかめる）

①糸をまきとる
②たて糸のじゅんび
③よこ糸をよる（強く）
④織機で織る
⑤よごれなどをあらう
⑥かんそうさせる
⑦はばや長さをととのえる
⑧けんさ

⇨ 出荷

たくさんの作業　すごいスピードで織る
音が大きい　織ってからも多くの作業

1 予想する　丹後ちりめんの製造工程について予想を立てよう。

「丹後ちりめんの生地ができ上がるまでに，どんな作業があるのか，予想してみましょう。」

簡単な織機を使って実際に織るところを見せ，糸から布ができる仕組みを説明しておくと，興味も湧き織物の工程もイメージしやすい。（DVDに動画「機織りのしくみ」と粗く織った布の画像を収録）

Ⓓ

織機で織る作業は，絶対にあるよね。本物の織機はどんなのだろう。
糸に強い撚りをかけると習ったから，その作業があるよ。
織機の他にも，何か道具を使っていそうだけど…。
その前に，その糸を作る仕事もあるね。

「織った後にも，何か作業はありますか。」
・うまく織れているか検査する。
・他にもなにかあるかなあ…

2 調べる　丹後ちりめんの生地ができるまでの工程を調べよう。

丹後織物工業組合ホームページの「ちりめんが出来るまで」などで確かめる。（画像を拡大して見ていく）

織機で織るまでに，どんな作業がありますか。
製経。たて糸の準備をします。
糸繰り。糸をボビンに巻き取ります。
糸に撚りをかける撚糸は，やっぱりありました。

「織った後にも作業はありましたか。」
・製錬。セリシンや汚れを洗い流します。
・乾燥や幅だし。長さや幅を整えます。
・検査をして出荷します。

「丹後ちりめんの白生地に模様（地模様）を入れることがあります。今は，コンピューターを利用しますが，昔は紋紙という型紙を使っていました。」

地模様，紋紙の画像Ⓓを見せる。

にも様々な動画があるので活用するとよいだろう。

＜ 質問したいこと ＞

・織るときに気をつけること
・一番むずかしい、大事なこと
・かかる時間
・「しぼ」ができるしくみ

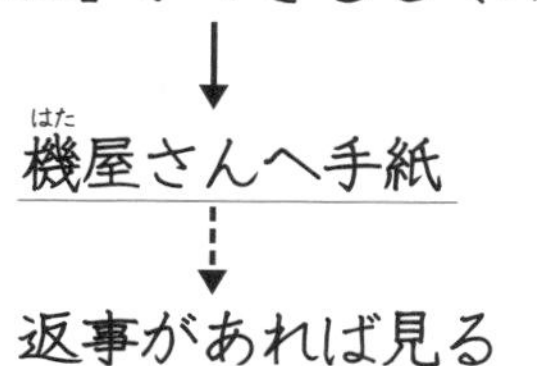

機屋（はた）さんへ手紙

返事があれば見る

主体的・対話的で深い学び

ホームページの画像や説明，動画などから，丹後ちりめんができるまでの作業をつかませる（様々な工程から作られていることが実感できればよい）。映像や画像でリアルに作業が捉えられるので，それをもとにして話し合い，理解を深めていく。また，さらに知りたいことを意識させ，質問の手紙を出させる。回答が受け取れれば，さらに理解や関心の度合いが深まっていくだろう。

DVD

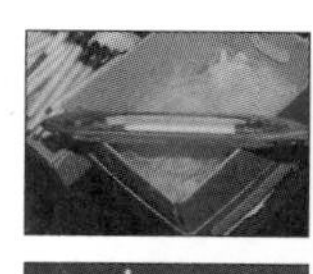

3 意見交流 工程を確かめて分かったことや感想を交流しよう。

「実際に織っている場面を映像で見ましょう。」
動画「丹後ちりめんの製造の様子」を見せる。
「映像で見た感想を言いましょう。」
・機械がすごいスピードで動いていた。
・何か横に何度もピュッと飛んでいた。
・機械の音もすごく大きい。

丹後ちりめんができるまでの仕事で，自分の予想と確かめた工程を比べてみて，どう思いましたか。

予想していた作業もあったけど，思っていた以上に，たくさんの作業があった。

織ったらそれで完成だと思ったけど，それからもいろいろな作業があるんだなあと思いました。

よこ糸に撚りをかけるときに，水を使うことが分かって，意外でした。

4 問いを持つ 丹後ちりめんについて質問したいことを出し合おう。

質問したいことをまとめて手紙を出しましょう。どんなことを質問したいですか。

ちりめんを織る時に，気をつけていることが知りたい。

一番難しいことや一番大事なことは何だろう。

反物を一反織るのにどれくらいの時間がかかるかな。機械の動きを見ていたら早そうな気きもするけど…。

糸を強く撚るとどうして「しぼ」ができるのか知りたい。

出された質問をまとめて機屋に手紙を送る。返事は印刷したり，教室に掲示したりして，後日の学習に生かす。パンフレット，写真，端切れ，生糸などの具体物がもらえれば，教室に展示しておくとよい。

第5時

丹後ちりめんを守る
―いろいろなちりめん製品―

本時の学習のめあて

生産の減少に対して，丹後ちりめんを守るため，様々な工夫がなされていることがわかる。

準備物

・資料
・画像

授業研究のポイント 絹を粉末にしたシルクパウダーは健康補助食品としても売られ，うどん，

板書例

丹後ちりめんを守る

丹後ちりめん白生地の生産量

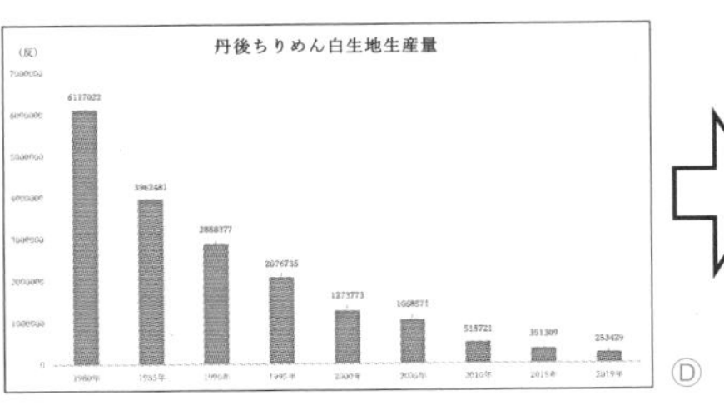

丹後ちりめん白生地生産量

Ⓓ

生産が大きくへり続けている

↑

着物を着なくなってきた

どうすればよいか？

着物をせん伝

かん単な着物

安い物 他の製品

レーヨン100％のふろしき

着物とちがう製品

きぬではない材料（化学せんい）

1 読み取って考える　丹後ちりめん白生地の生産量を調べよう。

資料「丹後ちりめん白生地生産量」Ⓓを配る。

「このグラフからどんなことが分かりますか。」

・白生地の生産量が，ものすごく減っています。
・ずうっと減ってきています。
・このままだったら，あと何年かでなくなってしまわないかなあ。

減ってきた理由を考えてみましょう。

売れないからです。なぜ売れなくなったのかな？

丹後ちりめん白生地生産量

跡継ぎがいないから…かな？

白生地で主に何が作られていたのですか。

Ⓓ

着物です。そうか！今はほとんど着物を着ないね。

着物が売れないから，材料の白生地も売れなくなってしまった。

2 考えて話し合う　自分ならどうする―生産減の対策を考えてみよう。

「白生地の生産が減って来た理由は分かりました。では，どうすればよいのか。自分の案を考えて，ノートに書きましょう。」

・皆がもっと着物を着るように宣伝する。
・着物より洋服の方が楽で着やすいから，簡単に着る人が増えないだろうから…。
・手軽で簡単に着られる着物をつくればいいかも。

それぞれ，自分の考えた案を出し合って，話し合いましょう。
高級品ばかりじゃなくて，もっと安くてみんなが買いやすい製品を作ればいい。
着物が売れないんだったら，着物以外のものを作って売ればいいんじゃない。
丹後ちりめんの洋服なんていいかもね！流行を取り入れておしゃれな服。

「実際に，どんな取り組みがされているのか調べて，自分たちの考えと比べてみましょう。」

飴などに練り込んだりして利用されている。また化粧品にも使われている。

製品

さいふ　ペンケース　ハンカチ
クリーム　せっけん　タオル
ネクタイ　バッグ　洋服の生地

材料

レーヨン　ポリエステル
↑
<守るくふう>
いろいろな製品、材料
着物を売るくふうも？

主体的・対話的で深い学び

丹後ちりめんが抱えている課題に対して，自分たちが考え話し合ったことと，実際に取り組まれていることを比較することで，この問題により関心を持ち進んで考えていこうとする主体性を引き出すことができる。また，ちりめん会社のホームページなどでさらに調べてみようとする活動にもつながり，伝統産業としての丹後ちりめんに対する認識の広まりや深まりも期待できるだろう。

DVD

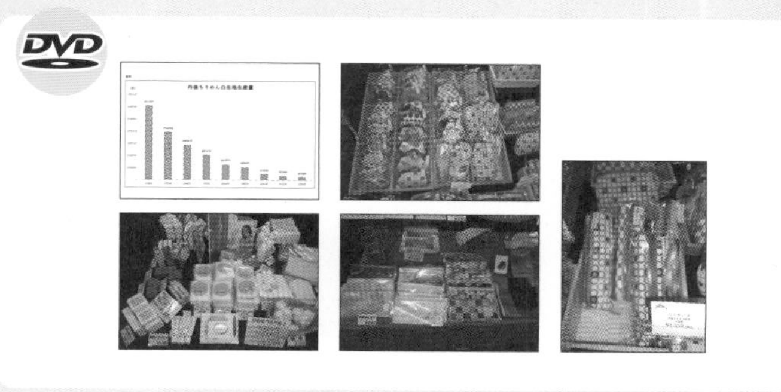

3 調べる　着物用の絹織物以外に何か作られていないか調べよう。

レーヨン製ちりめん風呂敷の画像を見せる。（実物があれば，風呂敷でなくてもよいので見せる方がよい）

「これもちりめんです。ちりめんの何ですか。」

・風呂敷です。
・ちりめんで風呂敷も作っているのか。

裏についている取扱い表示の画像も見てみましょう。なぜ絹を使わないのですか。
レーヨン 100%
C-KT 6528
レーヨン 100%と書いてある！レーヨンって化学繊維だね。
絹以外の材料でもちりめんを作っているんだ。
もっと安く売れるように考えたのだ。
絹は高級品で高いからね。

「着物用の白生地の他にも製品を作り，材料も絹の他に化学繊維も使っていることが分かりますね。」

4 調べてまとめる　どんな製品がつくられているか，調べよう。

「他に，こんなものも作っています。何でしょう。」

ちりめん製の小物などの画像を見せる。

化粧品などは，絹の粉入りやセリシンなどが使われています。
クリームや石けんもある。ちりめんとどんな関係があるの？
がま口やハンカチもある。ペンケースもある。
こんな小物類だったら，手軽に買えて使えるね。
セリシン＝精錬で取り除かれていたが，アミノ酸が多く肌にやさしいので化粧品に使われている

「丹後ちりめんの会社のホームページでも，製品を探してみましょう。」

・ネクタイ，バッグ，洋服の生地も作っている！

「丹後ちりめんを守る取り組みをまとめましょう。」

・いろいろな製品を作って売ろうとしています。
・材料も絹だけでなく化学繊維も使っています。
・ぼくたちの考えと同じところもあったね。
・着物が売れるような工夫も，きっとしているよ。

第6時 丹後ちりめんとまちづくり

本時の学習のめあて

丹後ちりめんを生かしたまちづくりのの取り組みが行われていることがわかる。

準備物

- 画像
- 「きものでぶらり　ちりめん街道」チラシ
- ちりめん街道イラストマップ

教材研究のポイント　重要伝統的建造物群保存地区＝歴史的な集落や町並みの中で，国が特に

板書例

丹後ちりめんとまちづくり

ちりめん街道

重要伝統的建造物群保存地区
- 街道ぞいに古い家
- 機屋（○○家住宅）　旅館

↑
丹後ちりめんでさかえた

<　さまざまな取り組み　>
- きものでぶらり　ちりめん街道
  - レンタル着物
  - 着物ファッションショー
  - もぎ店
  - 小学生のコーラス
- 手おり体験

↑
まちがにぎわう（町おこし）
着物やちりめんのせんでん

1 つかむ　町並みの写真を見て話し合い，本時の学習課題をつかもう。

与謝野町加悦地区の画像Ⓓを見せる。

「写真を見て，感じたことや分かったことを言いましょう。」
- 静かな感じがします。田舎の町みたいです。
- 古そうな家が並んでいます。

ここは『ちりめん街道』と言います。国の重要伝統的建造物群保存地区に指定されています。名前からもどんなところか想像できそうですね。
ただの田舎の町ではなかったのだね。すごく大事なところなんだ。
古くからある町並みを大切に残そうという所なのね。
ちりめんを作る家が多かった所なのかな。
Ⓓ

「ここで，丹後ちりめんを生かしたどんなまちづくりが行われているのか，調べていきましょう。」

2 調べる　「ちりめん街道」について調べてみよう。

「ちりめん街道とは，どんなところかイラストⒹから見つけましょう。」

街道に沿って家が並んでいるようね。
ちりめん街道
古い，立派な家がたくさんありそうだよ。これを生かしてまちおこしができそうだよ。
Ⓓ
中が見学できるのかな。観光客もきそうだね。
○○家住宅とか，旅館や蔵などもある。

「ここは，丹後ちりめんの産地として栄えたところです。機屋の他に，旅館，医院など江戸時代から明治，昭和の初め頃の建物が多く残っています。」
- それで「ちりめん街道」と名前をつけたのだ。
- 丹後ちりめんと関係の深いところなのだね。

価値が高いと判断した地区。岐阜県白川村（合掌造集落）など。

よさの町の人たちの思い・願い

・活気のある町にしたい
・観光客に来てほしい
・もっとちりめんが売れるように
・くらしをよくしたい

ちりめんの
ふで箱がほしい
着物で
ちりめん街道を
歩きたい

主体的・対話的で深い学び

丹後ちりめんを守る取り組みの一つとしての地域おこしの活動を，資料をもとに話し合ってとらえさせる。ここでも，児童のイメージを豊かにできるような画像などの資料が大切になってくる。「なぜ」こうした取り組みをするのか考えることから，地域や暮らしをよくしたいという人々の願いに目を向け考えを深めさせたい。

DVD

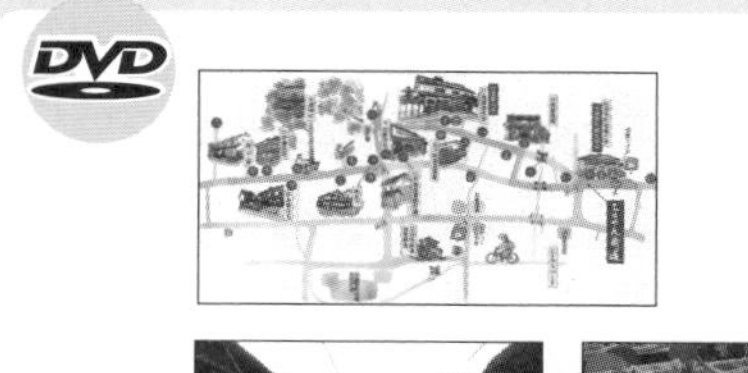

3 調べる どんな取り組みがあるか調べて見よう。

きものでぶらり　ちりめん街道のチラシの画像Ⓓを見せ，どんな取り組みか話し合わせる。

着物をきて，ちりめん
街道をぶらりとする！
町が賑わい，着物やちりめん
の宣伝にもなるからいいね。
模擬店やコーラスやミニ
蒸気機関車の乗車体験と
かいろいろある。
着物のレンタルも
あるし，着物ファッ
ションショーやトーク
ショーなど着物のイベン
トがいっぱいね。
ちりめん街道
きもので
2018
20日 21日
Ⓓ

手織り体験の画像Ⓓを見せる。

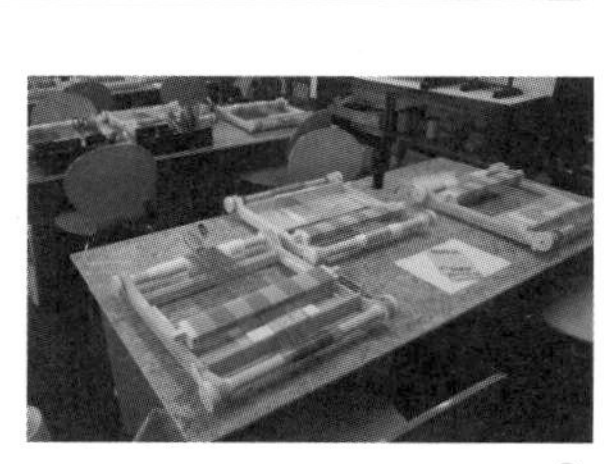
Ⓓ

「こんな取り組みもあります。何でしょう。」

・手作りの織機みたいだね。
・ちりめんを織る体験ができるんだ！
・こんなこともしているんだ。

「他にも何か取り組みがあるか調べて見ましょう。」

調べてきた児童があれば，発表の機会を設ける。

4 まとめる 与謝野町の人たちの思いや願いを考えてみよう。

与謝野町の人たちは，どんな思いや願いから，このような取り組みをしているのでしょう。考えて話し合いましょう。

古くからある建物を生かして，活気のある町にしたかった。

着物の宣伝をして，もっとちりめんが売れるようになってほしい。

観光客が来てくれたら，町も賑わうし，ちりめん製品の宣伝にもなる。

町も，自分たちの暮らしもよくしたいと思ったんだね。

「与謝野町の人たちのこうした取り組みや願いについて，皆さんはどう思いますか。」

・大勢の人が来て町が元気になったらいいと思う。
・ちりめんの生産が増えたらいいね。
・ちりめんで作った筆箱がほしいな。
・私も，着物を着てちりめん街道をあるいてみたいな。

第7時 学習をふりかえり，4コマ CM をつくろう

本時の学習のめあて

学習したことを４コマ CM で表現し，発表することができる。

準備物

・画用紙（CM を描く）
・CM づくりに必要なもの（写真，色鉛筆等々）

教材研究のポイント　CM の内容を何にするか決めるのが前半の大事な点，それをいかに表現

板書例

学習をふり返り、４コマCMを作ろう

<学習してきたこと> ──→ 伝えたいこと ──

・ちりめんの生産
　さかんだった→今はへってきた
・ちりめん生産は気候と関係がある
・ちりめんを守る取り組み
・よさの町のまちおこし

（人々の思い →くふう 町おこし）
（丹後（たんご）ちりめん ←これからも 続いてほしい）

４コマ CM を作る

【例】
①丹後ちりめんのよさ・特ちょう
②れきし・気候・くらしとちりめん
③ちりめんができるまで
④ちりめん街道・製（せい）品のくふう

1 振り返る　これまでの学習をふりかえろう。

「丹後ちりめんと与謝野町について，どんなことを学習してきたか振り返りましょう。」
・与謝野町や丹後地方では，ちりめんという織物生産が盛んでした。
・ちりめんの生産は気候と関係があった。
・着物を着なくなって，ちりめんの生産も少なくなってきた。
・ちりめんを守るための取り組みや町おこしの取り組みもされている。

学習してきたことについて，自分の意見や感想を言いましょう。

丹後ちりめんを守りたいという思いがあるから，製品の工夫や町おこしなどが取り組まれてきたのだね。
丹後ちりめんは，丹後の気候や人々の暮らしと深いつながりがあったなんてはじめは思わなかった。
長い歴史のある丹後ちりめんの生産が，これからも続いていったらいいな

2 内容をきめる　丹後ちりめんと与謝野町のことで伝えたいことを選ぼう。

班で話し合って，伝えたい内容を４つ選びましょう。

丹後の気候や人々の暮らしについても伝えたいな。
昔から伝えられてきた伝統的な技術について伝えたい。糸に撚りをかけたり…。
丹後ちりめんのよさや特徴は入れたい。
ちりめん街道やいろいろな製品を作って工夫していることも入れたらどうかな。

まずは，いろいろな意見を出し合い，話し合いをしながら，内容を４つにまとめていかせる。

「内容が決まったら，学習したことをもう一度見直して，CM の内容を決めましょう。新しく調べたり知っていることを付け足してもいいですよ。」

するかが後半の大事な点になってくる。

→ 発表する

はんごとに
発表する

感想を伝える

イラストで
わかりやすい

主体的・対話的で深い学び

学習した中から，何を伝えたいのか，十分話し合って決めさせる。できるだけ多くの意見を出し合い，その中から，自分たちが伝えたいことや伝える値打ちがあると考えたものを選ばせる。漠然と４項目選ばせるのではなく，テーマを決めて，それに合わせて選ばせてもよい（例えば，人々の暮らしとのかかわりをテーマにするなど）。

3 作る 分担して4コマ CM を作ろう。

「1 コマずつ分担を決めて，CM を作っていきます。絵や文字や写真などをうまく使いましょう。」

必要な写真など，児童が使いたいものをインターネットなどからコピーして用意する。自作のイラストなども多様させたい。

- ちりめんで作られた着物以外の製品の写真が使いたいな。
- ちりめんができるまでをイラストで描こう。

ちりめんを織る機械の写真をいれよう。
丹後ちりめんの肌触りのよさは，どう表現したらいいかな？
機織り体験をしている場面をイラストで描こうかな。
丹後ちりめんの歴史，人々の暮らしや気候との関係も入れたいら，多すぎるかな。

4  作った4コマ CM を発表しよう。

それでは，作った CM を順番に発表しましょう。

糸に撚りをかけるのに丹後の気候が向いています。
与謝野町では，着物に関係したイベントなども行っています。
筆箱や小物入れから，化粧品までいろいろな製品を作る工夫もされています。

「発表を聞いた感想も言いましょう。」

- ちりめんができるまでをイラストで描いてあってわかりやすかった。
- 与謝野町の人たちの願いを取り上げたのがよかった。

国際交流に取り組むまち・神戸市

全授業時間７時間

◉ 学習にあたって ◉

◇何を教えるのか　－この単元の特徴－

国際交流に取り組むまちの活動を学習します。ここでは，神戸市を事例として取り上げますが，各都道府県の中で国際交流の取り組みに特色のあるまちを取り上げて教材を作って下さい。

神戸市は，日本有数の貿易港を抱え，南京町，異人館街では明治初期から外国人が居住してきた歴史を持っており，学習の題材には恵まれています。目立った国際交流の題材がないところでも，いくつかの都市と姉妹都市や友好都市の関係を結んだり，少数であっても在住外国人がおられるので，そこから学習につなげていくことは可能です。できれば，国際交流に取り組んでおられる団体や，在住外国人の方にインタビューするなど，児童に国際交流を肌で感じられるような活動もさせたいものです。

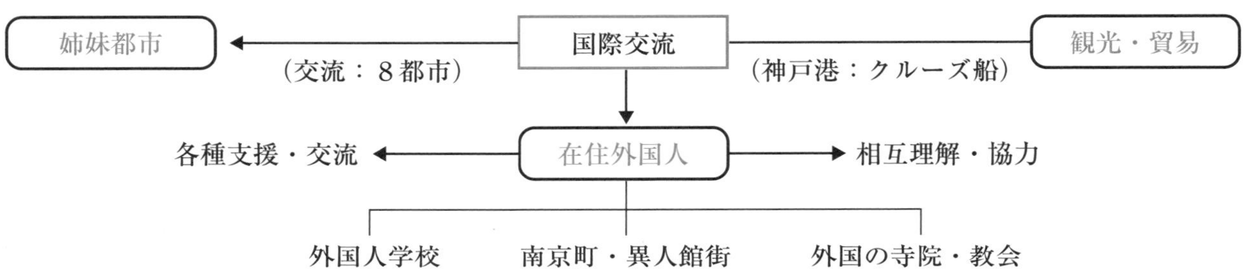
姉妹都市
国際交流
観光・貿易
（交流：８都市）
（神戸港：クルーズ船）
各種支援・交流
在住外国人
相互理解・協力
外国人学校
南京町・異人館街
外国の寺院・教会

◇どのように教えるのか　－主体的・対話的で深い学びのために－

まず，世界の国々や人々との関わりに興味を持たせることが出発点です。特別な題材がなくても，子どもたちの身の回りには世界の国々との交流によってもたらされたものが数多くあります。食べ物，生活用品，映画や音楽など，スポーツ等々，児童が興味をもちそうなものを使って導入をするのも一つの方法です。

交流内容や取り組みについては，できるだけ具体的に事例を取り上げて学習をさせます。それぞれについて，児童がどう考え評価するかも大事にして十分話し合わせ，世界の人々との相互理解・共生について理解を深めさせます。

◉ 評　価 ◉

知識および技能	・地域と外国との関係，国際交流の内容と歴史，国際交流に取り組んでいる人々の活動などが理解できている。 ・国際交流に関する情報を，公的機関や各団体の資料，インターネットなどから集め，そこから必要な情報を読みとっている。
思考力，判断力，表現力等	・地域の国際交流の特色や課題を捉え，交流と共生を進めるために大切なことは何かを考え，自分の考えを適切に表現している。
主体的に学習に取り組む態度	・国際交流に関心をもち，進んで資料を集めたり話し合ったりしようとしている。

◉ 指導計画　7時間 ◉

時数	授業名	学習のめあて	学習活動
1	世界とつながる 神戸のまち	・神戸市の位置や特徴を知り，神戸市の国際交流に関心を持ち学習問題をつくることができる。	・神戸市の特色を見つける。 ・神戸港について調べる。 ・神戸市と国際交流について調べたいことを話し合う。
2	神戸市に住む 外国の人たち	・神戸市には，様々な国の人たちがたくさん日本人の中で暮らしていることがわかる。	・国際交流のポスターを見て気づいたことを話し合う。 ・兵庫県や神戸市に住んでいる外国人について調べる。 ・外国人が神戸市に住んでいる理由や願いを考える。
3	神戸南京町と 北野異人館	・神戸市を代表する２つの外国人居住地について調べ，国際交流の中で果たしている役割がわかる。	・北野異人館と南京町を地図で見つけ，比較する。 ・異人館と南京町について調べて話し合う。 ・異人館，南京町の存在と国際交流について，話し合う。
4・5	姉妹都市との交流	・神戸市の姉妹都市に関心を持ち，どのような交流をしているのかを調べてまとめることができる	・どんな都市が神戸市の姉妹都市になっているかを調べて地図に書き込む。 ・姉妹都市のようすや交流について調べる。 ・調べたことをまとめ，発表する。
6	交流から共生へ ー日本と外国の人たちがともにくらすまちー	・外国の人たちがくらしやすく，日本の人たちとともにくらしていけるためのさまざまな取り組みがあることを知り，その大切さに気づくことができる。	・外国の教会や寺院から考える。 ・外国人学校から考える。 ・外国の人たちが望む支援は何か考える。 ・外国の人たちを支える活動を調べる。
7	共にくらす ー災害・平和・まとめー	・災害が起きたときや平和の問題から，共に暮らす時に大事なことを考え，学習のまとめをすることができる。	・阪神淡路大震災と在住外国人の困難を考える。 ・平和と国際交流について考える。 ・４コマ CM をつくって，発表する。

第1時 世界とつながる神戸のまち

本時の学習のめあて

神戸市の位置や特徴を知り，神戸市の国際交流に関心を持ち学習問題をつくることができる。

準備物

・画像２枚　・兵庫県白地図
・神戸市地図または資料１
・資料２，３　※資料１，２（神戸公式観光サイト：一般財団　法人神戸観光局より 2020.2.27）資料３（神戸市 HP より 2020.2.27）

教材研究のポイント　観光学習教材「きらり　ひょうご」，一般財団法人神戸観光局，神戸市

板書例

世界とつながる神戸のまち

神戸市

＜知っていること＞

・南京町がある
・異人館がたくさん
・サッカーチーム
・ラグビーワールドカップ
・アンパンマンミュージアム

＜地図からわかること＞

・山と海にはさまれている
・人工の島
・神戸港←クルーズ船 ⇦ 外国船（2019年）24せき 64回
・神戸空港
・鉄道や道路も集中

1 経験交流　神戸市について知っていることを発表しよう。

神戸市とわかる写真Ⓓを見せる（市街地など）
「ここは，どこでしょう。」
・神戸市です。

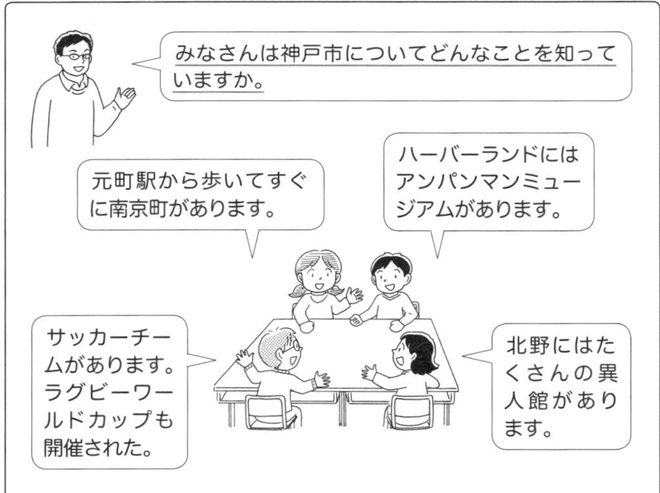
みなさんは神戸市についてどんなことを知っていますか。
元町駅から歩いてすぐに南京町があります。
ハーバーランドにはアンパンマンミュージアムがあります。
サッカーチームがあります。ラグビーワールドカップも開催された。
北野にはたくさんの異人館があります。

自由な発言でたくさん出し合わせ，神戸市のイメージを豊かにして共有させる。

2 見つける　地図から神戸の特色を見つけよう。

「兵庫県の地図で，神戸市がどこにあるか確かめましょう。」
それぞれの都道府県の市町村区分の入った白地図Ⓓが分かりやすい。対象の市町村に色を塗らせてもよい。
・兵庫県の南の端の東側です。
・瀬戸内海に面しています。

地図を見て神戸市がどんなところか見つけましょう。
山と海に挟まれた狭い土地に市街地がある。
KOBE GUIDE MAP
ポートアイランドと六甲アイランドは人工の島のようだね。
港もあるよ。神戸港だ。クルーズ船も入ってくるのかな。
鉄道や道路も集中して他の地域とつながっている。神戸空港もある。

国土地理院やグーグルなどの地図を見させる。地図と航空写真を対照させるのもよい。観光ガイドマップⒹも使える。

HP「観光・文化・産業」などネットで検索して参考にできる。

世界とつながり・交流

<もっと調べたい>
・どこの国の人が何人？
・外国の人はどんな生活？
・どんな交流をしている？
・行事やとりくみは？

主体的・対話的で深い学び

自分たちが知っていることや地図を見て話し合い，神戸市はどんなまちなのかというイメージを広げさせる。その中のいくつかの事例から，神戸市が世界とつながっていることを再認識させる。「神戸市と国際交流」という課題に眼を向け，さらに調べてみたいことを話し合い，次時以降の学習に取り組む準備をさせる。

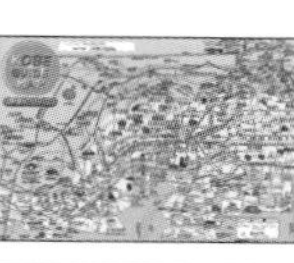

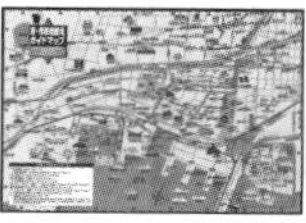

3 調べる 神戸港について調べてみよう。

「ここはどこでしょう？」神戸港の写真Ⓓを見せる。
・神戸港です。
「海の玄関口である神戸港について調べましょう。」
「港・市街地観光マップ」Ⓓ（神戸観光局 HP）で神戸港の様子を調べる。
・突堤がたくさんある。船が着くところだね。
・フェリーターミナルもある。
・大きな港だね。
・中突堤には，大型クルーズ客船が着くよ。

資料３Ⓓを見て分かったことや思ったことを話し合いましょう。
大型の船なら何千人という観光客が乗って来ているんだね。
こんなにたくさんのクルーズ船が神戸港に来ているとは思わなかった。
これらの船は，どこの国から来ているのかな？

4 課題を持つ 神戸市と国際交流について調べてみたいことを話し合おう。

「今日学習した中で，神戸市と世界とのつながりや交流と関係があるのはどんなことでしたか。」
・南京町や異人館があること。南京町では中国の人が中華料理店を開いている。
・クルーズ船で観光客も来ている。
・きっと神戸港は貿易で世界とつながっている。

神戸市と世界とのつながりや交流について，もっとどんなことが調べてみたいか話し合いましょう。
神戸にはどこの国の人が何人ぐらいすんでいるのだろう？
神戸に住んでいる外国の人は，どんな生活をしているの知りたいな。
外国の人と日本の人が，どんな交流をしているのかな。
神戸祭りでは，サンバパレードなどがあるけど，他にも何か行事や取り組みもあるかもしれないね。

「それでは，神戸市と世界との交流について調べていきましょう。」

第２時

神戸市に住む外国の人たち

本時の学習のめあて

神戸市には，様々な国の人たちがたくさん日本人の中で暮らしていることがわかる。

準備物

・ポスター画像または拡大版
・資料１，２

授業研究のポイント　「分からない，もっと知りたい」が出てくれば大事にする。市役所などへ

板書例

神戸(こうべ)市に住む外国の人たち

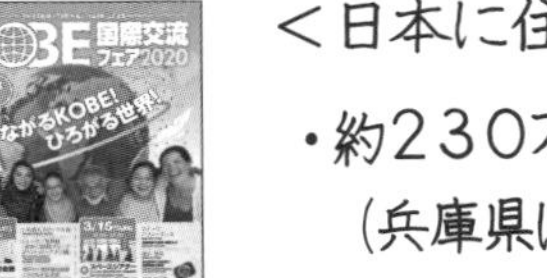

＜日本に住む外国の人＞

・約２３０万人
（兵庫県は約１１万人）
・①中国人　②韓国(かんこく)人　③ベトナム人

・人数が多くてびっくり
・アジアの人が多い
・近くにも住んでおられる
・兵庫県はよそうより少ない
・全国７位だから多い方

外国の人との交流

＜神戸市の外国人＞

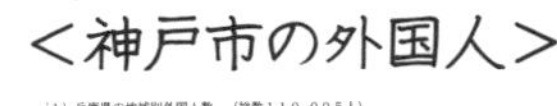

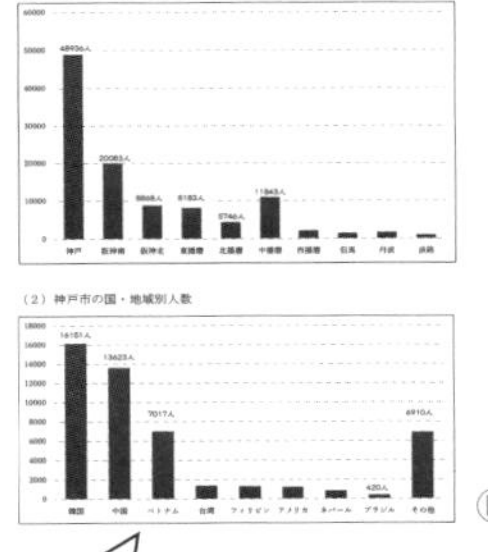

・神戸市が特に多い
・何十もの国の人が住んでいる？
・どんな国の人か？

1 見つける　ポスターを見て，気付いた事を話し合おう。

国際交流フェアとワールドフェスティバルのポスターの写真Ⓓを見せる。

このポスターの写真で気付いた事を話し合いましょう。

いろんな国の人がいて，皆が笑顔で楽しそうだね。

外国の人がたくさんうつっているね。海外の人が多いイベントかな。

国際交流とか，広がる世界とかかいてあるから，外国の人と交流するんだ。

ワールドって，世界ということだね。

「たくさんの意見がでましたね。答えは，そうです。外国の方との交流があるイベントの写真です。神戸には，どこの国の人が何人ぐらい住んでいると思いますか。」

2 調べる　兵庫県に住んでいる外国人の数を他の県と比べてみよう。

資料１「日本に住んでいる外国人」Ⓓを見て話し合う。

「資料から分かることや，それについて思ったことを発表しましょう。」

・全国で約 283 万人も外国の人が住んでいる。
・こんなにたくさんの外国の人が日本に住んでいるのでびっくりした。東京が一番多いね。
・中国，韓国，ベトナムが特に多い。他にもアジアの人が多い。近くからつながりも深いんだね
・日本のほとんどの地域に住んでいるのだろうね。
・ぼくの家の近所にも外国の人がいるよ。

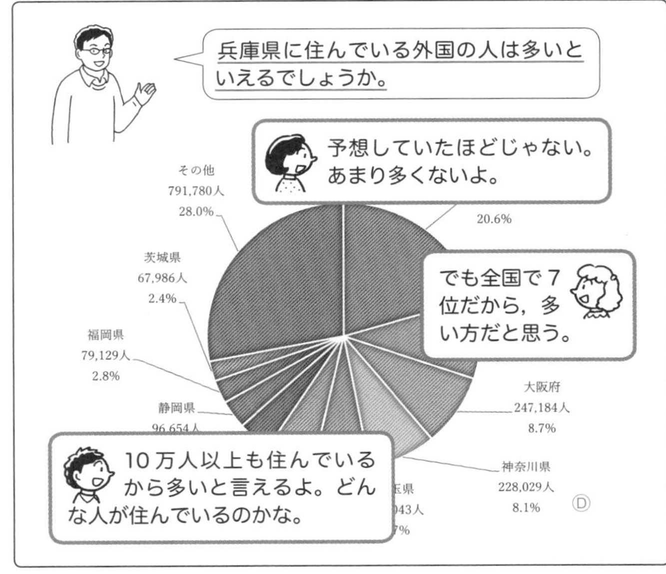
兵庫県に住んでいる外国の人は多いといえるでしょうか。
予想していたほどじゃない。あまり多くないよ。
でも全国で７位だから，多い方だと思う。
10 万人以上も住んでいるから多いと言えるよ。どんな人が住んでいるのかな。
その他
791,780人
28.0%
20.6%
茨城県
67,986人
2.4%
福岡県
79,129人
2.8%
静岡県
大阪府
247,184人
8.7%
神奈川県
228,029人
8.1%

問い合わせたり，インタビューをしたり児童の自主的な活動につなげる。

日本に住む理由・願い

・留学（りゅう）
・仕事
・日本がすき

・日本人と仲よく、交流
・自分の国を知ってほしい
・目的をはたしたい

インタビューして
聞いてみよう

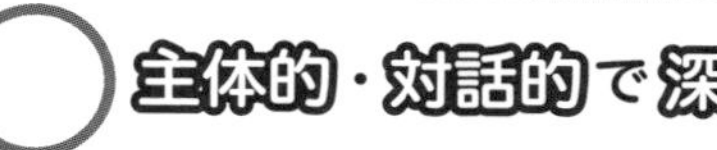

神戸市に住む外国人の状況について資料から読みとるだけでなく，それについて自分の考えを持ち話し合えるようにしたい。国際交流の基本は，相互理解にあると考えられるので，違いを認め合いながら在留外国人の置かれている状況や思いなども考えさせることが大切である。

DVD

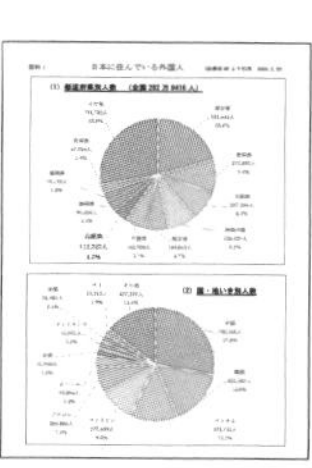

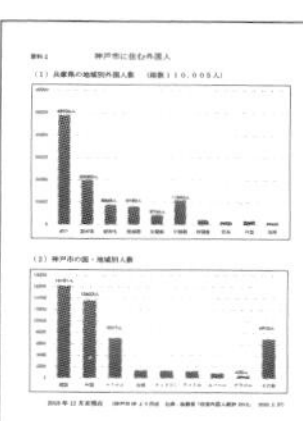

神戸
ワールド
フェスティバル
2019

3 調べる 神戸に住んでいる外国人について調べてみよう。

資料２「神戸市に住む外国人の数」Ⓓを見て話し合う。

「グラフを見て分かったことや思ったことを言いましょう。」

・神戸市に住んでいる人が特に多い。
・全国と同じく韓国，中国，ベトナムの人が多い。
・中国人が一番だと思ったけど韓国の人でした。
・ブラジルやネパールの人が多いのはどうして？

神戸市の国・地域別人数の「その他」に注目して考えられることを言いましょう。

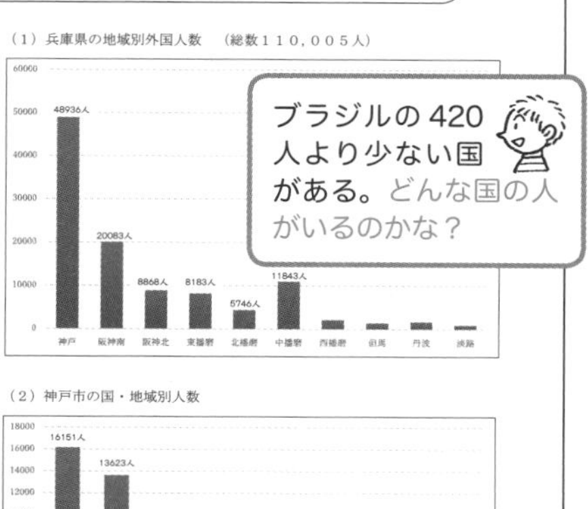

（1）兵庫県の地域別外国人数　（総数１１０，００５人）
48936人
20083人
8868人
8183人
5746人
11843人
（2）神戸市の国・地域別人数
16151人
13623人
7017人
420人
6910人
2018年12月末現在　（神戸市HPより作成　出典：法務省「在留外国人統計2018」　2020.2.27）

グラフの８つの国以外にも何十もの国の人が神戸に住んでいるんだ！

ブラジルの420人より少ない国がある。どんな国の人がいるのかな？

何十人や何人とかの国もある。それが6910人もいるということは…。

Ⓓ

他にどんな国の人が何人ぐらい住んでいるのか，調べさせる（課題を残しておいて調べさせることも大事）。

4 ひろげる 外国の人たちが日本に住んでいる理由や願いなどを考えてみよう。

「神戸市に住んでいる５万人近い外国の人は，どうして日本に住むようになったのでしょう。」

・日本の学校で勉強する留学生がいると思う。
・日本に働きに来ている人もいるよ。コンビニやファミレスで外国人らしい人が働いていた。
・日本の景色や文化が好きで住み着いた人もいるかもしれないね。
・直接，外国の人に聞いてみたいね。

外国の人たちは，日本でどのように暮らしたいのか，願いは何か，もし自分が外国で暮らすとしたらどう思うか考え話し合ってみましょう。

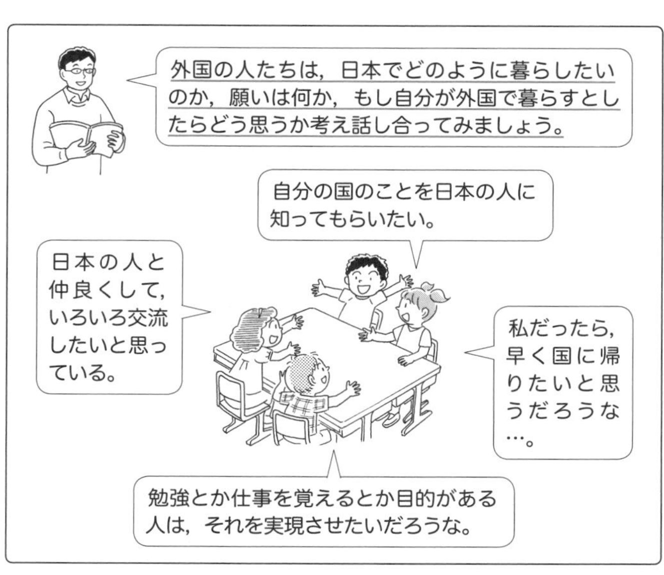

自分の国のことを日本の人に知ってもらいたい。
日本の人と仲良くして，いろいろ交流したいと思っている。
私だったら，早く国に帰りたいと思うだろうな…。
勉強とか仕事を覚えるとか目的がある人は，それを実現させたいだろうな。

「直接話を聞くのはいいことですね。ぜひ，インタビューをして，みんなに報告して下さい。」

第3時
神戸南京町と北野異人館

教材研究のポイント 異人館街は，外国人居留地の人口が増えたため，山の手に住宅が建てられた。

本時の学習のめあて

神戸市を代表する２つの外国人居住地について調べ，国際交流の中で果たしている役割がわかる。

準備物

- 画像（異人館４枚，南京町２枚）
- 北野観光マップ

板書例

神戸南京町と北野異人館

<異人館> ＝ 山の手

- 重要文化財（かざみどりの館など）
- ３０あまりの建物がのこる
- 神戸開港
  → 欧米人が家を建てて住む

～今は～

- 一般公開
- おおぜいの観光客

<南京町> ＝ 港の近く、下町

- 中華料理の店がならぶ
- 中国風の門
- 神戸開港
  → 中国人が住む

～今は～

- 食事や買い物客
- おおぜいの観光客
- 春節祭（中国のお祭り）

1 見つけて比べる　北野の異人館と南京町を地図で見つけて比べよう。

「北野の異人館と南京町を地図で見つけましょう。」

第１時で使った地図や「北野観光マップ」Ⓓ（神戸公式観光サイトや観光案内所で入手できる）を見させる。

- 異人館があるところを見つけた。三ノ宮駅から北へ行った所に異人館がたくさんある。
- 南京町は，元町駅の南で港との間にある。

地図で異人館のある地区と南京町を比べて，気づいたことを出し合いましょう。

異人館は山の手の方にあって，南京町は港に近いところにある。

異人館は広い範囲に広がっていて，南京町は狭い地域にかたまっているね。

異人館はちょっと高級住宅街みたいで，南京町は下町みたいな感じかな…。

「北野異人館か南京町か，どちらかを班で調べて分かったことをノートにまとめましょう。」

インターネット，市や観光協会などの資料，図書館の本などで調べさせる。

2 発表し話し合う　異人館について調べたことを発表し，今のようすについて話し合おう。

「異人館について調べたことを発表しましょう。」

参考に写真（インターネットやⒹ）を見せてもよい。異人館を調べた班ごとに発表させる。

- 風見鶏の館と萌黄の館は国の重要文化財です。
- うろこの家，ラインの館，英国館など30以上の異人館があります。
- 神戸の港が開かれ日本にやってきたアメリカやヨーロッパの人たちがここに家を建てました。

ここは，元は外国の人たちが住んでいた家なのですね。今は，どうなっていますか。

一般に公開されている家もたくさんあるね。ぼくも行ったことがあるよ。

人気の観光地で大勢の観光客が見学に来たり，散策をしています。

Ⓓ

外国の人たちの生活や歴史が，よく分かる場所だね。

中国人は居留地には住めなかったので，その周辺に住み南京町ができた。

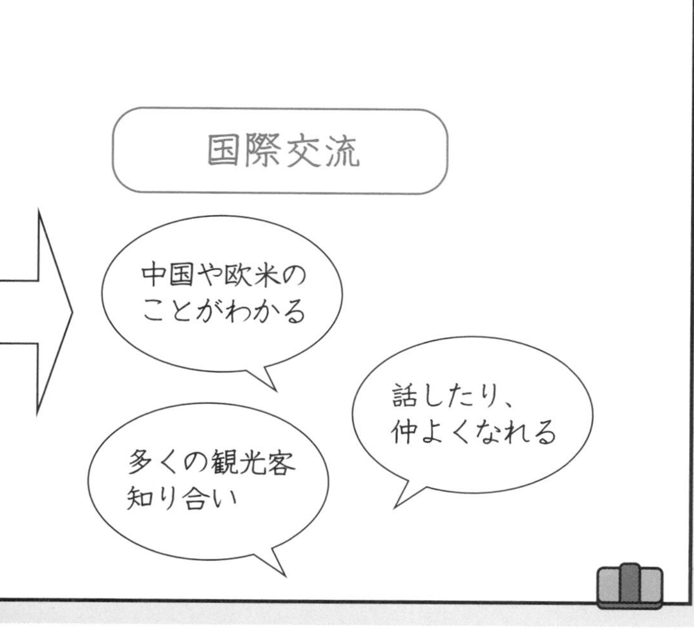
国際交流
中国や欧米のことがわかる
話したり、仲よくなれる
多くの観光客知り合い

主体的・対話的で深い学び

異人館か南京町か，調べたい方を班で選ばせ，調べた内容は発表し合って，２つの外国人が住む（住んだ）まちについて理解を深めさせる。「国際理解」という視点を定めて，２つの地域が神戸市にある意義について十分話し合わせる。グループで話し合い，時間があれば交流して認識を広げさせたい。

DVD

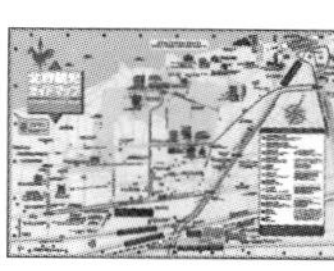

3 発表し話し合う　南京町について調べたことを発表し，今のようすについて話し合おう。

「南京町について調べたことを発表しましょう。」

参考に南京町の写真Ⓓを見せてもよい。南京町を調べた班ごとに発表させる。

- 神戸開港でやってきた中国の人たちが住んだ所です。だからもう１５０年ぐらいになります。
- 中国人の人が住んでいて，中華料理のお店をしています。
- 中国風の門が両側の入り口にあります。
- 赤や黄色のお店がぎっしり並んでいます。

異人館は，観光客が見に来たり散策したりしていますが，南京町は今どうなのでしょう。
大勢の人が食事や買い物に来ている。繁華街みたいだね。
春節祭の時は特に大勢の人が来て，すごく賑わうよ。
観光客も，たくさんやってくるのは異人館と同じだと思う。
Ⓓ

4 まとめる　神戸市に異人館や南京町があることをどう思うか話し合おう。

「神戸市に異人館や南京町があることで，神戸の国際交流としては，どんなよい点があるでしょう。意見を出し合いましょう。」

南京町にいけば，中国の料理が食べられたり，春節祭のような中国のお祭りも見られる。中国のことがよくわかる。
お店の中国の人と話したり仲良くなったりもできるね。
異人館を見たら，欧米の人たちがどんなくらしをしていたか知ることができるからいいと思う。
異人館や南京町があるから，いろいろ知ることができて，知り合いもできるんだ。
日本や外国からも観光客がたくさん来てくれるから，知り合いになったり，話しをしたりできる。

第 4・5 時 姉妹都市との交流

授業研究のポイント 発展課題として，県内の他の市町村の姉妹都市も調べ，交流内容を比べたり

本時の学習のめあて

神戸市の姉妹都市に関心を持ち，どのような交流をしているのかを調べてまとめることができる。

準備物

- 地図帳
- 資料・ワークシート
- 画像　姉妹都市地図

板書例

姉妹都市との交流

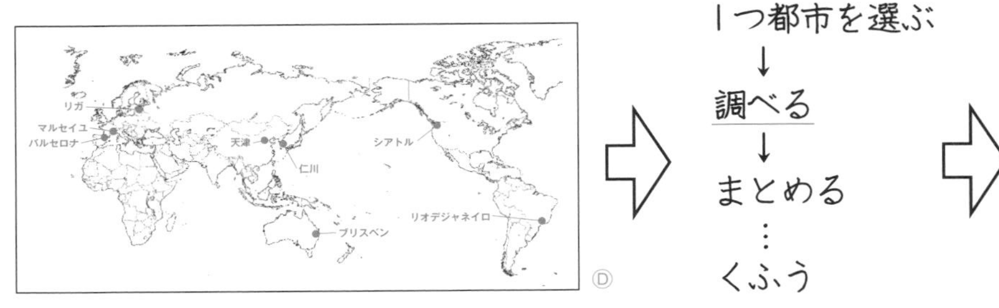

リガ
マルセイユ
バルセロナ
天津
仁川
シアトル
リオデジャネイロ
ブリスベン
1つ都市を選ぶ
↓
調べる
↓
まとめる
⋮
くふう

- 8つの姉妹都市（シアトル 1957 → 仁川（インチョン） 2010）
- アフリカ以外の世界に広がる
- 海の近くの都市が多い
  ↑
  神戸と共通点

神戸はたくさんの姉妹都市と交流を進め，国際都市としてのはってんをめざしている。

1 書き込む　神戸市の姉妹都市を調べて地図に書き込もう。

「世界の都市同士で姉妹都市の関係ができています。神戸の姉妹都市を調べましょう。」

資料・ワークシート「神戸の姉妹都市」で調べる。

- シアトルが１番早くて，仁川が１番新しい。
- ８つの国の都市と姉妹都市になっている。
- 少しずつ増えてきた。まだ増えるのかな？

「姉妹都市」の用語も説明しておく。

地図帳で場所を見つけて白地図に書き込みましょう。気づいたことや思ったことも言いましょう。

リガ
マルセイユ
バルセロナ
天津
仁川
シアトル
リオデジャネイロ
ブリスベン

アフリカ以外の世界中に姉妹都市がある。

姉妹都市になった理由はあるのかな。

神戸と同じ海に近い都市が多いな。

2 調べる　姉妹都市のことや，どんな交流をしているか調べよう。

「どこの都市と交流について調べたいか，１つ（２つでもよい）グループで選びましょう。」

調べる数は，グループの数に合わせて１か２にする。

- 一番古いシアトルにしよう。
- ラトビアという国を知らないからリガにしよう。
- 中華料理の天津飯の天津だね。ここを調べよう！

神戸市の HP，こうべキッズ百科などインターネットから調べられる。市役所に問い合わせをするのもよい。その他，市の広報誌，図書館の本などでも調べられる。

調べたら，いろいろな交流をしているね。ほとんど毎年何かしているところもある。
演劇やバレエや合唱などの公演をするために行ったりもしている。
代表団がお互いの市を訪問している。市長さんも行ったりしている。
いろいろな動物や植物などを贈ったりもしている。動物園に行ったら見られるね。

まとめてみるのもよい。自由課題として取り組ませるのもよい。

発表しあう

【れい】シアトル

・神戸祭りにさんか
・シアトルのまつり
・ホームステイ
・交かん留学
・代表がほうもん
・高校生の交流

主体的・対話的で深い学び

姉妹都市の名前を知るだけでなく，ぜひ地図帳を積極的に使って場所を確認させたい。また，どんな都市なのか，どんな交流をしているのか調べさせ，「国際交流」の内容を具体的に捉えさせる。その際はグループで見つけあい・調べるための共同作業・発表の工夫を共に考えることでより楽しく学習を進められる。

DVD

3 まとめる 調べてきたことをまとめよう。

「グループごとに，調べてきたことをまとめましょう。まとめる内容は①姉妹都市がどのようなところか。②どのような交流をしているか。この２点です。」

模造紙，ホワイトボード，ミニ黒板などにまとめさせる。

後で発表してもらいます。聞く人がわかりやすいように工夫してまとめましょう。
表や図も入れた方がわかりやすいかな。イラストも入れてみようか。写真も入れたいな。
神戸祭りにも参加しているんだよ。これも交流の一つとして入れよう。
シアトルだから，イチロー選手がいたマリナーズのことも入れたいね。

4 発表する 調べてきたことを発表しよう。

まとめたことを発表してもらいます。まず，シアトルについて調べたグループから始めて下さい。
高校生の交流もしています。交流の歴史も一番長いです。
ホームステイや交換留学などもさかんで，交流は一番多いと思いました。
アメリカのシアトル市とは，神戸まつりに参加してもらったり，こちらがあっちの祭りに参加したりしています。

発表を聞いてよかったところ，新しく気づいたところを伝え合わせる。

「神戸はたくさんの姉妹都市と交流を進め，国際都市として町を発展させようとしているのですね。また，来てくれた外国の方が楽しめるような取り組みも行っているんですね。」

第 6 時

交流から共生へ
ー日本と外国の人たちがともにくらすまちー

教材研究のポイント 国際交流や在留外国人支援は，行政だけでなく，ボランティア，企業，

本時の学習のめあて

外国の人たちがくらしやすく，日本の人たちとともにくらしていけるためのさまざまな取り組みがあることを知り，その大切さに気づくことができる。

準備物

- 外国の教会や寺院の画像７枚
- 資料１，２
- 参考資料

板書例

交流から共生へ
ー日本と外国の人たちがともにくらすまちー

ムスリムモスク
シナゴーグ
キリスト教の教会
中国の寺院
ジャイナ教の寺院
⇩
ここにしかない
いろいろある
↑
お参りできる

外国人学校
中国　朝鮮（ちょうせん）
ドイツ　カナダ
イギリス　アメリカ

- それぞれの国の教育
- 外国語が学べる
- 文化の体験

↑
日本の子どもも入学

1 つかむ　神戸にある外国の教会や寺院から考えよう。

「神戸に住む外国の人たちが暮らしやすくなるもの，暮らしやすくなることを探しましょう。」

ジャイナ教寺院の写真Ⓓを見せる。

「これは，何でしょう。」

- 外国の建物みたいだな。
- 何をするところいなのかな？

「これは，ジャイナ教というインドで生まれた宗教のお寺です。日本では，神戸にただ一つあるだけです。他にも外国のお寺や教会を探しましょう。」

資料１「神戸市にあるおもな外国の教会や寺院」Ⓓを配る。

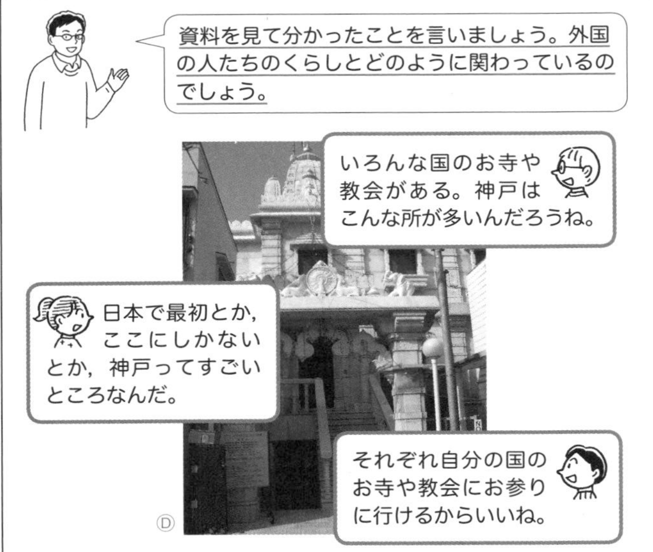
資料を見て分かったことを言いましょう。外国の人たちのくらしとどのように関わっているのでしょう。
いろんな国のお寺や教会がある。神戸はこんな所が多いんだろうね。
日本で最初とか，ここにしかないとか，神戸ってすごいところなんだ。
それぞれ自分の国のお寺や教会にお参りに行けるからいいね。
Ⓓ

2 話し合う　外国人学校について確かめ，話し合おう。

「家族で住んでいる外国の人も多いと思うけど，子どもの教育はどうしているのでしょう。」

- それは，日本の学校に行くんじゃないかな。
- 日本語が上手くしゃべれなかったらどうするのかな？

「では，資料で確かめて見ましょう。」

資料２「神戸市にある外国人学校」Ⓓを配る。

資料から分かったことと，自分の意見を出して合って話し合いましょう。
それぞれの国の子どものための学校がこんなにあるんだね。
日本にいても，自分の国の教育が受けられて，言葉の心配もないから安心だね。
日本の学校に通う子もいるだろうし，日本の子どもも外国人学校に入れば，交流もできるね。
自分の国の教育をする学校がない子は，どうするのかな？

展開１や２では，グループで話し合ったことを全体に発表し合って交流する。

学校など様々な団体によって取り組まれている。

外国の人たち

ささえる・交流する

・いろいろな国の言葉でそうだんできる
・国や市への手続きをたすける
・日本語や日本文化を学ぶ
など

↑

できれば、インタビューなども

主体的・対話的で深い学び

具体的な事例を通して，日本人と外国人がともに暮らしていることを知り，話し合いの中でその意義を理解させたい。国際交流や外国人支援の活動に関心をもち，進んで活動を調べていこうとするようになれば，さらに理解は深まっていくだろう。

3 考える 外国の人が手助けをしてほしいと思うことは何だろう。

神戸に住む外国の人たちが，日本の人たちに手助けしてほしいと思うことはないでしょうか。自分の家族が外国に住むことになったらどうかで，考えてみましょう。

言葉が通じない，日本語がうまく話せないと不安だと思うわ。
日本との生活のしかたやものの考え方が違うだろうから，日本のことが知りたいだろう。
そうだね。通訳をしたり，日本語を教えてくれたり，言葉での手助けがほしいだろうね。
近所のお付き合いや子ども同士の遊びなどもできるようになりたいと思う。

「グループで話したことを全体で交流しましょう。」

- やっぱり言葉のことでの助けが一番だと思う。
- 買い物や乗り物に乗ったり，お医者に行ったり，毎日の生活が普通にできることじゃないかな。

4 ひろげる 外国の人たちを支えるとりくみについて調べよう。

「実際にどんなサポートがされているか，市やボランティア団体のホームページなどで調べてみましょう。」

参考資料「神戸市での外国人をささえる取り組みの例」Ⓓ

決まった日に行けば，自分の国の言葉がしゃべれる人がいて相談に乗ってもらえたら助かるね。
国や市に手続きをするときも，どうしたらよいか分からないときに助けてもらえたらいいね。
外国の人が不便にならないように，いろいろ支える取り組みがあるんだ。
日本のことを知りたい勉強したい人にとっては，そういう機会をつくってもらえたら嬉しいよ。

- 取り組みをしている人や，利用している外国の人に話をきいてみたいね。

第7時 共にくらす －さい害・平和・まとめ－

教材研究のポイント 神戸港から主にブラジルへ多くの移民が船出していった。市内にブラジル

本時の学習のめあて

災害が起きたときや平和の問題から，共に暮らす時に大事なことを考え，学習のまとめをすることができる。

準備物

・画用紙（CM を描く）
・CM づくりに必要なもの（写真，色鉛筆等々）

板書例

共にくらす －さい害・平和・まとめ－

阪神淡路大震災

神戸市が大ひ害

外国の人たち
・日本語が不自由
　→じょうほうが伝わらない
・ひなん所での生活
　習かんやしゅう教の違い

・外国語でもじょうほうを伝える
・ひなん所での生活
　ちがいをみとめて

平和のみみちゃん像

記念
↑
市議会

Ⓓ

「核兵器をつんだ船は
　神戸港にいれない」

・平和だから国際交流
・日本はげんばくのひ害
・みんな幸せになる交流

1 つかむ 阪神淡路大震災で，外国と日本の人で困ったことはなかったか考えよう。

「阪神淡路大震災を知っていますか。」
・知っている。お母さんに聞いた。　・知らない。
「1995 年 1 月 17 日に起こり，6434 人が亡くなりました。被害が特に大きかったのが神戸市です。」
「この時外国の人はどんなことで困ったでしょう。」
・被害や避難場所など情報は，普通日本語で伝えられるね。日本語が不自由な人は分からないよ。
・避難場所で一緒に生活するのも困るんじゃないかな。習慣や宗教も日本人とは違うし…。

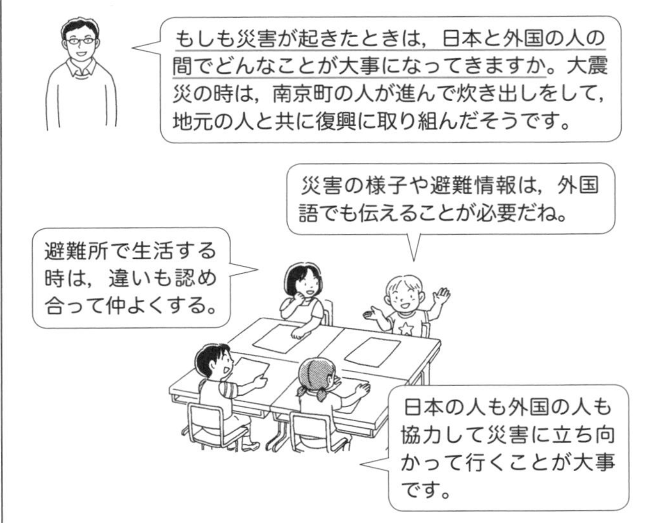
もしも災害が起きたときは，日本と外国の人の間でどんなことが大事になってきますか。大震災の時は，南京町の人が進んで炊き出しをして，地元の人と共に復興に取り組んだそうです。
災害の様子や避難情報は，外国語でも伝えることが必要だね。
避難所で生活する時は，違いも認め合って仲よくする。
日本の人も外国の人も協力して災害に立ち向かって行くことが大事です。

「災害の時にも互いに助け合うことが大事ですね。」

2 考える 平和の問題と国際交流について考えよう。

「この写真Ⓓは何でしょう。」
・女の子の像だね。
・非核「神戸方式」って，書いてあるよ。
核兵器について簡単に説明しておく。

これは平和の美海（みみ）ちゃん像と言います。神戸市議会が，核兵器を積んだ船は神戸港に入れないという決議をしたのを記念してつくられたのです。この神戸市議会の決議についてどう思いますか。

非核「神戸方式」の碑

Ⓓ

国際交流って，平和でないとできないから，この決議はいいと思う。

日本は原爆の被害を受けているから核兵器を積んだ船は入れない方がいい。
日本の人も外国の人もみんな幸せになる交流がしたいね。

「国際交流というのは，普段の普通の交流だけでなく，災害が起きたとき協力しあったり，平和の問題を一緒に考えたりすることも大切なのですね。」

移民発祥の地の碑があり，神戸市立海外移住と文化の交流センターもある。

これまでの学習

4コマCMを作る
↓
内容を4つえらぶ
↓
分たんしてつくる
↓
発表する
↓
感想をつたえる

主体的・対話的で深い学び

災害時や平和の問題といった，これまでとは少し違ったシビアな視点からも国際交流について話し合わせ，視点を広げていく。4コマCMづくりは，前小単元でも取り組んでいるので，できる限り児童の主体性に任せて活動させたい。

3 作る 国際交流の取り組みについての4コマCMを作ろう。

「学習してきた神戸市の国際交流の取り組みについて，4コマCMを作りましょう。前にも作っているので，やり方は大体分かりますね。」

まず，CMに入れる内容を4つ選ばないといけないね。何にしようかな…。
いろいろな教会や寺院と，外国語学校のことは入れたいね。
授業では習わなかったけど，神戸祭りのことを調べていれたいな。
姉妹都市との交流も大事だと思うけど，どうかな？

「内容が決まったら，1コマずつ分担を決めて，CMを作っていきましょう。絵や文字や写真などをうまく使ってくださいね。」

・1コマ目の見出しの言葉は何てしようかな。
・シアトルの写真がほしいな。インターネットからとれないかな…。

4 発表する 作った4コマCMを発表しよう。

できあがったCMをグループごとに発表しましょう。
南京町は，中国からやってきた華僑と呼ばれる人たちがつくった町です
神戸市には8つの姉妹都市があります。一番歴史が古いのはシアトル市で…。
外国の人たちが暮らしやすいように，また交流もできるように支える取り組みが…。

「発表を聞いた感想を付箋に書いて，発表したグループに渡しましょう。」

・北野の異人館は，ぼくも興味があったので，どんな発表か楽しみでした。
・神戸港は，日本の港の中でも特に大きな港の一つだと言うことが分かりました。

出された感想はグループごとに付箋を貼って掲示し，みんなが読めるようにしてもよい。

美しい景観を生かすまち・松島町（選択）

全授業時間７時間＋いかす１時間

◉ 学習にあたって ◉

◇何を教えるのか　－この単元の特徴－

本単元は，児童自身が住む都道府県内の特色あるまちづくりの様子について学びます。地域のまちづくりについて，人々がどのようにつながり協力して，地域の活性化に取り組んでいるのかを捉え，これからのまちづくりのあり方について考えていく，創造的な内容を含んだ教材となっています。扱う対象が，児童自身が住む地域（都道府県・市町村）となるため，対象を身近に感じながら，地元のことについて考えていくことができます。

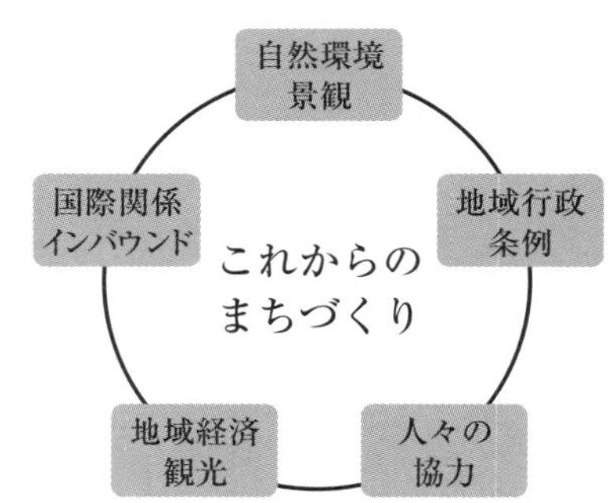

自然環境
景観
地域行政
条例
人々の
協力
地域経済
観光
国際関係
インバウンド
これからの
まちづくり

◇どのように教えるのか　－主体的・対話的で深い学びのために－

本単元の学びは，身近な地域の様子を取り扱う単元であるため，児童自身の生活と結びつけながら，写真資料や統計資料などを中心として，まちづくりの取り組みについて読み取り，調べて考えたことがベースとなります。児童自身が住む都道府県内の特色あるまちづくりを取り上げるため，実際にそこへ行ったことがある児童の経験も生かされるでしょう。また，身近にそのまちづくりに関わっている人もいるので，そのような人との対話も手がかりとしたいところです。

児童にとって，身近な地域のまちづくりについて学ぶ単元のため，児童自身が足を運んだ経験がある地域を取り上げることになることが予想されます。よって，前述の通り児童の気づきや経験をつないでいくことで，学びに深みが出るでしょう。また，身近な「人」という財産を有効に活用したいものです。実際にまちづくりに携わっている人との直接的な対話を通して，その実際に触れることができれば，より深い学びとなります。①「友だちとの対話」もさることながら，②「直接対象に関わる人との対話」，③「資料との対話」を十分に保障することで，興味関心を高めながら，深い学びへと向かっていきます。

◉ 評　価 ◉

知識および技能

・地図帳や写真資料，統計資料などの資料で調べ，特色ある地域では，人々がつながり，特色あるまちづくりや観光などの産業の発展に努めていることを捉えることができる。
・特色あるまちづくりについて捉えたことを，レポートなどにまとめている。

思考力，判断力，表現力等

・特色ある地域の位置や自然環境，人々の活動や産業の歴史的背景，地域経済，人々の協力関係などを含む，地域の様子を捉え，それらの特色を考えることができる。
・特色あるまちづくりについて調べて考えてきたことを生かして，レポートなどに表現している。

主体的に学習に取り組む態度

・疑問や見通しをもって，主体的に対象について調べたり，考えたりし続けている。
・地域社会について考え，学んだことを，これからの生活に生かそうしている。

◉ 指導計画　7時間＋いかす1時間 ◉

時数	授業名	学習のめあて	学習活動
1	美しい景観	・地図帳や写真，統計資料等から，松島町がどのようなまちか，気づいたことを話し合うことができる。	・地図帳や航空写真，統計資料から，松島町の位置を把握し，どのような町か，気づいたことを話し合う。 ・疑問（学習したいこと）を出し合い，単元計画を立てる。
2	自然ゆたかでれきしある景観を守る（1）	・写真や年表，条例等の資料を読み取り，どのように景観を守ってきたのか，考えることができる。	・写真や年表，景観条例（条文）などの資料を読み取り，どのように景観を守られてきているのか，調べて考え，話し合う。
3	自然ゆたかでれきしある景観を守る（2）	・写真資料等から，現状の景観を守る取り組みについて捉え，意味について考えることができる。	・写真資料から，実際の景観を守る活動について読み取り，その活動の意義について考え，話し合う。
4	松島湾の景観とまちづくり（1）	・写真資料や統計資料を読み取り，松島町の自然環境を生かしたまちづくりについて調べて考えることができる。	・写真資料を見て，松島湾の自然環境を生かしたまちづくりについて調べ，考えたことを話し合う。
5	松島湾の景観とまちづくり（2）	・写真資料等から，松島町のインバウンドを視野に入れた取り組みについて，調べて考えることができる。	・写真資料などから，松島町のインバウンドをねらいとした取り組みについて調べ，考えたことを話し合う。
6	景観を生かしていく	・写真資料等から，景観を生かしたまちづくりについて調べ，意味について考えることができる。	・景観を生かしたまちづくりのためにどのような取り組みが行われているのか，また，そのねらいについて調べて考え，話し合う。
7	4コマ CM	・学んだことを生かして，松島町の取り組みやよさをレポートに表現することができる。	・単元全体を通して学んだことを生かして，松島町の4コマCMにまとめて表現する。
いかす	特色ある地いきと自分たちの地いきのよさを伝える	・都道府県内の特色ある地域と自分たちが住むまちのよさを他県の人たちに伝えることができる。	・特色ある地域と人びとのくらしについて学習をふり返り，自分たちのまちと比較して，特色ある地域と自分のまちのよさをまとめて発表し合う。

第1時 美しい景観 －松島町はどんなまち？－

教材研究のポイント 取り扱う地域の，景観の美しさや歴史を感じられるような写真資料を

本時の学習のめあて

地図帳で松島町の位置を確認し，写真資料を読み取り，対話を通して松島町がどのようなまちか予想することができる。

準備物

・地図帳
・掲示資料

板書例

美しい景観

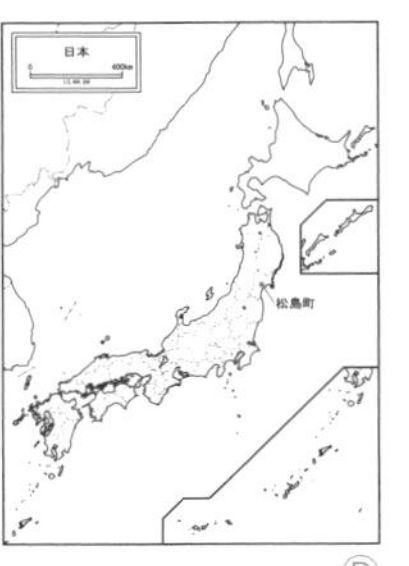

日本
松島町

宮城県松島町の景観です。
松島町はどんなまちなのでしょうか。
景観とは？
その土地に独自の自然や歴史などがつくってきた風景のことをいう。

悠久の松島湾・再発見

きれいな景観　　れきしあるまち

●宮城県
●東北地方
●海ぞいのまち

↓

どんなまちづくり？

1 調べる 松島町の位置を地図帳で調べよう。

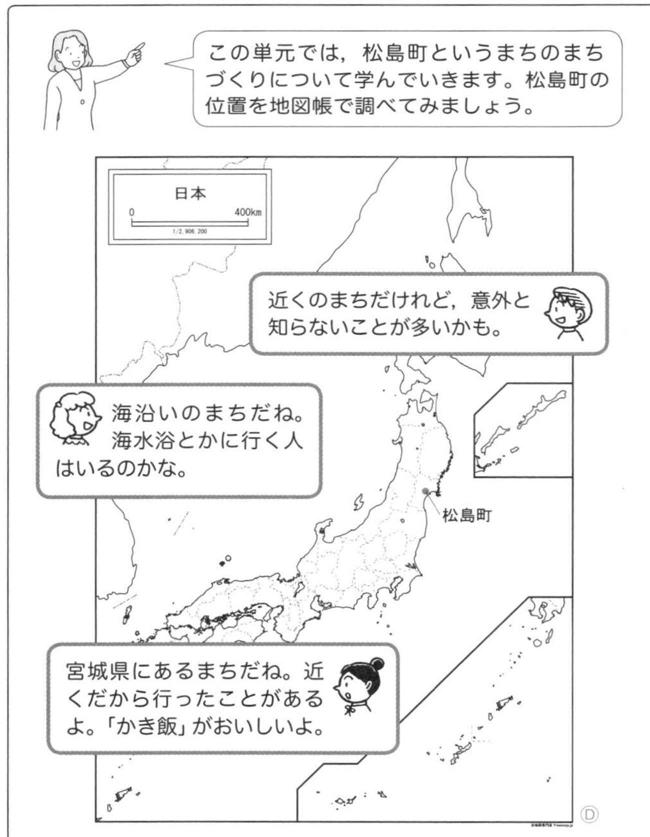

この単元では，松島町というまちのまちづくりについて学んでいきます。松島町の位置を地図帳で調べてみましょう。
日本
0 400km
近くのまちだけれど，意外と知らないことが多いかも。
海沿いのまちだね。海水浴とかに行く人はいるのかな。
松島町
宮城県にあるまちだね。近くだから行ったことがあるよ。「かき飯」がおいしいよ。

地図帳の索引の使い方など，調べ方を確認しておくようにするとよい。

2 考える 2つの写真を見て松島町の特徴を考えよう。

この写真は，松島町の景観や取り上げられた雑誌の記事です。松島町はどのようなまちなのでしょうか。
きれいな景観だね。行ってみたくなる。観光客も多いだろうね。
景観とは？
その土地に独自の自然や歴史などがつくってきた風景のことをいう。
戦国時代って書いてあるよ。歴史がありそうだよね。
船が見えるね，漁船かな。観光船かな。どっちかな。
悠久の松島湾・再発見
絵にも写真にも船が出てきているね。乗ってみたいな。

「松島町には観光でウリにできそうなものがあるのでしょうか。どんなまちづくりをしているのでしょうか。」

用意して，その地域の特色の大枠をつかめるようにする。

学習したいこと

松島町の10年間の観光客数
(万人)
『松島町統計資料』より作成
400
350
300
250
200
150
100
50
0
2008 [平成20]
2009
2010
2011
2012
2013
2014
2015
2016
2017

- 2011 年には何が？
- きれいな景観を活かす？
- れきしを活かす？
- 景観やれきしを守る取り組み？
- 観光客が来てくれるように？

主体的・対話的で深い学び

地図帳を使って，松島町の位置を確認する所から，地域の特色を意識しながら，どんなまちづくりが推し進められているのかイメージしていくようにする。その際，児童同士での対話を通して，それぞれの考えを結びつけながらイメージを膨らませていくとよい。また，本時は単元全体を占う重要な授業である。多くの疑問を引き出し，その疑問を解決していきながら，単元を展開していけるようにすると意欲が高まる。

松島町

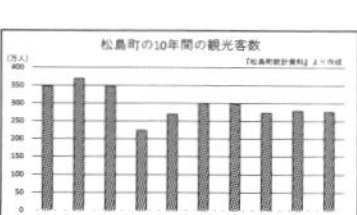

松島町の10年間の観光客数

3 読み取る・対話する　グラフからどれぐらい観光客が来ているのか考えよう。

このグラフを読み取って，松島町に来る観光客について気づいたことや思ったこと，考えたことを話し合いましょう。

2008 年～ 2010 年には約 350 万人の観光客が来ていたんだね。

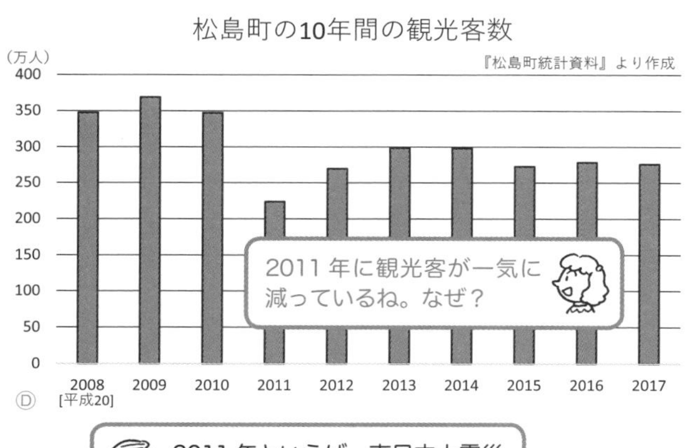

松島町の10年間の観光客数
(万人)
『松島町統計資料』より作成
400
350
300
250
200
150
100
50
0
2008 [平成20]
2009
2010
2011
2012
2013
2014
2015
2016
2017
2011 年に観光客が一気に減っているね。なぜ？

2011 年といえば，東日本大震災が…だから減ったのかな。

その後は増えているけれど，以前ほどではないね。

「いろいろな気づきがありましたね。松島町はどのようなまちづくりをしているのでしょうか。」

4 学習問題をつくる　疑問に思うことや学習課題を出し合おう。

これから，松島町のまちづくりについて学習をしていきます。今日の学習を終えて，疑問に思ったことや学びたいことを出し合いましょう。

地域の人たちだけでまちづくりをしているのかな。

観光客が来てくれたらいいよね。

災害の恐ろしさも伝えられるかもしれないね。

きれいな景観を活かせないかな。

景観や歴史を守って，ウリにしたら観光客が増えるかも。

児童から出てきた疑問や学習したいことをできる限り活かして，以後の単元展開を柔軟に取り扱うようにするとよい。

学校所在地の市町村を取り上げられるとよいが，難しい場合は，周辺や同一都道府県内の市町村の事例を単元で取り上げるようにするとよい。

第2·3時 自然豊かで歴史ある景観を守る
－松島町はどんなまち？－

本時の学習のめあて

写真や年表を読み取って，松島町の課題を捉え，行政や住民の景観を守るための取り組みについて調べ，その意義について考えることができる。

準備物

・掲示資料

教材研究のポイント 写真や統計資料を通して，「○○を守る」という視点で対話し，その

板書例

自然ゆたかでれきしある景観を守る
－何をいかしてまちをつくる？－

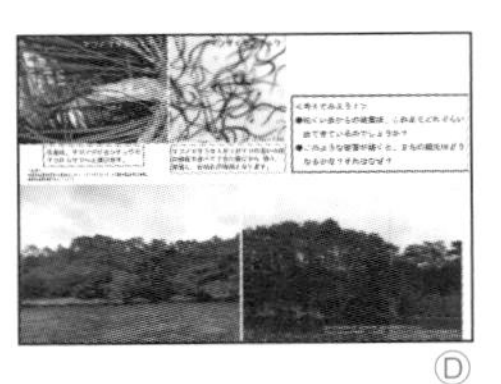

松くい虫ひ害

美しい景観が失われると？

アマモ場の流出・ゴミ

自然が失われると？

だれがどのように守る

1 読み取る・考える 松くい虫による被害について考えよう。

「松島は日本三景の一つです。昔から自然や歴史ある景観を大切にしてきたのですね。ところが，松くい虫による被害により，写真Ⓓのように景観が変わっています。」

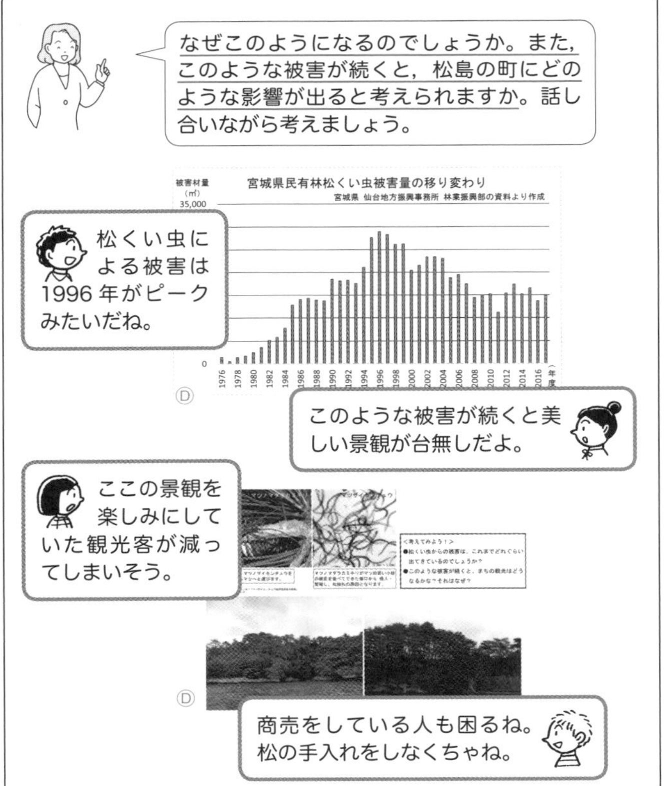
なぜこのようになるのでしょうか。また，このような被害が続くと，松島の町にどのような影響が出ると考えられますか。話し合いながら考えましょう。
宮城県民有林松くい虫被害量の移り変わり
宮城県 仙台地方振興事務所 林業振興部の資料より作成
松くい虫による被害は1996年がピークみたいだね。
このような被害が続くと美しい景観が台無しだよ。
ここの景観を楽しみにしていた観光客が減ってしまいそう。
商売をしている人も困るね。松の手入れをしなくちゃね。

2 考える アマモ場の流出やごみの問題について考えよう。

「2011年に起きた東日本大震災で，松島湾にあったアマモ場もそのほとんどが失われました。」

このままにしておくとこの地域にはどのような影響が出るのでしょうか。また，地域ではどのような取り組みがされているのでしょうか。
災害で大きな被害が出たんだ。自然にも大きな影響があるね。
アマモ場がなくなると，生き物も困るよね。ゴミも問題だね。

松島湾のアマモ場再生ガイドブック
10月14日
<アマモ場の再生をめざして>
●アマモ場が失われたままだと，まちづくりにとってどのような影響が出るのだろう？
●アマモ場を守るために，どんな人たちが関わり，どのような活動をしているのだろう？

このままだと観光客も減りそうだ。アマモ場を再生したいね。
組織が中心となって，地域のみんなで取り組んでいるね。

「景観や自然が失われると，地域の産業にも影響が出そうですね。では歴史や文化はどうでしょうか。地域産業と関係があるのでしょうか。」

意義について考えを深められるようにするとよい。

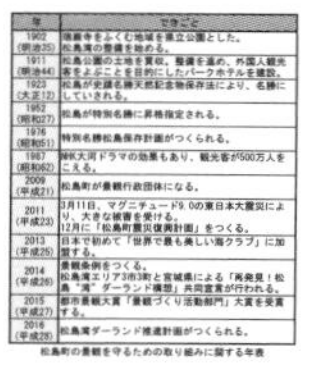

れきしあるまちなみ

古い町並みが
失われると？

主体的・対話的で深い学び

単に目の前にある課題が何であるかのみをとらえる学習にしないようにしたい。写真や年表を読み取り，その事象が地域産業にもたらす影響について考え，景観や自然，歴史・文化を守っていくための取り組みとその意義にまで目を向けることで，対話の中でより思考を深めていくことができる。また，取り扱う取り組みに，実際に関わっている方をゲストティーチャーとして学びを深めるのもよい。

DVD

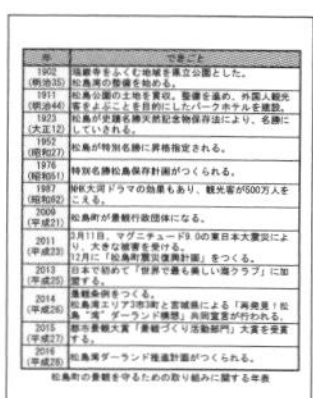

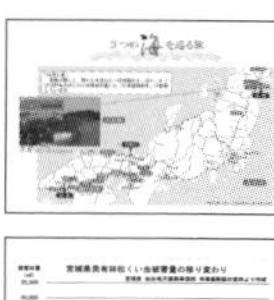

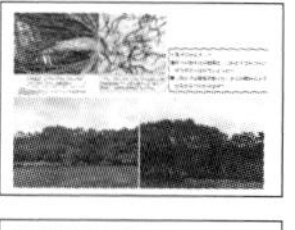

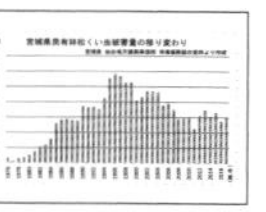

DVD 収録の資料に記載されている参考 HP は表記の誤りです。授業に使用する際は，HP の記載を消去していただきますようお願いいたします。

3 読み取る・考える 歴史あるまちなみについて考えてみよう。

「1時間目の写真にもあったように，松島は歴史あるまちです。」

その歴史あるまちなみが消えていくと，その地域にはどのような影響が出るのでしょうか。また，地域ではどのような取り組みがされているのでしょうか。

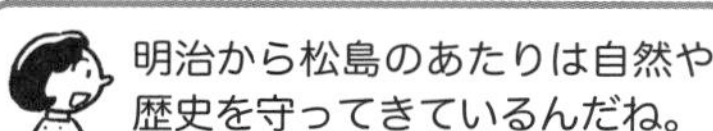

明治から松島のあたりは自然や歴史を守ってきているんだね。

自然や歴史あるまちなみを観光にいかしてきたのかな。

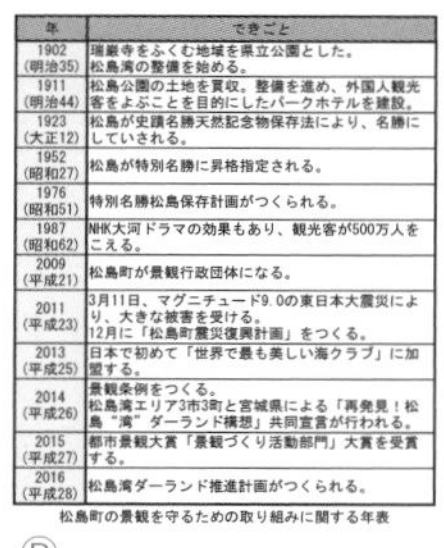

年	できごと
1902（明治35）	瑞巌寺をふくむ地域を県立公園とした。松島湾の整備を始める。
1911（明治44）	松島公園の土地を買収。整備を進め、外国人観光客をよぶことを目的にしたパークホテルを建設。
1923（大正12）	松島が史蹟名勝天然記念物保存法により、名勝にしていされる。
1952（昭和27）	松島が特別名勝に昇格指定される。
1976（昭和51）	特別名勝松島保存計画がつくられる。
1987（昭和62）	NHK大河ドラマの効果もあり、観光客が500万人をこえる。
2009（平成21）	松島町が景観行政団体になる。
2011（平成23）	3月11日、マグニチュード9.0の東日本大震災により、大きな被害を受ける。12月に「松島町震災復興計画」をつくる。
2013（平成25）	日本で初めて「世界で最も美しい海クラブ」に加盟する。
2014（平成26）	景観条例をつくる。松島湾エリア3市3町と宮城県による「再発見！松島“湾”ダーランド構想」共同宣言が行われる。
2015（平成27）	都市景観大賞「景観づくり活動部門」大賞を受賞する。
2016（平成28）	松島湾ダーランド推進計画がつくられる。

松島町の景観を守るための取り組みに関する年表

Ⓓ

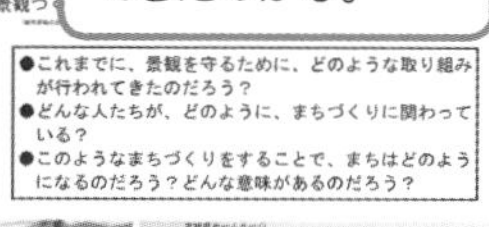
●これまでに、景観を守るために、どのような取り組みが行われてきたのだろう？
●どんな人たちが、どのように、まちづくりに関わっている？
●このようなまちづくりをすることで、まちはどのようになるのだろう？どんな意味があるのだろう？

景観に合ったまちなみをつくる

整備する前のまちなみ

整備した後のまちなみ

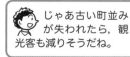

Ⓓ

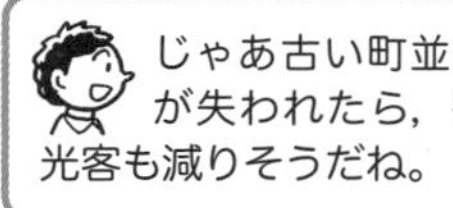

じゃあ古い町並みが失われたら，観光客も減りそうだね。

景観を守るために地域の人たちが協力して取り組んでいるね。

景観条例などの法律は，各都道府県や市町村において制定されているので，地域の地方公共団体のホームページなどで調べておくとよい。

4 考える・深める だれがどのように守っていくことが大切なのか考えよう。

「地域の景観や自然，歴史・文化は，だれがどのように守っていくことが大切なのでしょうか。話し合いながら考えて，本時の学習をまとめましょう。」

まちづくりには，行政とみんなの力が必要なんだね。
人のつながりがとても重要だと思ったよ。僕も地域の取り組みに参加したい。
学校でも何かみんなで取り組めないかな。
地域の人たちで協力したいね。
国や都道府県，市町村が法律や条例を整えるのも大切だね。

第 4·5 時
松島湾の景観とまちづくり
ー松島の今と未来をそうぞうしようー

本時のポイント 地域産業（特に観光業）に目を向け，グローバルな視点や未来志向での

本時の学習のめあて

写真やパンフレット，記事を読み取り，現在行われている観光業や人材づくりについて調べ，その意味について考えることができる。

準備物

・掲示資料

板書例

松島湾（わん）の景観とまちづくり
ー松島の今と未来をそうぞうしようー

●松島のどんな特ちょうをいかして，まちづくりをしているのかな？
●どんな人たちが松島にくるのだろう？

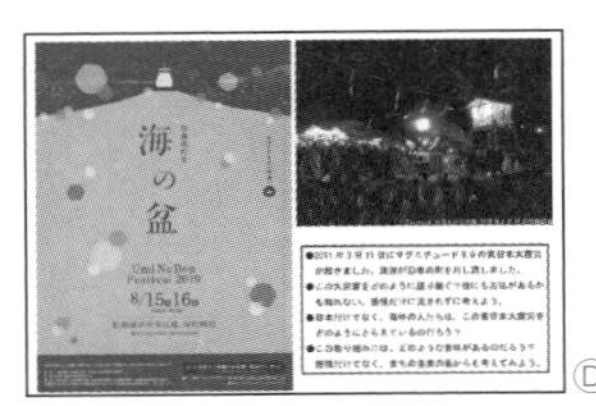
海の盆
Umi No Bou Festival 2019
8/15・16

景観とれきし・文化をいかす　／　東日本大しんさいを語りつぐ　／　日本だけでなく海外からも

いろんな人たちの協力

まちのはってん・けいぞく

1 対話する　何をいかしたまちづくりをしているのか話し合おう。

「これまで，松島町のまちづくりを例に学んできました。」

資料を見て，松島町はどのような特色をいかしたまちづくりをしようとしているのか，話し合いながら考えてみましょう。

観光船で海の自然を楽しめそうだね。私も乗ってみたいな。

松島湾ターランドの自然体験型観光を楽しむ旅
●松島のどんな特ちょうをいかして，まちづくりをしているのかな？
●どんな人たちが松島にくるのだろう？

景観もそうだけれど，歴史や文化もいかしていそうだね。

東日本大震災を語り継ぐのも大切だね。多くの人と考えたい。

海の盆
Umi No Bou Festival 2019
8/15・16
●2011年3月11日にマグニチュード9.0の東日本大震災が起きました。津波が沿岸の町をおし流しました。
●この大災害をどのように語り継ぐ？他にも方法があるかも知れない。感情だけに流されずに考えよう。
●日本だけでなく，海外の人たちは，この東日本大震災をどのようにとらえているのだろう？

海外の人たちは東日本大震災をどう考えているのだろう。

2 ひろげる　観光業のターゲットは誰に設定しているのか考えよう。

松島町のまちづくりでは，どんな所に住む人たちに，観光客として来て欲しいと考えているのでしょうか。資料を見て，話し合いながら考えましょう。

日本全国から観光に来て欲しいと思っているのではないかな。

インターネットで，世界にも情報を発信しているみたいだね。

●何か国語のパンフレットがある？
●なぜ様々な国の言葉のパンフレットをつくるのだろう？

●Facebookということは，インターネットで世界に情報が発信されているということ？
●国際交流員の人たちはどんな思いをもっている？

海外からも観光客としてきて欲しいと努力していると思うよ。

国際交流員の人たちは日本文化を広める役割を果たしている。

どの都道府県や市町村でも，日本語版と外国語版のパンフレットなどが作成されているので，地域に合わせて準備しておくとよい。役所や関係団体に問い合わせて取り寄せてもよい。

取り組みについてイメージをもつことができるようにしたい。

未来のまちをつくるのは？

まちの未来を支える人を育てる

主体的・対話的で深い学び

「何を」いかしたまちづくりをしているのか，「何を」語り継ぐのか，「誰を」ターゲットにするのか，そしてそれは「なぜ」なのか，その意味を考えるところまでを意識することで，主体的に学びに向かい，対話を通してより深い学びになる。事実としてどのようなことに取り組まれているのかだけに視点を向けるのではなく，その裏側の「意味」や「願い・思い」にまで目を向けさせたい。

3 深める まちづくりの意味を考えよう。

これらのまちづくりには，どのような意味があるのでしょうか。また，どのような人たちの協力が必要なのでしょうか。資料を見て，話し合いながら考えましょう。

私たちにも地域のために何かできることはあるかな。

その地域の自然や歴史・文化を守っていくということだけでも価値があるよね。

景観を守りながら観光業の発展にもつながっていきそうだね。

世界とのつながりながら，まちが発展し，続いていきそう。

行政や企業，組織，地域住民のつながりがとても大切だよね。

「では，これから先のまちづくりは，一体誰が担っていくのでしょうか。」

4 考える 未来のまちをつくっていくのは誰なのか考えよう。

これらのまちづくりには，どのような意味があるのでしょうか。また，どのような人たちの協力が必要なのでしょうか。資料を見て，話し合いながら考えましょう。

学校でもまちづくりについて学べるようにしているんだね。

英語で海外の人たちに案内するなんてすごいよね。

僕たち自身も未来のまちづくりを担っていくんだね。

自分たちの住む地域は続いていって欲しいよね。

第 6·7 時

まとめる
ー CM 動画をつくろうー

本時の学習のめあて

単元を通して学習してきた「まちづくり」に関することを整理し，大切なことを選択し，CM 動画（レポート）に表現することができる。

準備物

・本単元で使ってきた掲示資料
・ICT 機器（グループに 1 台）

板書例

まとめる
ーCM動画をつくろうー

CM 動画作成のルール

- 時間…1 分間
- 4つのコマ（15 秒ずつ）
- まちの特色が伝わるように
- これまでの資料や本を使って調べ直して整理
- 最後は「未来に向けて」

CM 動画の例

写真・動画
音声・文字
など

①日本三景 松島をめぐる	② れきしあふれる まちなみ
③ 自然やれきし をいかした 観光	④ 未来へ向けて

1 まとめる グループ（個人）でまちの CM 動画をつくろう。

これまで，松島町のまちづくりについて学んできたことを，タブレットを使って CM 動画にまとめましょう。

写真と音声をうまく組み合わせて，動画にまとめようよ。
未来へ向けて，地域の教育にも目を向けたいな。住みよいまちとして宣伝できるかも。
松島のよさが伝わるようにするためにはどうしたらいいかな。観光客や住む人が増えたらいいな。
やっぱり景観や古い歴史・文化を推したいな。観光を中心にまとめたら？

他の方法として，１人１台での CM 動画づくりやレポート作成，パンフレットやリーフレット作成，プレゼンテーションなども挙げられる。年間を通して，様々なまとめ方をできるようにしたい。

2 表現する・対話する 学級全体でつくった CM 動画を交流しよう。

それぞれのグループでつくった CM 動画を，クラスのみんなで共有しましょう。CM 動画を見たら，感想や考えたことを伝えたり，質問をしたりしましょう。

松島のよさが伝わってきたよ。それぞれのコマに文字でキャッチフレーズもかかれていて，分かりやすかったよ。
地域の人たちに発表する前に，写真や音声でのまちの紹介の仕方を修正してみるといいよ。
未来のまちづくりについてはどう考えていますか？他にいいアイデアはないかな。
なぜこの４つにしぼってまとめたの？私ならアマモ場再生の活動を入れるけれど。

「発表した後にもらったみんなからの感想シートを読んで，これまでの学習を振り返り，CM 動画をよりよくなるように修正しましょう。」

見てもらう人

- 友だち
- 地いきの人たち

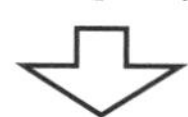

自分たちの学びを
ふりかえって、ひょうかしよう。

主体的・対話的で深い学び

単元のまとめとして，4人1グループでCM動画づくりをする。ICT機器はグループに1台配布し，地域図書館と連携して，取り扱った地域の特色が表れている書籍を用意しておく。この活動を通して，児童が協調性をもって，共に調べ直し，対話を通してまちづくりの要点を考え，未来に向けて思考を進めていけるようにしたい。CM動画の共有は2往復を意識し，自己・他己評価させたい。

DVD

3 対話する・まとめる　1度目の発表をふり返って，CM動画を修正しよう。

発表した後に，質問してもらったり，感想を言ってもらったことをもとに，自分たちの学びや活動をふり返って，CM動画を修正してみましょう。

アマモ場の再生に向けた取り組みも入れたらどうかな。参加するために人が集まるかも。

まちづくりの未来に向けた取り組みについて，もっと伝えたいな。私たちの思いもさらに入れてみたらどうかな。

文字や音声で，もっと伝わりやすくなるようにしようよ。

でも，どれと入れ替える？ 4コマ分しかないよ。③のところに入れる？

そうだね。やっぱり「人のつながり」が大切だよね。未来につながるようにしようよ。

「修正したCM動画を，地域の人たちに見てもらいましょう。また感想をもらえるかも知れませんよ。」

地域の役所や関係団体，自治会，保護者の方などに発表する場をつくるようにするとよい。

4 表現する・ふり返る　地域の人にCM動画を紹介しよう。

この単元で学んできたことを，地域の方に発表しましょう。最後に感想や質問を受け付けて，自分たちの学びをふり返るようにしましょう。

お寺や古い町並みが残っていて，歴史の深さを感じることができます。

自然を取り戻す活動や自然体験もできます。

松島は日本三景の1つで，観光船で美しい景観を楽しむことができます。ぜひ乗ってみて下さい。

未来のまちを担う子どもたちを育てる教育で，様々な取り組みがされています。

友だちや地域の人たちからの感想や質問をもとに，自分たちの学びについて振り返り，意味づける活動をできるとよい。

古いまちなみを生かすまち・倉敷美観地区（選択）

全授業時間７時間

◉ 学習にあたって ◉

◇何を教えるのか　－この単元の特徴－

「住んでいる都道府県の歴史的景観を生かしたまちづくりをしている地域」の学習では，その地域の良さを「宝」として考え，その「宝」を守り，発展させるための何をしているのか，興味をもたせるように進めます。「守り伝える」という学習用語を理解させ，そこではどのように，どのような気持ちで活動が行われているのかを考えさせたいものです。伝統文化や歴史的景観を生かしている市町村には，その地域の発展に貢献した人物が多く存在しています。もしいなくても，尽力した人々が数人いたり，語り継いでいる方が存在したりしています。そのような人物に焦点を当て，その功績と思いを考えさせましょう。

また，このように発展してきたのには，その方々の人柄も影響しています。その人柄は，児童が社会的事象，歴史的事象を理解するポイントの1つになります。目の前にその人物が浮かんでいる気持ちで，学習を進めたいものです。

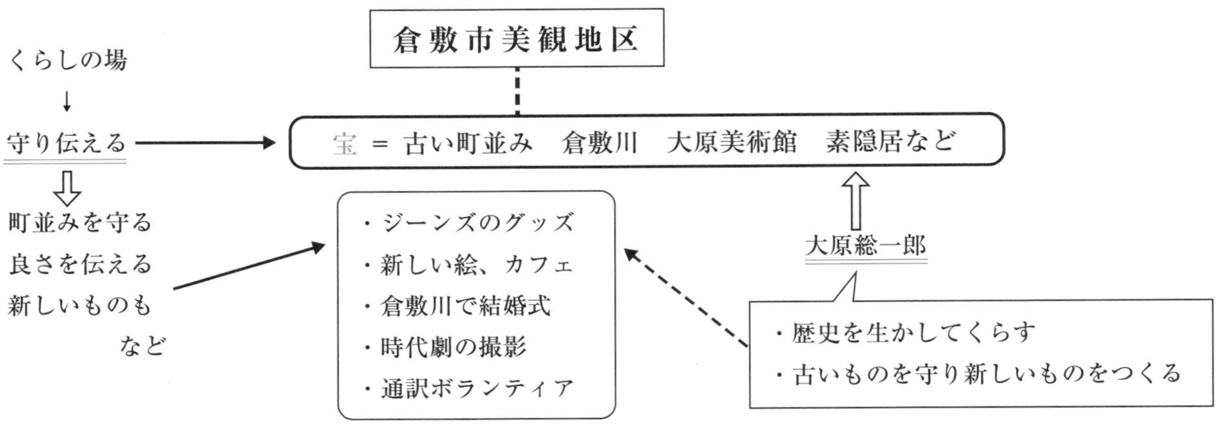
倉敷市美観地区
くらしの場
守り伝える
宝 ＝ 古い町並み　倉敷川　大原美術館　素隠居など
町並みを守る
良さを伝える
新しいものも
など
・ジーンズのグッズ
・新しい絵、カフェ
・倉敷川で結婚式
・時代劇の撮影
・通訳ボランティア
大原総一郎
・歴史を生かしてくらす
・古いものを守り新しいものをつくる

◇どのように教えるのか　－主体的・対話的で深い学びのために－

行ったことのある児童とそうでない児童がいるので，地図帳で場所を確認し，映像やパンフレットなどで町並みを確認する必要があります。

教師は現地に行き，その良さ体験してきたり，写真や動画を撮ってきたりすることが望ましいですが，難しい場合は，役所や団体に電話やメールをして交流をしておきましょう。その地区の中で，昔から特に大切にされてきたものに焦点をあて，インターネットやパンフレットを活用して調べていきます。

◉ 評　価 ◉

知識および技能	・都道府県内の特色ある地域では，人々が協力し，特色あるまちづくりや観光などの産業の発展に努めていることを理解している。 ・地図帳や各種の資料で調べ，白地図などにまとめている。
思考力，判断力，表現力等	・特色ある地域の位置や自然環境，人々の活動や産業の歴史的背景，人々の協力関係などに着目して，地域の様子を捉え，それらの特色を考え，表現している。
主体的に学習に取り組む態度	・社会的事象について，学習問題を主体的に解決しようとする態度や，よりよい社会を考え学習したことを社会生活に生かそうとする態度が養われている。

◉ 指導計画　　7時間 ◉

時数	授業名	学習のめあて	学習活動
1	観光客が集まる倉敷美観地区	・伝統文化や歴史的景観を生かしている市町村について，場所や知っていることを話し合い，学習課題を設定する。	・倉敷美観地区の場所を確認し，倉敷美観地区について知っていることを発表する。 ・倉敷美観地区について，インターネットやパンフレットなどで調べる。 ・倉敷美観地区の「宝」について話し合う。 ・倉敷美観地区について，知りたいことを話し合う。
2・3	美観地区の景観を守る	・宝である歴史的景観を守るために，どのような取り組みを行なっているのかを知り，どのような思いで行なっているのかを考えることができる	・倉敷美観地区の「昔から大切にされているもの」について話し合う。 ・どのようにして，昔ながらの景観を「守り伝える」ことを行なっているのかを調べる。 ・調べたことを発表する。 ・倉敷美観地区を守り伝える人は，どんな気持ちで行なっているのかを考える
4・5	倉敷美観地区とまちづくり	・伝統文化や歴史的景観を生かしている市町村が，歴史的景観をどのように生かしているのか考えることができる。	・倉敷美観地区の中にある建物について話し合う。 ・「伝える」べき「新しいもの」をインターネットなどを使って調べる。 ・「新しいもの」を生かした取り組みについて話し合う。 ・なぜ，「新しいもの」を生かしているのかを考える
6・7	倉敷美観地区と大原総一郎	・伝統文化や歴史的景観を生かしている市町村には，ある人物の想いと功績により発展していることを理解し，自分ができることを考えることができる。	・倉敷美観地区の保存に尽力した大原総一郎について関心をもつ。 ・大原総一郎について，インターネットやインタビューなどで調べる。 ・どのような思いで，大原総一郎は美観地区を保存しようとしたのかを話し合う。 ・美観地区を保存，発展させるために，自分にできることを考える。

第1時 観光客が集まる倉敷美観地区

教材研究のポイント　倉敷川畔の地域は国の重要伝統的建造物群保存地区に指定されている。

本時の学習のめあて

伝統文化や歴史的景観を生かしている市町村について，場所や知っていることを話し合い，学習課題を設定する。

準備物

・画像（美観地区）　・岡山県白地図　・各都道府県のホームページや学習する市町村のホームページ，パンフレット，観光協会などが発行している絵地図などを参考にするとよい。

板書例

観光客が集まる倉敷美観地区（くらしきびかんちく）

岡山後楽園

ひる山高原

倉敷美観地区 → 古い建物 / むらすずめ

インターネット　パンフレット　調べよう

・有名なもの
・まちのようす
・行事、祭り
・人びとのくらし

1 見つける　倉敷美観地区の場所を確認し，倉敷美観地区について知っていることを発表しよう。

最初に，自分たちが住んでいる市町村を地図帳で確認する。

「岡山県内で，行ったことのある場所を発表しましょう」

・岡山後楽園です。　　（観光客数県内第１位）
・蒜山高原です。　　　（観光客数県内第２位）
・倉敷美観地区です。　（観光客数県内第３位）

「倉敷美観地区は，岡山県で観光客数が第３位で，外国からもたくさんの人が観光に来ています。倉敷美観地区の場所を地図帳で確認しましょう。」

倉敷美観地区について知っていることを発表しましょう。
古い建物を見に行ったことがあるよ。
「むらすずめ」っていうお土産もあるよ。

2 調べる　倉敷美観地区について，インターネットやパンフレット，絵地図などで調べよう。

倉敷美観地区について，インターネットやパンフレットや絵地図を使って調べましょう。
何が有名なのかな。街並みの様子も見てみよう。
毎年，何人ぐらいの人が訪れているのかな。
どのような行事や祭りがあるのかな。
地元の人々はどのように暮らしているのかな。

教師は，各都道府県や各市町村のホームページを事前に確認しておくと良い。

各都道府県や各市町村のパンフレットも，依頼をすれば，郵送してもらえるので活用したい。

調べる際は，調べるポイントを明確にして調べさせるようにする。

・古い家が並んで，お店もたくさんありそうだ。
・川に沿って木が植えられている。地元の人が植えたのかな。
・川を舟に乗って観光できるんだ！

倉敷地区の宝

・古いまちなみ
・倉敷川
・すいんきょ
・大原美術館

？

☆守るために
　していることは？
☆いつから人気？
☆新しいものは
　ないのか？

主体的・対話的で深い学び

歴史的景観を生かしたまちづくりの学習では，行ったことのある児童とそうでない児童がいるので，地図帳で場所を確認し，映像やパンフレットなどで町並みを確認する。教師は現地に行き，その良さ体験してきたり，写真や動画を撮ってきたりすることが望ましいが，難しい場合は，役所や団体に電話やメールで交流をしておくとよい。学習している地域の良さを「宝」として考えさせ，その「宝」を守り，発展させるための何をしているのか，興味をもたせるようにする。

DVD

3 話し合う　倉敷美観地区の「宝」について話し合おう。

倉敷美観地区には，どのような「宝」があるでしょうか。
美観地区には，江戸時代からの古い街並みが今でも残っている。これは宝だと思う。
大原美術館が美観地区の中にあるよ
なまこ壁の蔵がたくさんあって，きれいだよ。
倉敷川を舟で渡れて素敵！人気みたいだよ。

・「素隠居」という祭りも有名だよ。
・どんな祭りなのかな？詳しく知りたいね。
・アイビースクエアも，たくさんの人が来ている。

インターネットや書画カメラなどを使って，街並みや有名な場所や物を視覚的に確認しながら進める。

歴史的景観を中心に話し合いをまとめていく。

4 ひろげる　倉敷美観地区について，知りたいことを話し合おう。

倉敷美観地区で，不思議だなと思ったことを話し合いましょう。
いつから美観地区は有名になったのかな。
街並みを守るために，どのようなことをしているのかな。
美観地区に住んだり，働いたりしている人は，どんな気持ちで働いているのかな。
住んでいる人はどのようなことをしているのかな。

・昔から人気だったのかな。
・古いものだけでなくて，新しいものはないのかな。

話し合いを，「歴史的景観を守る」ために何をしているのか，「歴史的景観を生かした街づくり」のために何をしているのかいう2つの視点でまとめる。

第2・3時 美観地区の景観を守る

本時の学習のめあて

宝である歴史的景観を守るために，どのような取り組みを行なっているのかを知り，どのような思いで行なっているのかを考えることができる。

準備物

- 画像（素隠居　倉敷川ライトアップ）
- 各都道府県のホームページや学習する市町村のホームページ，パンフレットなどを参考にするとよい。

板書例

美観地区（びかんちく）の景観（けいかん）を守る

昔から大切にされているもの

- 白かべ
- すいんきょ
- 倉敷川
- 昔からの建物

→ 守り伝える

調べたこと

- くらしの場でもある
- 戦後すぐに守る活動が始める
- 倉敷川
  →きまり（条例（じょうれい））をつくる
- 新しいビル、マンション ×
  など

1 見つける　倉敷美観地区の「昔から大切にされているもの」について話し合おう。

倉敷美観地区の中で，昔から大切にされているものは何でしょうか。
「白壁」のある街並みが，が昔から大切にされています。
倉敷川も大切にされているね。
「素隠居」という祭りも今でも続けられているよ。
昔ながら建物も今でもあるね。

「昔からあるものを，大切にして，今でも守られていることを，『守り伝える』と言います。」

「どのようにして，守り伝えられているのでしょうか。」

- 修理をするのかな。
- 見回りをしているのかな。

「インターネットなどで調べてみましょう。」

2 調べる　どのようにして，昔ながらの景観を「守り伝える」ことを行なっているのかを調べよう。

倉敷美観地区を守り伝える取り組みについて，インターネットやパンフレットを使って調べましょう。
どの言葉で検索しようかな。
倉敷市や市の観光協会で調べたら早いかな？
どのサイトで調べたら分かりやすいかな。

以下の点をポイントとして，インターネットを活用して調べる。

（1）複数の検索サイトを使うと調べやすい。

（2）調べたいことをもとにして，「検索」する言葉を考える。

　例）・倉敷　美観地区　守る

　　　・倉敷市　美観地区　街並み　守る　など

（3）結果として出てきたサイトの説明を見て，目的に合うサイトを選んでアクセスする。

想い

- 町なみを守りたい
- たくさんの人に
- 良さを知ってもらいたい
- 大変だが協力したい
- みんなが楽しい
- 新しいものもつくる
  →より良い町へ

主体的・対話的で深い学び

倉敷美観地区の中で，昔から特に大切にされてきたものに焦点をあて，インターネットを活用して調べていく。他の学習や今までの学年でインターネットを使って検索し，学習をしてきたと思うが，学習内容もより深いものになり，今までの検索方法では，不十分であることが考えられる。ここで今一度，インターネットでの検索の仕方を押さえる必要がある。

DVD

3 話し合う 調べたことを発表しよう。

どのような取り組みをしているでしょうか。調べたことを発表しましょう。
倉敷美観地区は，観光地だけでなく，そこに住む人の暮らしの場にもなっているね。
約70年前，美観地区の町並みを守る会ができたそうだよ。
倉敷市全体でも取り組みをしているね。
いいことばかりなのかな？住んでいる人にとって不便や困ったことはないのかな？

- 倉敷市は倉敷美観地区を守るためのきまり(条例)をつくっている。
- 新しい家やビル，マンションなどを建てないようにしたんだね。
- 倉敷市と市民，住人が話し合っていることがよく分かるよ。

4 ひろげる 倉敷美観地区を守り伝える人は，どんな気持ちで行なっているのかを考えよう。

どのような気持ちで「守り伝える」ことを行なっているのでしょうか。
倉敷美観地区の良さをいろいろな人に伝えたいのかな。
自分たちも，そこに住んでいて，誇りを持っているから…。
この町並みを守ることは，大変なことだけど，みんなで協力して守りたい。
この美しい昔からの町並みを守りたい。

- 住む人が気持ちよく，観光客が楽しくなるような美観地区にしたい。
- 倉敷市民だけでなく，岡山県全体の人にも関心をもってもらい，守っていきたい。
- 昔からのものを守り伝えるだけでなくて，新しいものをつくり，もっと良い町にしていきたい。

交通渋滞などのトラブル対策も取り上げると学習内容が深くなる。

第 4·5 時

松島湾の景観とまちづくり
ー松島の今と未来をそうぞうしようー

本時の学習のめあて

写真やパンフレット，記事を読み取り，現在行われている観光業や人材づくりについて調べ，その意味について考えることができる。

準備物

・掲示資料

板書例

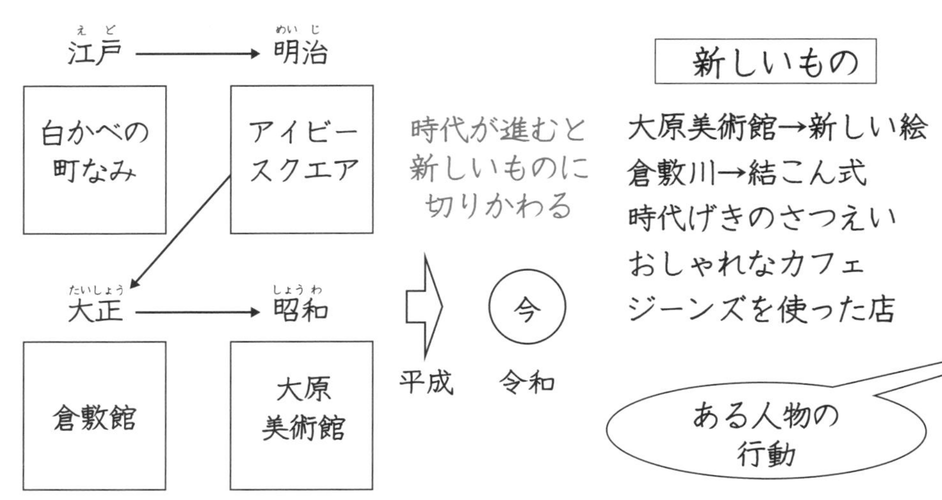

倉敷美観地区とまちづくり
江戸 → 明治
白かべの町なみ
アイビースクエア
大正 → 昭和
倉敷館
大原美術館
時代が進むと新しいものに切りかわる
平成
今
令和
新しいもの
大原美術館→新しい絵
倉敷川→結こん式
時代げきのさつえい
おしゃれなカフェ
ジーンズを使った店
ある人物の行動

1 対話する 何をいかしたまちづくりをしているのか話し合おう。

倉敷美観地区にある，建物の写真を掲示する。

・白壁の町並みⓓ　・アイビースクエア
・大原美術館ⓓ　・倉敷館

倉敷美観地区の中にある建物です。何か気がつくことはないでしょうか。
どれも「昔」の建物だわ。
「昔」だけれど，建てられた時代が違うと思う。
白壁は，江戸時代からあると聞いているよ。でも，後の建物は…。

「白壁の町並みは江戸時代，アイビースクエアは明治時代，大原美術館は昭和初期，倉敷館は大正時代の建物です。」

・いろいろな時代の建物があるのだね。

明治→大正→昭和→平成→令和（今）の流れを確認する。

「時代と共に，新しいものも加わっていますね。」

2 ひろげる 観光業のターゲットは誰に設定しているのか考えよう。

倉敷美観地区の今の町並みの様子について，インターネットやパンフレットを使って調べましょう。
「えびめし」や「むらすずめ」ⓓなど，美味しそうなものがたくさんだね。
ジーンズを使ったお店がある。何だろう。

前時にインターネットを使って調べた時とは，調べる内容が違うことを確認しておくと良い。

本時の調べるポイントは以下の通りである。

⑴「新しい」と思われる，施設や飲食店などを調べる。
⑵ その土地特有のお土産などを利用した取り組みがあるか調べる。
⑶ そこに住んでいる人々が，実際にしていることは何があるかを調べる。
⑷ 何を「伝える」ようにしているのかを調べる。

外国人の観光客
↑
通訳のボランティア

古いもの ＋ 新しいもの
日本の良さ ― 時代に合わせる
↓
人気 楽しめる

主体的・対話的で深い学び

「何を」いかしたまちづくりをしているのか，「何を」語り継ぐのか，「誰を」ターゲットにするのか，そしてそれは「なぜ」なのか，その意味を考えるところまでを意識することで，主体的に学びに向かい，対話を通してより深い学びになる。事実としてどのようなことに取り組まれているのかだけに視点を向けるのではなく，その裏側の「意味」や「願い・思い」にまで目を向けさせたい。

DVD

3
深める
まちづくりの意味を考えよう。

倉敷美観地区には，どのような「新しいもの」を生かした取り組みがあるでしょうか。
大原美術館がすごい人気だね。
アニメでも美観地区が登場していたよ。
時代劇の撮影が毎月，行われているよ。
倉敷川で結婚式ができるね。

- 大原美術館は，世界でも有名な美術館で，新しい絵もどんどん展示しているよ。
- 大原美術館のグッズも人気があります。
- ジーンズを使ったグッズを開発して売っているね。
- 「むらすずめ」を食べることができたり，おしゃれな家具などがあったりするカフェが増えているね。
- 外国人観光客が増えているので，通訳のボランティアさんや案内をする人が増えているね。

4 考える 未来のまちをつくっていくのは誰なのか考えよう。

なぜ，「新しいもの」を生かして，「伝える」活動をしているのですか。「守る」べき「古いもの」は必要ないのですか。
「古いもの」だけでは，観光客が来なくなってしまうよ。
自分たちのくらしも守るためには…。
倉敷美観地区は，世界に１つしかない地区だからかな…。「古いもの」も大切だね。
時代に合わせて，「新しいもの」を作る必要があるんじゃないかな。

- 「古いもの」と「新しい」ものを合わせると，人気が出てくるんじゃないかな。
- どの国の人にも楽しんでもらえるような工夫も必要だね。

「実は，そのような考えを持った一人の人物によって倉敷美観地区は有名になっていったのです。」

第 6・7 時

倉敷美観地区と大原総一郎

本時の学習のめあて

伝統文化や歴史的景観を生かしている市町村には，ある人物の想いと功績により発展してきた場合があることを理解し，自分ができることを考えることができる。

準備物

・各都道府県のホームページや学習する市町村のホームページ，パンフレットなどを参考にするとよい。

板書例

倉敷美観地区と大原総一郎（おおはらそういちろう）

大原孫三郎（まごさぶろう）	大原総一郎	⇨	想い 美観地区 守る
父	長男		

父
- 倉敷中央病院
- 大原美術館
- クラレ
- JRはくび線

など

長男

調べよう
- ・お父さんと同じ？
- ・人がらは？

想い　美観地区　守る
- ・ドイツ、ローデンブルク
  →れきしを生かしてくらす
- ・新聞や本で紹介 → 全国から注目
  →有名な美術家たちが守る
- ・倉敷市と共にとりくむ
- ・美術は進化するもの

1 見つける　倉敷美観地区の保存に尽力した大原総一郎について関心をもとう。

「倉敷美観地区が保存されるきっかけは，ある一人の人物によるものでした。それが，大原総一郎さんです。（写真を掲示する）総一郎さんのお父さんは，大原孫三郎さんです。孫三郎さんは，倉敷にある建物や施設のほとんどをつくった人です。どんなものがあるでしょう。」

・倉敷中央病院　・大原美術館　・倉敷紡績（クラレ）
・JR の伯備線　などかな？

「そうです。そんな孫三郎さんの長男が総一郎さんなのです。」

総一郎さんは，倉敷美観地区を保存するために，どのようなことをしたのだろう。

お父さんと同じようなことをしたのかな…。

新しいものばかりではなくて…。

2 調べる　大原総一郎について，インターネットやインタビューなどで調べよう。

大原総一郎さんについて、インターネットやインタビューで調べましょう。
お父さんと違って、どのようなことをしたのかな。
どのような人柄だったのかな。

教師は、その人物を検索し、どのようなサイトがあるか確認をしておくと良い。

「人物によっては、記念館があったり、設立した会社などで対応したりしてもらえることもあります。」

・実際に見学に行ければ良いね。
・見学できなくても、電話などでインタビューに応じてもらえるかもしれないよ。

「Web カメラなどでゲストティチャーとして参加したりしていただけたら、それも良いですね。」

調べる際は、その人物の功績だけでなく、人柄や思いも調べると効果が上がる。

みんなでできること

- 家族で遊びに行く
- 良さをしらせる
- ボランティアで案内する
- 英語で外国の方へ案内する

など

新しいもの へ

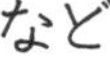

主体的・対話的で深い学び

伝統文化や歴史的景観を生かしている市町村には，その地域の発展に貢献した人物が存在することが多い。または，尽力した人々が数人いたり，語り継いでいる方が存在したりしている。そのような人物に焦点を当て，その功績と思いを考えさせたい。また，まちの発展には，そうした方々の人柄も影響している。その人柄は，供達が社会的事象，歴史的事象を理解するポイントの1つとなる。この単元でも，「人」なしでは学習は進まない。目の前にその人物が浮かんでいる気持ちで学習を進めたい。

DVD

3 話し合う どのような思いで，大原総一郎は美観地区を保存しようとしたのかを話し合おう。

美観地区の保存と発展のために、大原総一郎さんは、どのような思いで、何をしたのでしょうか。

ドイツのローデンブルクの町並みとそこに住んでいる人の「歴史を生かして暮らす」姿を、倉敷でも実現すべきだと思ったのだね。

ドイツのローデンブルクの町並みに影響を受けて、と教えていただいたよ。

倉敷美観地区の様子を、新聞や雑誌を使って全国に紹介した。

「芸術は進化するもの」として、大原美術館の進化も目指していた。

- 全国から注目を浴びて、有名な芸術家たちが美観地区を認めて、守ろうとした。
- 総一郎さんの気持ちは、政治家も動かして、美観地区を守るきまり（条例）ができたのだね。

4 ひろげる 美観地区を保存，発展させるために，自分にできることを考えよう。

- 総一郎さんは、古いものを守り、新しいものをつくりながら美観地区を守り、発展させようとした。
- その気持ちは、今でも受け継がれている。

倉敷美観地区を保存、発展させるために、みんなができることは何でしょう。

観光に行って楽しむことができるね。家族で、美観地区に遊びに行く！

美観地区の良さをいろいろな人に伝えたい。

美味しいものや、楽しいお店もあるから、学校のホームページで紹介してもいいね。

- 美観地区の良さを新聞にして、みんなに読んでもらうのはどうかな？
- 簡単な観光案内なら、できるかもしれないね。
- 英語で案内できたら、外国の人も喜ぶよ。
- 新しい観光マップをみんなで作りたい。

いかす

特色ある地いきと自分たちの地いきのよさを伝える

教材研究のポイント 学習してきたことをもとにして，自分の住んでいる地域との比較・対比，

本時の学習のめあて

都道府県内の特色ある地域と自分たちが住むまちのよさを他県の人たちに伝えることができる。

準備物

・児童から出されると予想される自分たちの地域の特色あるものを実物や写真で用意しておくのもよい。

板書例

特色ある地いきと自分たちの地いきのよさを伝える

<学習したことをふりかえる>

・よさの町の丹後ちりめんの生産

・神戸市の国際交流

・松島町の美しい景観

・倉敷市美観地区のまちなみ

<自分のまちとくらべる>

昔からの
たけのこ作り

西国街道・古墳
古い家・道標など

きれいな竹林
外国人も住む

1 ふり返る 特色ある地域と人びとのくらしについて，学習したことをふり返ろう。

「ここまで，どんなことを学習してきましたか。」

・京都府与謝野町では，地域の気候を生かした丹後ちりめんが生産されてきました。

・生産が減ってきているが，町おこしともつなげてちりめん生産を守る取り組みがされている。

この他，県内の国際交流，自然景観や歴史文化で特色ある地域についても学習してきたことを振り返る。

学習して，特に印象に残っていることや，興味があったのは，どんなことですか。

日本に外国のお寺や教会，学校がたくさんあることが分かったので，どんなところか詳しく知りたいです。

どこも，自然や古いものをただ守るだけでなくて，新しいことも取り入れていこうとしていたことです。

自然や歴史や産業を生かしてまちづくりに取り組んでいる人たちの活動に興味があります。

2 比べる 学習してきた特色ある地域と自分の町と，よさを比べてみよう。

特色ある地域で取り上げた内容と同様のことがそろっている市町村は少ない。特色ある地域と対比させて，自分の地域のよさが発見できればよい。

長岡京市には，与謝野町のような伝統産業はないけれど，昔からたけのこ生産が盛んで，タケノコを使ったお菓子なども作られています。
倉敷の美観地区よりもっと古い古墳があり，西国街道沿いには，道標や古い家も残されています。
松島のように有名ではないけれど，竹林がたくさんあります。
神戸ほどではないけれど，外国人の人たちも住んでいます。

→ よさをつたえる

4コマCMや写真など
⋮
まとめる
↓
クラスで発表し合う
↓
他県の4年生と交流
CDやSDカードを交かん

主体的・対話的で深い学び

特色ある地域と自分のまちを対比することで，地域のよさにはそれぞれ違いがあることが分かってくる。自分の地域のよさや特色を見直すことになり，また特色ある地域のよさがより深く理解できるだろう。県外の人によさを伝える行為は，これまで県内に向いていた目を，県と県の関係に向けることになり，他の都道府県にもそれぞれ特色ある地域があるのではないか等々，子どもたちの視野を広げていくことになる。

3 考える 特色ある地域と自分のまちのよさの伝え方を考えよう。

「特色ある地域や自分のまちのよさを他の県の人たちに伝える方法をいろいろ考えましょう。」
- チラシやポスターをつくって，駅などにおいてもらえばいい。
- インターネットで紹介すれば全国に届くよ。
- 絵手紙にして，知り合いの人に送るのはどう？
- 4コマCMを作ったんだから，それを使えばいいんじゃないかな。

4コマCMの中から選び出したものをもとにして，よさを伝える内容を考えましょう。タブレットで写真を見せたりしてもいいね。

丹後ちりめんの着物や新しい製品と織っている写真をいれて，まちづくりにも生かされていることを伝えたいね。

倉敷市や松島町では，古い町並みや自然を観光などの新しいものに生かしていることがいい。

長岡京市は，長岡京という都があったことや古墳など歴史のあるまちのよさを伝えたい。

4 伝える 特色ある地域と自分のまちのよさをつたえよう。

「まず，自分たちがまとめたものを，クラスの中で発表し合いましょう。」

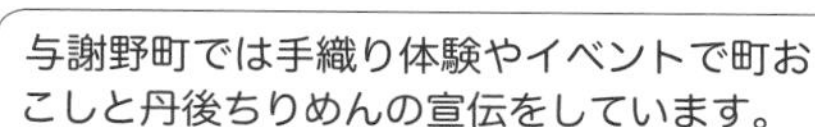

与謝野町では手織り体験やイベントで町おこしと丹後ちりめんの宣伝をしています。

長岡京市でも，名産のタケノコを生かした製品が作られています。

私たちは丹後ちりめんができるまでを中心にしたので，取り上げ方が違うわ。

写真の使い方が上手いな。説明も分かりやすい。

「これを県外の人に，どのように伝えましょうか？」
- 写真も入れて伝えようとしたら，インターネットがいいんじゃないかな。
- CDかSDカードにいれたら，簡単に送ったりできるよ。

できれば，県外の学校の4年生とCDやSDカードに保存したものを交換しあって交流してみましょう。

日本白地図
0
200km

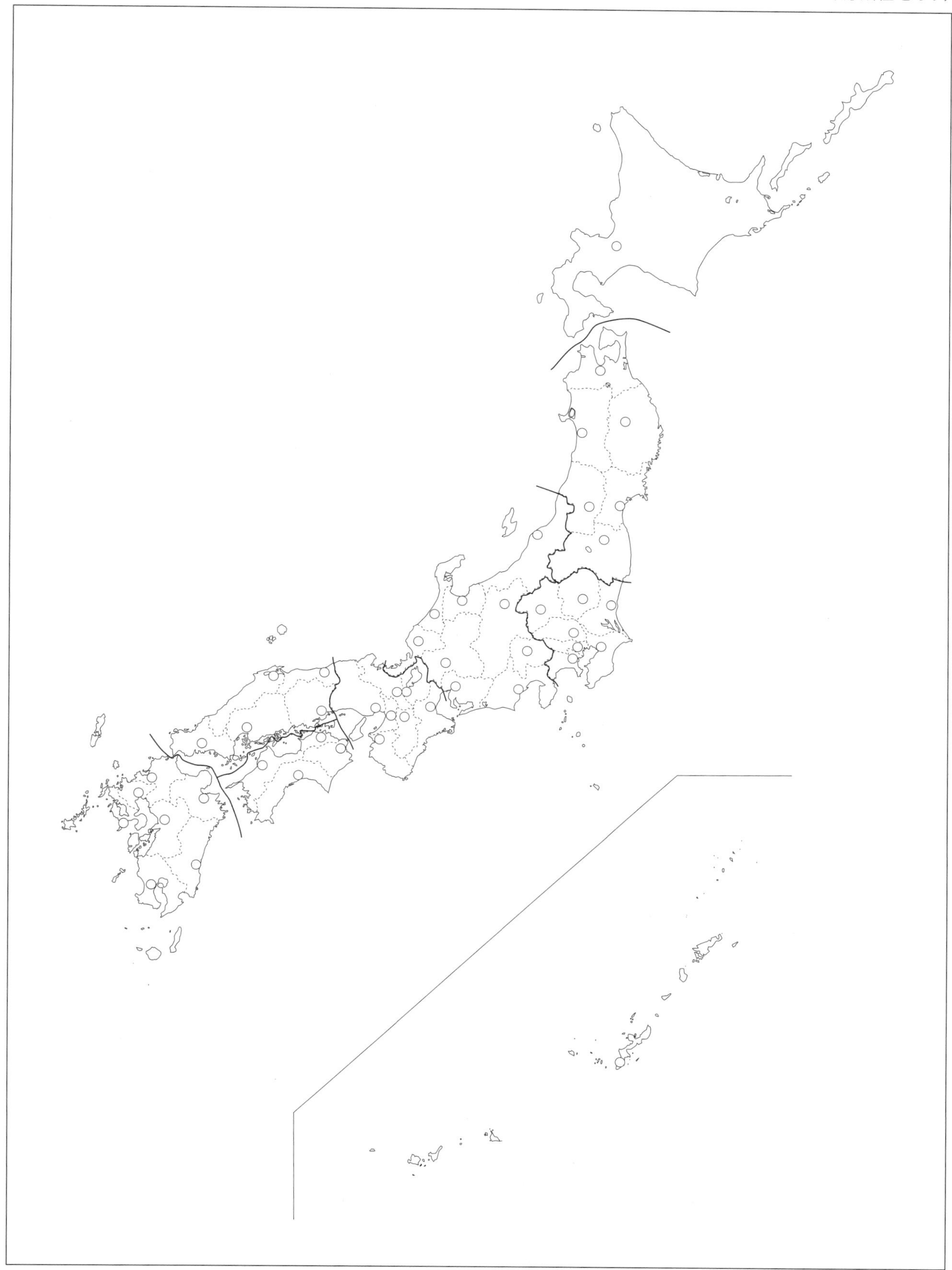

月　　日

都道府県と８地方

名前

下は各地方にある都道府県です。

北海道地方
①　北海道

東北地方
②　青森県
③　岩手県
④　宮城県
⑤　秋田県
⑥　山形県
⑦　福島県

関東地方
⑧　茨城県
⑨　栃木県
⑩　群馬県
⑪　埼玉県
⑫　千葉県
⑬　東京都
⑭　神奈川県

中部地方
⑮　新潟県
⑯　富山県
⑰　石川県
⑱　福井県
⑲　山梨県
⑳　長野県
㉑　岐阜県
㉒　静岡県
㉓　愛知県

近畿地方
㉔　三重県
㉕　滋賀県
㉖　京都府
㉗　大阪府
㉘　兵庫県
㉙　奈良県
㉚　和歌山県

中国地方
㉛　鳥取県
㉜　島根県
㉝　岡山県
㉞　広島県
㉟　山口県

四国地方
㊱　徳島県
㊲　香川県
㊳　愛媛県
㊴　高知県

九州地方
㊵　福岡県
㊶　佐賀県
㊷　長崎県
㊸　熊本県
㊹　大分県
㊺　宮崎県
㊻　鹿児島県
㊼　沖縄県

（前のページの白地図は141％に拡大して印刷し、一人につき最低３枚用意する。）

1　１枚目の白地図に都道府県名を書き入れましょう。また、各都道府県ごとに色分けしましょう。

2　２枚目の白地図に都道府県の番号を入れましょう。また、地方ごとに色分けしましょう。

3　３枚目の白地図は地図帳を見ないで都道府県名を書きましょう。どれくらい書けましたか。完全に覚えた都道府県は、上の表に○をつけましょう。

月　　日

（都道府）県庁所在地

名前

北海道地方	中部地方	中国地方
① 北海道・札幌市	⑮ 新潟県・新潟市	㉛ 鳥取県・鳥取市
東北地方	⑯ 富山県・富山市	㉜ 島根県・松江市
② 青森県・青森市	⑰ 石川県・金沢市	㉝ 岡山県・岡山市
③ 岩手県・盛岡市	⑱ 福井県・福井市	㉞ 広島県・広島市
④ 宮城県・仙台市	⑲ 山梨県・甲府市	㉟ 山口県・山口市
⑤ 秋田県・秋田市	⑳ 長野県・長野市	**四国地方**
⑥ 山形県・山形市	㉑ 岐阜県・岐阜市	㊱ 徳島県・徳島市
⑦ 福島県・福島市	㉒ 静岡県・静岡市	㊲ 香川県・高松市
関東地方	㉓ 愛知県・名古屋市	㊳ 愛媛県・松山市
⑧ 茨城県・水戸市	**近畿地方**	㊴ 高知県・高知市
⑨ 栃木県・宇都宮市	㉔ 三重県・津市	**九州地方**
⑩ 群馬県・前橋市	㉕ 滋賀県・大津市	㊵ 福岡県・福岡市
⑪ 埼玉県・さいたま市	㉖ 京都府・京都市	㊶ 佐賀県・佐賀市
⑫ 千葉県・千葉市	㉗ 大阪府・大阪市	㊷ 長崎県・長崎市
⑬ 東京都・東京	㉘ 兵庫県・神戸市	㊸ 熊本県・熊本市
⑭ 神奈川県・横浜市	㉙ 奈良県・奈良市	㊹ 大分県・大分市
	㉚ 和歌山県・和歌山市	㊺ 宮崎県・宮崎市
		㊻ 鹿児島県・鹿児島市
		㊼ 沖縄県・那覇市

各都道府県には、それぞれ都庁、道庁、府庁、県庁があり、そこでは各都道府県の仕事をしています。（都道府）県庁のある町を（都道府）県庁所在地といいます。

1　白地図に（都道府）県庁所在地の名前を書きましょう。

2　都道府県名と（都道府）県庁所在地の名前がちがうところはいくつありますか。

（　　　　）　その市に○をつけましょう。

3　（都道府）県庁所在地で一番文字数が少ないのはどこですか。

（　　　　　　）県（　　　　　　）市

4　（都道府）県庁所在地で一番文字数が多いのはどこですか。

（　　　　　　）県（　　　　　　　　）市

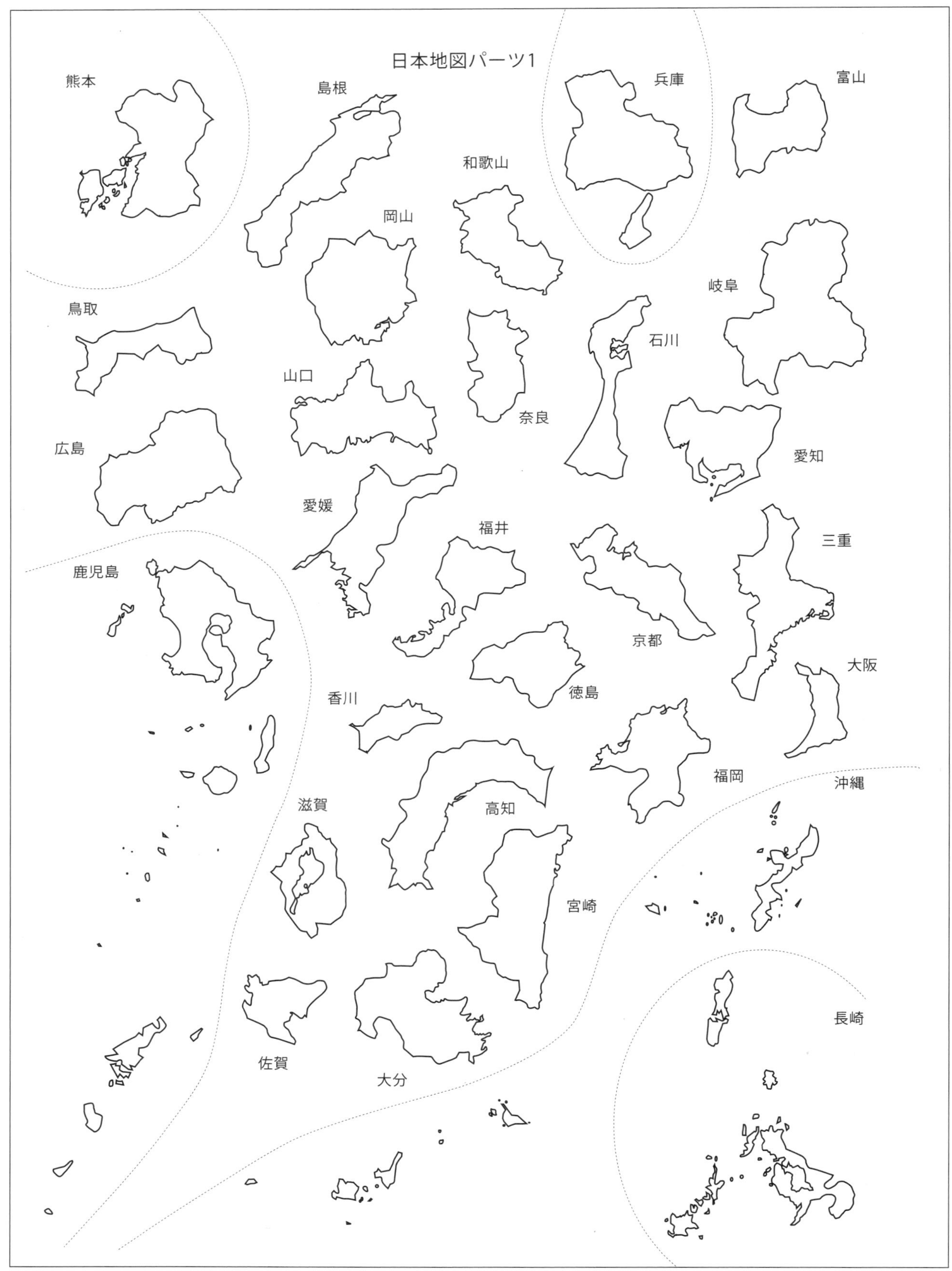
日本地図パーツ1
熊本
島根
和歌山
兵庫
富山
岡山
岐阜
鳥取
石川
山口
奈良
広島
愛知
愛媛
福井
三重
鹿児島
京都
大阪
徳島
香川
福岡
沖縄
滋賀
高知
宮崎
長崎
佐賀
大分

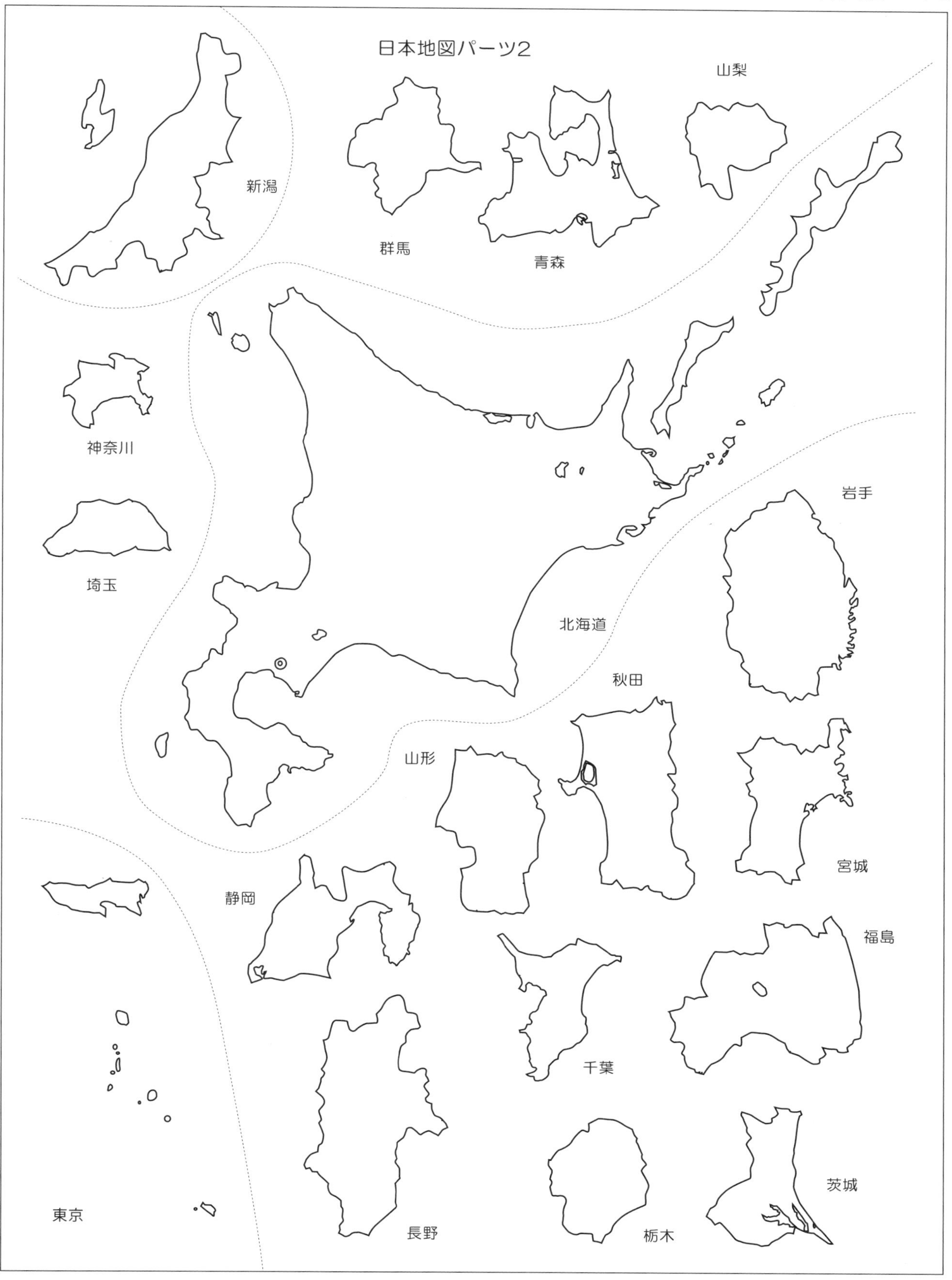
日本地図パーツ2
山梨
新潟
群馬
青森
神奈川
埼玉
北海道
岩手
秋田
山形
宮城
静岡
福島
千葉
茨城
東京
長野
栃木

著者紹介

羽田　純一

元京都府公立小学校　教諭
歴史教育者協議会　会員
乙訓社会科サークル　会員

主な著書
「新版まるごと授業　社会　4年　5年　6年」（喜楽研）
「社会科の本質がわかる授業②　産業と国土」（日本標準）
「京都おとくに歴史を歩く」（かもがわ出版）

中楯　洋

元大阪府公立小学校　教諭
元大阪府公立中学校　非常勤講師

主な著書
「新版まるごと授業　社会　3年　4年　6年」（喜楽研）
「楽しい社会科の授業づくり　6年①，6年②」（喜楽研）

安野　雄一

元大阪教育大学附属平野小学校　教諭
現大阪市立東三国小学校　教諭
経済教育学会員
日本教科教育学会員

主な著書
『新版まるごと授業社会　4年　5年』
『協働・対話による社会科授業の創造—授業研究の意味と方法を問い直す—』（編著 梅津正美）（東信堂　2020年発行予定）
『見方・考え方を鍛える社会科授業デザイン』（編著 峯明秀）（明治図書　2020年発行予定）

松森　靖行

元岡山県小学校　教諭
現大阪府小学校　教諭
大阪府寝屋川市市教研社会科部事務局
近畿：教育実践のための教師塾　塾長
サークル「やまびこ」準会員

主な著書
「デキる教師の目配り・気配り・思いやり」（単著）（明治図書）
「ここから始める憲法学習の授業」（編著）（ミネルバ書房）
「小３担任のための学級経営大辞典」（共著）（明治図書）

田中　稔也

神戸市立小寺小学校
歴史教育者協議会会員
菊池道場兵庫支部会員

主な著書
「新版　まるごと授業社会４年」（共著）（喜楽研）
「１分・３分・５分でできる　学級あそび 102」（共著）（喜楽研）
「場面や目的に応じた　1分･3分･5分でできる　学級あそび　105」（共著）（喜楽研）

参考文献一覧（順不同）

「新しい社会４年」 東京書籍
「小学社会４年」 日本文教出版
「小学社会４年　上下」 教育出版
「楽しく学ぶ小学校の地図帳　４・５・６年」 帝国書院
「新編　新しい地図帳」 東京書籍
「緊急復刊アサヒグラフ　九州・熊本大地震　活断層の恐怖」 朝日新聞出版
「まるごと社会科３・４年下」 喜楽研
「長岡京市防災ハザードマップ」 長岡京市
「高槻市洪水・土砂ハザードマップ」 高槻市
「高槻市統計書」 高槻市役所
「広報クリーンプラザおとくに」 乙訓環境衛生組合
「小学校社会科副読本　新編　わたしたちの乙訓」 向日市・長岡京市・大山崎町各教育委員会
わたしたちの町　高槻・大阪 「３・４年生の社会」高槻市教育委員会
ふるさとの想い出写真集 105 「明治大正昭和　高槻」 宇津木秀甫編　国書刊行会
「高槻市史」 高槻市役所
「摂津市史」 摂津市役所
「神安水利史」 神安土地改良区
「高槻市芝生実行組合史」 高槻市芝生実行組合
「淀の流れ」62 号　淀川資料館

参考ＷＥＢページ一覧（順不同）

高槻市 (人口・統計書) ホームページ
高槻市消防本部
宇治田原町消防団かわらばん
消防庁　生活密着情報
文部科学省　学校防災マニュアル
大阪の交通白書　大阪府交通安全協会
大阪府警察キッズページ
千葉県警察キッズページ
「防犯まちづくりのヒントとガイド」
　子ども安全まちづくりパートナーズサイト
高槻市統計書
NHK for school
高槻市水道部
川崎市上下水道局　水質基準
川崎市検査計画
総務省統計局「統計で見る都道府県のすがた」
淀川ダム統合管理事務所〜天ヶ瀬ダム
国交省　淀川河川事務所
ごみリサイクル　長岡京市
小学生のための　環境リサイクル学習ホームページ
　一般社団法人産業環境管理協会
中山修一記念館
高槻市洪水・土砂ハザードマップ
淀川資料館　デジタル資料館
国土地理院
京都府・同こどもサイト・同舞鶴港港湾統計
京都市 HP 館　観光総合調査など
経済産業省ＨＰ
総務省ＨＰ（わがマチ・わがムラー京都府）
与謝野町観光協会・同ＨＰ
与謝野町　株式会社丸中
丹後織物工業組合ＨＰ
美山町観光協会ＨＰ
美山漁協ＨＰ
京都大学フィールド科学センター森林ステーション
　芦生研究林ＨＰ
環境省ＨＰ
芦生自然学校ＨＰ
Wikipedia
Google earth

資料等協力頂いた団体・企業（順不同）

国土交通省　近畿地方整備局　淀川ダム統合管理事務所
国土交通省　近畿地方整備局　淀川河川事務所
農林水産省　近畿農政局　整備部
京都府警本部
京都市消防局
京都市　環境政策局
京都市　上下水道局
宇治市　都市整備部
長岡京市　環境経済部
宇治田原町　総務部　総務課
宇治田原町　建設事業部　上下水道課
乙訓環境衛生組合
宇治田原町　消防団
与謝野町観光協会
社団法人　日本下水道協会
新日本海フェリー株式会社
株式会社丸中

喜楽研の DVD つき授業シリーズ

新版

全授業の 板書例と展開がわかる　DVD からすぐ使える　映像で見せられる

まるごと授業 社会　4年

2016 年 4 月 10 日　初版（3・4 年上）第 1 刷発行
2017 年 4 月 10 日　第 2 刷発行
2016 年 10 月 10 日　初版（3・4 年下）第 1 刷発行

2020 年 4 月 10 日　新版　第 1 刷発行
2020 年 7 月 10 日　第 2 刷発行

著　　　者：羽田 純一・中楯 洋・安野 雄一・松森 靖行・田中 稔也
イ ラ ス ト：日向 博子・山口 亜耶
企 画・編 集：原田 善造（他 8 名）
編集協力者：羽田 純一・中楯 洋

発　行　者：岸本 なおこ
発　行　所：喜楽研（わかる喜び学ぶ楽しさを創造する教育研究所）
〒 604-0827 京都府京都市中京区高倉通二条下ル瓦町 543-1
TEL　075-213-7701　FAX　075-213-7706
http://www.kirakuken.jp/
印　　　刷：株式会社イチダ写真製版

ISBN 978-4-86277-288-6　Printed in Japan